資產價格與中國宏觀經濟的關係

基於房價和股價的研究

鄭駿川、趙娜 著

財經錢線

序言

　　20世紀80年代之後，在世界主要國家有效控制本國通貨膨脹的同時，以房產和股票為代表的資產市場正經歷著前所未有的劇烈波動。20世紀日本經濟危機、墨西哥金融危機與亞洲金融危機，以及2008年爆發的美國次貸危機等歷次金融危機事件一再證明，資產價格波動會對區域或全球金融及經濟穩定造成嚴重的影響，因此需要引起各國政府的高度重視。

　　從中國情況來看，股市自誕生之日起十幾年間股票價格的暴漲暴跌早已屢見不鮮，房地產價格也呈現急遽波動的現象，這對宏觀經濟的平穩運行以及央行貨幣政策操作構成了巨大的挑戰。但是，資產價格變動的影響因素以及資產價格作用於實體經濟的機制或渠道還不完全清晰，特別是房產與股票兩種普通資產對社會產出和通貨膨脹的作用機制以及影響力大小的問題，目前的相關研究還沒有形成一致的結論，而這些問題的解決對中央銀行是否需要運用貨幣政策對資產價格波動做出回應又顯得十分重要。

　　本書通過研究，深化了對資產價格影響因素及資產價格對宏觀經濟的影響機制的系統認識，重點釐清了房價影響因素、股價和房價對社會產出和通貨膨脹的影響效應、央行貨幣政策反應等問題。這對進一步理解資產價格對家庭、企業及央行決策行為的影響具有重要的借鑑和參考作用，在實踐上對於證券部門和房地產管理部門對股票市場和房地產市場的監管、央行的貨幣政策選擇與優化具有重要的政策指導意義。

　　本書在內容編排上：首先，在從理論層面對股價和房價影響因素進行探討的基礎上，重點探討當前社會較為關注的「高房價」成因問題，特別從中國現行財稅制度出發，利用動態面板模型檢驗了地方政府財政壓力通過土地財政影響地價、房價的完整因果鏈條，揭示了隱藏在高房地產價格背後的土地財政因素。其次，在對資產價格影響社會產出和通貨膨脹的財富效應、托賓Q效應、擔保效應進行理論分析的基礎上，通過動態面板模型、Granger因果關係檢驗、

VAR 脈衝響應函數與變異數分析等方法，檢驗了房價和股價對經濟增長的影響效應。再次，本書分別採用縮減式總需求方程式和 VAR 廣義脈衝響應函數兩種方法構造了符合中國國情的金融狀況指數，並通過一系列檢驗標準來驗證資產價格是否對通貨膨脹具有指示器功能。最後，本書在後顧型 IS-Phillips 曲線分析框架下，通過求解央行損失函數最小化問題，研究了包含資產價格的央行最優利率反應函數是否有利於減少產出缺口與通貨膨脹的波動性，從而解決了央行貨幣政策是否需要回應資產價格這一備受爭議的問題。

　　本書的創新之處在於對資產價格影響因素以及資產價格影響宏觀經濟的機制、效應和貨幣政策反應等問題進行了系統的理論和實證研究，具體包括四個方面：第一，對「高房價」背後的地方政府財政壓力因素進行深入的實證研究，彌補了國內該領域實證研究的空白。第二，創新計量方法將房價變動影響經濟增長的兩個傳統渠道（財富效應和擔保效應）進行分離，並比較兩個效應對宏觀經濟的影響力，完善了房價財富效應的相關研究。第三，利用自迴歸分布滯後模型和狀態空間模型來構造符合中國國情的動態金融狀況指數（FCI，克服了傳統金融狀況指數缺乏動態性和參數非時變性的缺陷，完善了金融狀況指數的通貨膨脹指示器功能。第四，本書在結構向量自迴歸模型（SVAR 分析框架下研究資產價格對貨幣政策變量的影響，創新性地使用「有向無環圖」技術以確定 SVAR 系統中變量間的同期關係，避免了利用先驗資訊或相關理論對 SVAR 系統中變量間的同期約束進行人為設定所存在的主觀判斷，使研究結論具有較強的客觀性和科學性。

　　鄭駿川博士負責本書第 2 章、第 3 章、第 4 章、第 6 章的撰寫工作，趙娜老師負責本書第 1 章、第 5 章的撰寫工作。在本書的撰寫過程中，我的博導、西南財經大學的張進教授提出了許多寶貴的建議與意見，在此表示感謝。此外，重慶工商大學融智學院各位領導對本書的出版給予了大力支持，在此一併致謝。

　　由於作者水準所限，書中難免有疏漏和錯誤之處，懇請讀者指正。

鄭駿川

目錄

1 導論 / 1
   1.1 問題提出 / 1
   1.2 研究方法、思路及意義 / 3
       1.2.1 研究方法 / 3
       1.2.2 研究思路 / 4
       1.2.3 研究意義 / 5
   1.3 本書的創新點與不足 / 6
       1.3.1 本書創新點 / 6
       1.3.2 本書不足之處 / 7
   1.4 文獻綜述 / 8
       1.4.1 資產價格與經濟增長 / 8
       1.4.2 資產價格與通貨膨脹 / 14
       1.4.3 資產價格與貨幣政策 / 17

2 資產價格影響因素的理論分析與實證研究 / 23
   2.1 資產與資產價格 / 24
   2.2 資產定價理論 / 25
       2.2.1 資產價格的貼現模型 / 25
       2.2.2 資本資產定價模型 / 26

2.2.3　套利定價模型 / 27

2.3　**中國資產價格波動情況** / 28

　　2.3.1　中國房價波動情況 / 28

　　2.3.2　中國股價波動情況 / 29

2.4　**資產價格影響因素的理論探討** / 31

　　2.4.1　房價影響因素的理論探討 / 31

　　2.4.2　股票價格影響因素的理論探討 / 37

2.5　**資產價格影響因素的一個實證研究——房價、地價及地方政府財政壓力** / 43

　　2.5.1　相關背景介紹 / 45

　　2.5.2　財政壓力影響房價的系列假說 / 47

　　2.5.3　模型與數據 / 49

　　2.5.4　計量分析及結果 / 53

　　2.5.5　結論 / 62

2.6　**本章小結** / 63

3　**資產價格與經濟增長** / 65

3.1　**資產價格影響產出的理論機制** / 65

　　3.1.1　財富效應 / 65

　　3.1.2　托賓 Q 效應 / 67

　　3.1.3　擔保效應 / 67

3.2　**住房價格與經濟增長——基於擔保效應與財富效應的理論分析與實證研究** / 68

　　3.2.1　文獻綜述 / 69

　　3.2.2　理論分析 / 71

　　3.2.3　實證研究設計 / 73

3.2.4 實證結果分析 / 77

3.2.5 研究結論與政策建議 / 82

3.3 股價變動與經濟增長互動關係的理論分析與實證研究 / 83

3.3.1 理論模型 / 85

3.3.2 實證研究模型與數據情況 / 88

3.3.3 實證結果分析 / 89

3.3.4 研究結論 / 93

3.4 本章小結 / 93

4 資產價格與通貨膨脹
——基於中國金融狀況指數（FCI）的構建 / 95

4.1 資產價格指示器功能的理論分析 / 95

4.2 資產價格指示器功能的實證檢驗——基於金融狀況指數（FCI）的構建 / 97

4.2.1 金融狀況指數（FCI）理論介紹 / 98

4.2.2 中國金融狀況指數（FCI）的構建 / 102

4.3 金融狀況指數（FCI）與通貨膨脹預測 / 113

4.3.1 FCI 對通貨膨脹率拐點的預測 / 114

4.3.2 FCI 與通貨膨脹動態相關性分析 / 114

4.3.3 Granger 因果關係檢驗 / 115

4.3.4 簡單迴歸分析 / 115

4.3.5 通貨膨脹對 FCI 的脈衝響應函數 / 116

4.4 金融狀況指數（FCI）與中國貨幣政策立場 / 116

4.5 本章小結 / 118

5 資產價格與貨幣政策 / 119

5.1 貨幣政策與資產價格的理論分析框架 / 120

5.1.1 貨幣政策對資產價格產生影響的理論機制 / 120

5.1.2 貨幣政策對資產價格的反應理論 / 121

5.2 資產價格與最優貨幣政策反應函數 / 123

5.2.1 引言 / 123

5.2.2 考慮資產價格情況下的最優貨幣政策反應函數理論推導 / 125

5.2.3 基於中國最優利率反應函數的經濟模擬 / 128

5.2.4 研究結論及政策建議 / 136

5.3 貨幣政策對資產價格回應的實證檢驗——基於有向無環圖（DAG）技術的 SVAR 分析框架 / 137

5.3.1 問題提出與文獻評述 / 137

5.3.2 計量方法與數據情況 / 139

5.3.3 實證結果及分析 / 143

5.3.4 研究結論 / 151

5.4 本章小結 / 151

6 研究結論與研究啟示 / 153

6.1 研究結論 / 153

6.2 研究啟示 / 155

參考文獻 / 157

附錄 / 171

1 導論

1.1 問題提出

　　自從 20 世紀 80 年代開始，當世界主要國家在有效控制本國通貨膨脹的同時，經濟全球一體化進程的加快也使全球通貨膨脹機制發生著改變。一方面，經濟全球化使世界各國對一般商品的生產和供給能力得到提升，使一般商品的價格得到有效的抑制；另一方面，經濟全球化的過程還伴隨著對初級產品和資產需求的增加，使得初級產品和資產的價格容易出現劇烈波動。因此，世界經濟在低通貨膨脹背景下運行的同時，以房地產價格和股票價格為主要代表的資產價格正經歷著前所未有的劇烈波動。

　　由資產價格波動引起的金融危機屢見不鮮，例如 20 世紀 80 年代後期的日本，在本國寬鬆的金融政策及大量國外資本的共同推動下，日本的房地產泡沫極速膨脹，隨著國外資本獲利後的撤離，房地產泡沫的破滅不僅給房地產行業帶來了致命的打擊，同時也引發了日本國內嚴重的財政危機。受此影響，日本從此經歷了長達 15 年的經濟蕭條，直至現在，日本還未徹底走出上次金融危機的陰影，人們把 20 世紀 90 年代稱為日本「失落的十年」。雖然 1994 年的墨西哥金融危機及 1997 年的亞洲金融危機分別起源於墨西哥和泰國，但是隨著區域經濟一體化進程的加快，金融危機呈現出區域化特徵，資產價格泡沫的崩潰更是給新興市場經濟國家造成了極大的損失。最近的一次金融危機為美國次貸危機。這次金融風暴起源於 2007 年美國房地產價格的急速下跌，進而導致次級抵押機構和投資基金破產，引起股市劇烈震盪。到 2008 年，這場金融風暴開始蔓延至全球多個國家，對全球金融和經濟穩定造成了嚴重的影響。歷次金融危機事件一再證明，資產價格的過度波動不僅會導致金融恐慌，更會對實體經濟的平穩發展造成嚴重影響。

資產價格對宏觀經濟產生影響的同時，對央行貨幣政策操作也提出了挑戰，特別是在資產市場與貨幣市場聯繫日益緊密的背景下，旨在維持經濟平穩發展的央行貨幣政策是否需要對資產價格做出應對成為學術界長期爭論的焦點。針對這一話題，學術界形成了「有為論」與「無為論」兩種截然不同的觀點。「無為論」以 Bernanke 和 Gertler 為代表，他們主張央行的貨幣政策只應把物價水準作為關注目標，而對資產價格的波動不需要做出額外的貨幣政策調整。他們持「無為論」觀點的理由主要包括：①貨幣當局並不能有效地區分資產價格泡沫是由理性層面還是由非理性層面所引起的，錯誤的判斷會導致事與願違的結果；②即使資產價格的泡沫是可以識別的，但是政策具有時滯性，這可能會導致實際結果與預期目標有所偏離；③通貨膨脹目標制可以有效地維持宏觀經濟和金融系統的穩定，即在資產價格出現泡沫時，利率會進行自動調整，從而減少潛在金融恐慌的出現；④央行不應利用貨幣政策對資產價格做出額外反應，除非資產價格波動會對央行的預期通貨膨脹產生影響。

「有為論」以 Cecchetti 等（2000）、Filardo（2001）、Bordo 和 Jeanne（2002）為代表，他們認為在資產價格的膨脹與崩潰的循環中潛伏著金融危機對實體經濟的巨大威脅，因此貨幣當局在堅持傳統通貨膨脹目標制的同時，應將資產價格納入央行貨幣反應函數之中。他們提出貨幣政策對資產價格做出反應需具備一系列前提條件：首先，應該區分資產價格泡沫的形成原因，如果資產價格膨脹是由理性經濟層面引起的，則貨幣政策不應做出反應；其次，資產價格對未來通貨膨脹具有較強的「指示器」作用；再次，貨幣當局需要有充分的資訊來判斷資產價格泡沫的演化路徑；最後，通過貨幣政策工具主動刺破泡沫可以避免金融恐慌的出現。

經過長期的爭議後，主流經濟學界就貨幣政策是否應對資產價格做出反應達成共識，即僅當資產價格的變動含有未來通貨壓力的預測性信息時，央行才應該通過貨幣政策對其做出反應。因此，央行欲通過貨幣政策操作來應對資產價格波動所帶來的各種挑戰就需要研究資產價格與通貨膨脹的關係，特別是需要檢驗資產價格的通貨膨脹指示器功能。

從國內情況來看，近年來，中國的房地產市場和股票市場在得到快速發展的同時，房價和股價也經歷著劇烈的波動。在房地產市場方面，全國商品房房價在 2004 年之前保持較為平穩的發展趨勢，之後則表現出長期上漲的態勢，由 2004 年 1 月的 2,508 元/平方米上漲到 2016 年 12 月的 7,546 元/平方米，上漲幅度達到約 201%。在此期間全國商品房市場也經歷了數次的高峰與低谷，

最近一次較大幅度的房價波動是全國商品房房價由 2016 年 1 月的 6,822 元/平方公尺上升為同年 12 月的 7,546 元/平方公尺，短短一年房價的波動幅度約為 10.6%。在股票市場方面，中國的股票市場從 1990 年開始營業以來也得到快速的發展，股票總市值由 1991 年的不足 10 億元發展到 2007 年的超過 30 億元，截至 2016 年 12 月，滬深兩市 A 股的上市公司共達到 2,853 家。在中國股市發展的二十餘年裡，中國的股市也和西方股市一樣經歷了無數次的暴漲暴跌。上證指數由 2005 年年底的 1,161.06 點一路飆升至 2007 年 10 月的 5,954.77 點，之後一路探底，直到 2008 年跌破 2,000 點，股市才開始有所復甦。

在此背景下，中國主要的資產價格（房價與股價）的變動情況如何？影響資產價格的因素有哪些？資產價格影響實體經濟的機制或渠道是什麼？房價和股價對經濟增長的影響力如何？中國的資產價格是否包含未來通貨膨脹的相關信息？如何利用資產價格構造中國的通貨膨脹先行指標，為貨幣政策的實施提供參考性信息？中國的貨幣政策是否應該對資產價格波動做出反應？中國央行是否已經開始關注資產價格的波動？這些問題並非全部為我們所知，因此還有必要對此進行深入的研究和探討。有鑒於此，本書對資產價格影響因素及資產價格對諸多宏觀經濟變量（如產出、通貨膨脹和貨幣政策）的影響效應進行相關的理論與實證研究，以期得出較為科學且富有建設性意義的研究結論。

1.2　研究方法、思路及意義

1.2.1　研究方法

本書採用理論與實證相結合的研究方法，綜合金融經濟學、房地產經濟學、財政學、貨幣銀行學、計量經濟學等經濟理論對相關問題進行理論推導，並基於可獲取的省（市）級面板數據和國家層面的宏觀時間序列數據，通過建立計量經濟模型對所提出的問題進行實證檢驗，試圖得出科學、合理的研究結論。具體而言：

（1）理論模型推導。3.2 節在考察住房價格變動對經濟增長的影響力時，分別通過構建數理模型和四象限模型來對房產的擔保效應與財富效應進行理論分析；3.3 節參照 Turnovsky（1995）和 George（1995）的理論分析框架，通過構建理論模型來分析經濟增長與股票價格變動之間的關係。4.1 節借鑑 Smets（1997）的經濟結構模型來說明資產價格如何具有預測未來產出和通貨膨脹資

訊的能力。5.2節通過求解 IS-Phillips 約束條件下的央行福利損失最小化問題，推導出包含資產價格情況下的最優貨幣政策反應函數。

（2）實證方法檢驗。本書根據問題研究的需要，綜合使用多種計量分析方法，包括最小平方法、系統矩估計、向量自迴歸模型、結構向量自迴歸模型、有向無環圖技術、自迴歸分布滯後模型和狀態空間模型等進行實證檢驗。另外，5.2節還利用模擬分析方法，比較了包含和忽視資產價格情況下的貨幣政策反應函數對產出缺口和通貨膨脹波動性的影響。

（3）省（市）級面板數據和國家層面的宏觀時間序列數據相結合的研究方法。在對房價影響因素和房價對經濟增長的影響力的問題進行實證檢驗時，本書分別選取35個城市的市級面板數據和31個省（市）的省級面板數據進行分析，這是由於中國地區經濟發展極不平衡，而房地產市場又具有較大的異質性，因此對房地產問題的研究不應局限於國家層面，而應深入地區（包括省級）或城市層面，只有這樣才能得到具有代表性的研究結論。而在研究股價波動與經濟增長的動態關係，以及資產價格對通貨膨脹和貨幣政策反應的影響的問題時，採用國家官方公布的國家層面的宏觀時間序列數據進行分析，基於此實證結果具有較強的科學性和客觀性。

1.2.2 研究思路

本書分別從理論與實證的角度研究了以房價和股價為代表的資產價格與中國宏觀經濟的關係。在研究思路上，從實體經濟層面探討了資產價格影響因素及資產價格影響宏觀經濟的各種效應，並通過實證方法檢驗了資產價格對經濟增長的影響力；從央行貨幣政策操作層面分析了資產價格和貨幣政策之間的關係，一方面檢驗了資產價格是否包含未來通貨膨脹走勢的預測性信息，以及央行應該如何利用這些信息來優化貨幣政策調控，另一方面討論了貨幣政策應該如何應對資產價格膨脹，這又涉及央行貨幣政策是否應對資產價格波動做出應對和貨幣政策是否已經對資產價格波動做出回應等問題。本書具體的研究思路如圖1-1所示：

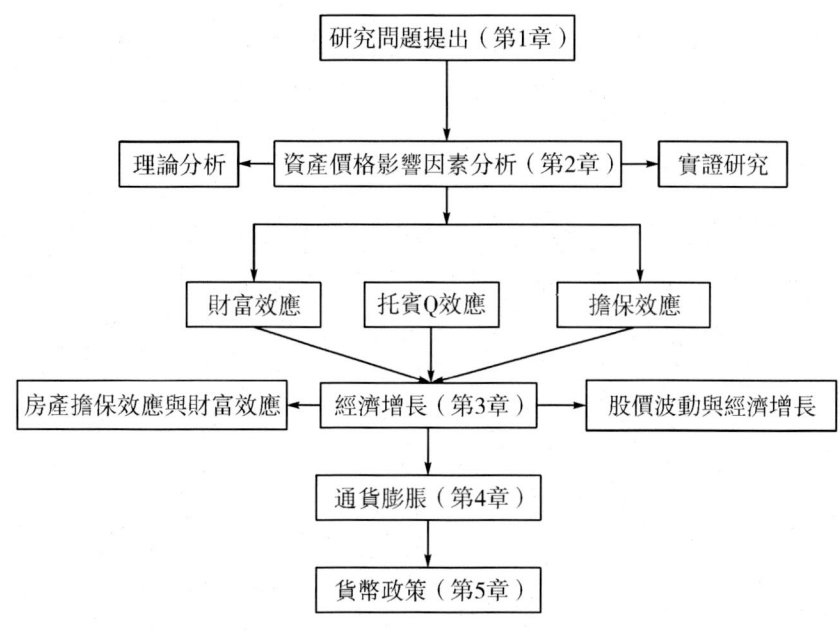

圖 1-1　本書研究框架

　　本書第 1 章通過對研究背景的介紹，提出本書的研究問題及研究意義；第 2 章對資產價格的相關概念和資產價格的波動情況進行簡要介紹，並著重對資產價格的影響因素進行理論和實證的研究，深化了對以房價和股價為代表的資產價格的全面認識，也為後續章節分析資產價格對宏觀經濟的影響做了堅實的理論鋪墊；第 3 章從理論與實證的角度探討了住房價格影響經濟增長的擔保效應與財富效應，以及股價波動與經濟增長之間的關係；第 4 章通過構建金融狀況指數這一綜合性資產價格指標來檢驗資產價格的通貨膨脹預測功能，以及分析金融狀況指數對貨幣政策的含義；第 5 章通過模擬分析方法研究央行貨幣政策是否應回應於資產價格波動，並在 SVAR 分析框架下檢驗了中國的貨幣政策是否已經對資產價格波動做出回應；第 6 章基於前文的分析結論，提出相關的政策建議。

1.2.3　研究意義

　　本書通過研究，深化了對資產價格影響因素以及資產價格對宏觀經濟的影響機制的系統認識，重點澄清了房價和股價對宏觀經濟的影響力大小的問題，這對進一步理解資產價格對家庭、企業及央行的決策行為的影響具有重要的借鑑和參考作用，同時對於證券部門和房地產管理部門對股票市場和房地產市場

的監管具有重要的指導意義。在實踐方面，本書將資產價格與貨幣政策的選擇聯繫起來，分析了央行是否應該關注資產價格和最優貨幣政策反應函數的選擇和設計等問題，這對於央行如何科學地制定貨幣政策來應對資產價格波動以實現物價穩定、經濟增長和金融穩定等目標，具有十分重要的現實意義。

1.3 本書的創新點與不足

1.3.1 本書創新點

（1）關於房價影響因素的探討，國內外文獻主要是基於基本經濟層面（如人口、收入、供給成本、資金支持等）的視角來對當今的高房價問題進行解釋，而對於地方政府財政狀況如何影響地價、房價的研究，尤其是在實證研究方面，仍然處於空白。本書從中國現行財稅制度出發，試圖揭示地價影響房價背後更為深刻的原因，尤其是地方政府因財政壓力通過土地財政影響地價、房價的完整因果鏈條，並通過實證手段加以驗證，填補了相關研究領域的空白。

（2）目前國內關於房產財富效應的考察多是檢驗房價變動對消費的影響力度，但國際上通常認為產出才能更好地定義一個國家經濟的擴張和收縮，然而直接研究房價變動對產出的影響的文獻還沒有出現。另外，國內對房產影響實體經濟的兩條主要渠道（擔保效應與財富效應）的探討僅僅停留在理論分析層面，還沒有對這兩種效應進行定量的區分和比較。本書利用計量方法把房價總體變動分解為基本經濟層面可解釋部分（以捕捉房產擔保效應）與不可解釋部分（以捕捉房產財富效應），從定量的角度比較了這兩種效應的強弱，並對影響這兩種效應的一些潛在因素進行了實證檢驗。

（3）在分析股價波動與經濟增長的動態關係時，國內外文獻大多從實證研究的角度對此問題展開分析，由於計量方法和樣本數據的選擇有所不同，實證研究結論存在較大差異。為克服現有實證研究的這一弊端，本書首先通過構建理論模型，從理論推導的角度分析了在經濟均衡狀態下股價與經濟增長之間的關係，然後再利用實證研究方法對理論模型的結論進行檢驗，因此本書的實證研究結論具有較強的理論說服力。

（4）現有文獻關於央行貨幣政策是否需要對資產價格做出回應的爭議大多停留在理論層面的探討上，鮮少從定量的角度對這一問題進行科學論證。本書從最優貨幣政策反應函數設計的角度出發，運用經濟模擬的分析方法，考察

了將資產價格納入最優利率反應函數是否有助於減少產出缺口和通貨膨脹波動性以及央行的福利損失，最終解決了央行貨幣政策是否需要回應資產價格的問題。

（5）計量分析方法上的創新。在檢驗資產價格的通貨膨脹預測功能時，本書利用自迴歸分布滯後模型和狀態空間模型來構造符合中國國情的動態金融狀況指數（FCI），克服了傳統金融狀況指數缺乏動態性和參數非時變性的缺陷，完善了金融狀況指數的通貨膨脹指示器功能。在利用結構向量自迴歸模型（SVAR）來分析資產價格對貨幣政策變量的影響時，本書創新性地使用「有向無環圖」技術以確定SVAR系統中變量間的同期關係，避免了利用先驗資訊或相關理論對SVAR系統中變量間的同期約束進行人為設定所存在的主觀判斷，因此基於此分析方法所得到的研究結論具有較強的客觀性和科學性。

1.3.2 本書不足之處

（1）在考察高房地產價格背後的地方政府財政負擔時，主要利用計量分析方法，未能構建房地產價格與政府財政壓力之間的理論經濟模型，因此研究結論缺乏一定的理論說服力。

（2）在研究房產的財富效應與擔保效應時，由於缺乏相關的微觀家庭金融數據，主要採用31個省（市）的省級面板數據來對此問題進行分析，基於此數據得到的研究結論並不能很好地解釋微觀家庭的決策行為。有效的解決辦法還是應該從微觀家庭調查數據入手①，使房產財富效應與擔保效應分析具有強有力的微觀數據支撐，從而得到更具有針對性的研究結論。

（3）在研究央行貨幣政策是否需要回應資產價格波動時，本書基於一個後顧型的IS-Phillips模型來進行實證分析和數據模擬。本書的目的是檢驗資產價格波動對中國實體經濟的影響，以及考察將資產價格納入利率反應函數是否有助於減少產出缺口和通貨膨脹的波動性，因此簡單的後顧型IS-Phillips模型足以達到本研究的目的。但若要為央行貨幣政策提供準確的定量性建議，顯然需要通過動態隨機一般均衡的方法來推導相應的IS-Phillips模型，從而增強貨幣政策與資產價格間關係的微觀解釋力。另外，在推導最優利率反應函數的過程中，本書沒有考慮利率與資產價格間的相互影響關係。這些都是本書有待改進之處。

---

①近期由西南財經大學「中國家庭金融調查與研究中心」公布的中國家庭金融調查數據可以為本研究提供微觀數據來源，但筆者在撰寫相關章節時此數據還未公布，因此這將成為本書未來的研究方向。

1.4 文獻綜述

1.4.1 資產價格與經濟增長

1.4.1.1 房產財富效應與擔保效應研究

房價變動通過多種渠道對宏觀經濟產生影響，國外相關文獻集中於研究房價變動對消費產生影響的財富效應與擔保效應，這些研究以實證分析居多，而理論分析較少。在理論方面，傅利曼的恆常所得假說和莫迪利安尼的生命週期消費理論認為房產在家庭財富中占有較大比例，未預期到的房價上漲將導致住房擁有者的終身預期財富增加，基於個體傾向於將生命週期內的消費水準平滑以使個體生命週期內效用最大化，財富的增加將導致消費水準的提升。最近的理論研究認為，傅利曼的恆常所得假說所提及的房產財富效應似乎只對住房擁有者成立，但從長期均衡的角度來講，房價變動對消費沒有淨影響，這是因為房價的變動只是使社會財富從無房者向有房者轉移，因此不存在淨的財富效應。Bajari 等（2005）建立了一個關於家庭消費與投資決策的動態模型，他們研究發現住宅價格的上漲對社會福利沒有總體影響。Buiter（2008）基於 OLG 模型的分析發現，房價在房產基礎價值內的變動對消費沒有顯著的財富效應，而房價中的投機性泡沫變動具有財富效應。同時他還認為當有房者和無房者的邊際消費傾向不同，或者有房者面臨預算約束且房產可以作為抵押品來緩解其借貸約束時，房價的變動對消費具有總體影響。Li 和 Yao（2007）利用一個把住房當成消費品和投資品的生命週期模型，發現房價變動對消費具有很小的總體影響，而且房價變動對處於不同生命階段的有房者的影響是不同的。

擔保效應是指房產可以作為抵押（擔保）品，因此房價的上漲可以緩解有房者的借貸約束，從而提高他們的實際消費水準。但是房價的變動可以改變現實的消費水準而非預期的消費水準，因此房價的變動應該被完全預期到。Buiter（2008）、Aoki 等（2004）、Lustig 和 Nieuwerburg（2008）等的理論文章預測了房產擔保效應的存在。

在實證研究方面，國外學者主要利用國家層面宏觀數據和家庭層面微觀數據來檢驗房價變動對宏觀經濟的影響。在宏觀層面，Bhatia（1987）利用美國 1960—1974 年的消費和財富數據進行實證研究，發現房地產價值對消費具有很強的影響。Benjamin 等（2004）採用向量自迴歸技術分析了美國 1952 年第 1 季度到 2001 年第 4 季度的房產價值與金融資產價值變動對消費的影響。研究

发现房产财富增长 1 美元会导致当年的消费支出增加 8 美分, 而金融资产增值 1 美元只能使当年的消费支出增加 2 美分。Slacalek（2006）以 16 个国家为研究样本, 研究房产财富变动对消费支出的影响。对整个样本而言, 财富变动的长期平均消费倾向为 5 美分, 但每个国家由财富变动引起的消费倾向各不相同, 分布在 0～10 美分。

以上文献均没有区分房产的财富效应与担保效应, 而 Lustig 和 Nieuwerburg（2008）首次对房价变动对消费具有担保效应进行了实证研究。Lustig 和 Nieuwerburg 用美国 1952—2002 年 MSA 的消费和收入数据, 发现在房产抵押品稀缺的地区, 消费对收入变动更加敏感。文章认为当面临资金约束时, 能够作为抵押（担保）品的房产对消费的提高具有重要作用, 因为这可以提高房产持有者的借贷信誉, 从而缓和资金约束。这篇文章虽然为房产的担保效应提供了经验证据, 但是没有从定量的角度对房产的财富效应与担保效应进行比较。

以上研究均证实房价变动对消费水准有显著影响, 但 Phang（2004）没有发现房价上涨会对消费产生财富效应或担保效应。Phang（2004）以新加坡的数据作为研究样本, 在她的模型中允许家庭对房价的上涨或下跌做出不同的反应, 但是文章发现不管是房价的上涨还是下跌, 消费总量总是下降的。文章认为造成这种结论的主要原因可能是房产持有者所面临的预算约束, 因为房产持有者不愿或者不能收回房产来为消费融资。作者进一步猜测, 房产持有者可能把房产视为一种不确定的风险资产, 因此他们把房产带来的收入视为短暂的, 而把损失看成是长期的必然结果。

在家庭层次研究方面, 研究主要集中在分析房价上涨给住房拥有者和租房者的消费和储蓄行为所带来的影响。在家庭储蓄方面, Engelhardt（1994）基于加拿大的数据, 运用 Probit 回归模型研究了租房者的购房储蓄决策对房价变动的反应程度。实证结果表明, 房价的提高显著地降低了为购房而储蓄的可能性; 房价上涨 4,000 美元导致为购房而储蓄的可能性降低 1 个百分点。另外, 房价增长 1,000 美元会导致家庭的购房储蓄减少 300 美元。Sheiner（1995）用美国 1984 年的收入动态面板研究数据（Panel Study of Income Dynamics）发现房价与储蓄正相关, 对于青年家庭来说这种相关性更显著, 这可能是因为当房价上涨时, 青年们会增加他们将来用于购房支出的财富累积。Engelhardt（1996）用美国 1984 年和 1986 年的收入动态面板研究数据（Panel Study of Income Dynamics）发现, 当房价下跌时, 有房家庭会增加储蓄, 因为这样可以弥补房产价值下跌所带来的损失, 同时也为将来可能的新房购买累积足够的资金。这些研究认为房价变动对有房者和无房者的储蓄行为的影响具有差异性。

在家庭消費方面，Campbell 和 Cocco（2007）把房價的變動分解為基本經濟層面可解釋的部分和不可解釋的部分，以分別捕捉房價變動的擔保效應和財富效應，進而研究這兩種效應對房產持有者和租房者的消費水準的影響。文章發現全國房價和地方房價變動對年老的有房者的消費支出影響更顯著，而對年輕的租房者的影響不顯著。Bostic 等（2008）用美國聯邦消費者金融調查數據與消費者支出調查數據研究了房產和金融資產對消費的影響，實證研究發現房產價值變動對消費造成的影響大於金融資產價值變動對消費的影響。Haurin 和 Rosenthal（2006）發現隨著年齡和收入的增加，房價上漲會提升房產持有者的負債水準和支出水準，但是對於 65 歲及以上的房產持有者，這種效應會變得很弱。後兩篇文章只是研究了住房價格變動對消費的總體影響，而沒有區分房產的財富效應與擔保效應。

在國內，相關文獻多集中於考察金融資產（如股票）的財富效應，而關於房產財富效應的研究近幾年才開始出現。在理論研究方面，劉建江等（2005）利用 LC-PIH 模型對房產的財富效應進行了全面的詮釋，認為房價的持續高漲在導致公眾財富增加的同時，也增強了市場信心，使短期邊際消費傾向增加，促進了消費水準的提升，進一步推動了經濟的增長。鄒麗萍（2006）認為房產價格的變動會對個體的消費決策產生影響，進而影響到社會總需求，最終對宏觀經濟造成影響。另外，房價的上漲還擴大了有房者與無房者的收入差距，是造成貧富差距的重要原因，這也會影響宏觀經濟的穩定。李天祥、苗建軍（2011）將房地產財富效應的傳導機制進行模型化，從而為現有的實證研究提供了合理的理論解釋。文章發現房價的上漲促使社會財富從無房者向有房者轉移，導致有房者的社會福利增加而無房者的社會福利減少，因此房價的變動對有房者和無房者的影響作用是不同的。王曾（2011）把城市居民家庭分為有房家庭與無房家庭，他認為當城市家庭二套房擁有率高於潛在購房家庭占比率時，房產才會發生正向的財富效應。

在國內實證研究方面，現有文獻主要運用國家層面宏觀數據和省級面板數據來考察房產的財富效應。由於使用的計量方法或選擇的數據樣本不同，所得到的研究結論也備受爭議。目前國內關於房產財富效應的經驗研究主要存在如下三種結論：

第一，房產存在顯著的正向財富效應。宋勃（2007）基於中國 1998 年至 2006 年的房價與居民消費季度數據，通過建立誤差修正模型分析兩者間的關係。實證結果顯示，在短期內居民消費和房價互為因果關係，而在長期內房價是居民消費的 Granger 原因，消費會對房價的衝擊做出顯著的正向反應。李亞

明、佟仁城（2007）基於北京、上海、天津、重慶和深圳的數據考察了房產的財富效應。分析表明，在短期內房產的財富效應存在一定差異，但從長期來看，中國房產的財富效應基本為正向效應。王子龍等（2008）選取中國1996—2007年國家層面的季度數據，運用Granger因果檢驗研究了房價與中國居民消費的關係。文章發現房價上漲是消費增加的Granger原因，基於脈衝響應函數的分析發現，居民消費對房價衝擊的回應方向為正。丁攀、胡宗義（2008）基於中國1998年第1季度至2006年第4季度的相關數據的實證研究發現，房價的上漲對消費具有較大的正向效應，而股價波動對居民消費則存在較弱的負向影響。

第二，房產存在顯著的負向財富效應。洪濤（2006）選取中國31個省市2000年至2004年的省級面板數據檢驗了商品房平均銷售價格與個人消費支出之間的關係，實證研究發現兩者呈負相關關係。他認為商品住宅房對首次購買者來說是一種準季芬財，其價格的上漲會擠占消費者對其他生活資料的需求，這將導致商品房的總體財富效應為負。張存濤（2006）通過實證研究發現房產對消費具有顯著的擠出效應。從長期來看，房價上漲1%將導致消費下降0.443%；就短期而言，房價上漲1%，消費水準將降低0.226%。高春亮、周曉艷（2007）用中國34個城市2001年至2004年的相關數據檢驗了住宅財富與人均消費支出之間的關係。文章運用面板誤差修正模型估計了房產財富的邊際消費傾向，研究表明住宅財富增加1元會導致消費支出減少3.3分。肖宏（2008）選取1998年至2005年30個省（市）的面板數據，估計了中國房產的財富效應，實證結果發現房價上漲1元將導致消費水準下降2.8分。文章從房產財富效應的傳導機制角度對負向房價邊際消費傾向進行了解釋。

第三，房產不存在財富效應。李成武（2010）利用中國2004年第1季度至2009年第2季度的省級面板數據檢驗了房產的財富效應是否存在地區差異，研究發現在經濟發展相對落後的中西部地區不存在明顯的財富效應。韓麗鵬等（2010）基於中國35個大中城市2000年至2008年的數據的實證研究發現，房產的財富效應只在少數的城市中存在，而絕大多數城市不存在財富效應。

1.4.1.2 股價波動與經濟增長間關係的實證研究

在當前經濟形勢下，股票價格波動與宏觀經濟狀況的聯繫越來越緊密。一方面，經濟成長是股票收益率的關鍵因素。在國家經濟成長較快時，企業投資機會增多，企業經營績效提高，企業的股票收益率相對較高，由於資本天生的逐利性，大量社會資本將湧入股市中，導致股票投資需求增加，股價上漲；相反，若經濟處於衰退期，企業經營慘淡，企業股票收益率相對較低，投資者將

会把資金從股市轉移到其他的保值性投資產品中，股票的投資需求減少，導致股價下跌。另一方面，股票價格的上漲會通過財富效應、托賓Q效應和擔保效應對社會消費與投資產生促進作用，並由此拉動經濟成長。因此，從理論上講，股票收益率與經濟增長率間存在正相關關係。

但在實證研究方面，由於不同國家在經濟發展階段、金融市場發育程度、經濟微觀結構等方面有所差異，因此股價波動與經濟成長間的關係在不同國家不同時期也會存在較大差異。

Fama（1990）基於美國1953年至1987年的數據的實證研究發現，股票月度回報、季度回報及年度回報與將來的產出增長率有很強的相關性。Schwert（1990）複製了Fama（1990）的研究思路，但其實證研究所選取的數據樣本有所不同，Schwert把Fama的數據樣本區間向後延伸了65年。實證結果發現，Fama（1990）中的研究結論對於更長區間的數據樣本仍然成立，即將來的產出增長率對現在的股票回報變動有很強的解釋能力。Canova和Nicolo（1995）運用多國經濟週期模型，從一般均衡的角度研究了股票回報與真實經濟活動之間的關係。研究表明，國內產出與國內股票回報存在顯著的相關性，當把國外影響因素納入模型中，兩者的相關性更強。Aylward和Glen（2000）以23個國家為研究樣本，其中15個為發展中國家，研究了這些國家的股票市場價格對未來經濟（包括GDP、消費和投資）的預測能力。文章發現，對於不同的國家而言，股票市場價格的預測能力有所不同，總體來說，G7國家的股市對未來經濟的預測能力要強於新興國家。

Hassapis和Kalyvits（2002）首先通過理論建模預測得出股價變動與將來的經濟增長正相關，而現在的經濟增長與將來的股價負相關。然後以G7國家作為研究樣本，運用向量自迴歸模型（VAR）驗證股價變動與經濟成長的關係，實證結果與理論模型的預測相一致 Caporale和Spagnolo（2003）以1997年的東南亞金融危機為背景，研究工業化國家（美國、加拿大和英國）和新興經濟體（泰國、馬來西亞和菲律賓）的資產價格（股票價格指數）波動與產出增長（工業產值）波動是否在統計上存在顯著的相關性，實證結果顯示資產價格波動會導致產出增長波動。更為有趣的是，文章發現，在金融危機後，資產價格波動對三個新興國家經濟增長的促進作用更加明顯。

以上文獻均發現股價波動與宏觀經濟具有相關性，但也有學者認為股市發展與宏觀經濟不相關。Harris（1997）選擇49個國家（包括發達國家和發展中國家）作為研究樣本，發現股市波動性的提高降低了交易成本並促進了風險的分散，但與此同時也活躍了資產二級市場，因而將投資者的新增資本吸引到

現有資產的購買，而不是促進新興資本的形成，這種儲蓄轉流便成為經濟增長的重要阻礙，因此，股市與經濟增長的關係不強且在統計上影響不顯著。這在欠發達國家中表現得更為突出。Binswanger（2000）參照 Fama（1990）的迴歸方法，把整個樣本區間（1953—1995）劃分為（1953—1965）和（1984—1995）兩個子樣本區間，基於總樣本及第一個子樣本數據得到的研究結論認為目前的股票回報對將來的經濟增長具有解釋力度。但他同時認為股票與將來實際產出的正相關關係在 1980 年後變得不再顯著，這是因為經濟泡沫的存在使股票價格的變動脫離了將來實體經濟的變化。

在國內研究方面，由於中國股票市場處於初步發展階段，市場制度建設不完善，存在政策變動、機構操縱等非市場因素，導致股票價格異常波動，股市的發展與實體經濟層面有較大的脫節。國內早期的相關研究發現股市波動對實體經濟的影響作用非常有限。

趙振全等（2002）採用股票市場的規模、流動性和波動性指標來衡量股票市場的發展程度，以 GDP 增長率和居民儲蓄兩個指標作為衡量經濟增長的代理變量，研究發現股市對經濟增長具有微弱的正向影響。朱東辰、余津津（2003）以工業生產指數增長率作為衡量中國經濟增長的代理變量，基於中國 1992 年 11 月至 2002 年 6 月的數據，運用協整檢驗和向量自迴歸方法，研究發現上證指數與工業生產指數間不存在長期的均衡關係。劉勇（2004）基於中國 1994 年第 1 季度至 2002 年第 4 季度的數據，採用 Granger 因果檢驗和向量誤差修正模型，研究了上證指數與 GDP、貨幣供應量 M_1、一年期居民儲蓄存款利率和居民消費價格指數之間的動態關係。實證結果表明大多數宏觀經濟指標是股價指數變動的 Granger 原因，但股價指數不是宏觀經濟變動的 Granger 原因。這說明在目前中國股市發展不成熟的情況下，股價指數作為經濟信息領先指標的作用還不明顯。

然而，隨著中國股票市場的發展逐漸趨於成熟，近年來的相關研究證實股市與經濟波動的聯動性逐漸增強，股市作為宏觀經濟「晴雨表」的功能得到初步發揮。

晏豔陽等（2004）運用協整分析、VEC 模型和 Granger 因果檢驗分析了滬深指數與宏觀經濟指標的長期與短期關係。協整分析顯示股價指數波動與貨幣供應量 M_1 和短期貸款利率存在協整關係。Granger 因果檢驗表明股價指數與零售價格和出口存在很強的因果關係，這意味著股市在一定程度上反應了宏觀經濟狀況。馬進、關偉（2006）基於中國 1996 年至 2005 年的季度數據，研究上證指數與 GDP、貨幣供應量增長率和居民儲蓄存款之間的關係，協整分析表

明上證指數與經濟增長指標存在長期均衡關係。位志宇、楊忠直（2007）以中國1993年第2季度至2006年第2季度的數據為研究樣本，研究了香港股市指數與工業生產指數間的關係，基於 VAR 和協整分析發現香港股市指數與經濟增長之間相互促進，較高的經濟增長提高了股票收益率，而股價上漲也可以促進經濟增長。周暉（2010）基於 GARCH 均值模型和對角 BEKK 模型對上證指數、貨幣供應量和經濟增長的動態關係進行實證分析，研究發現上證指數增長率和貨幣供應量對 GDP 增長率有顯著影響，上證指數增長率反應了經濟增長的發展趨勢。

1.4.2 資產價格與通貨膨脹

資產價格作為資產未來收益的貼現值，很可能包含未來經濟預期的相關信息。通貨膨脹作為衡量宏觀經濟穩定的一個重要指標，也被作為通貨膨脹目標制貨幣政策重要的關注對象。因此，如果資產價格具有未來通貨膨脹的信息指示器功能，資產價格的波動就對宏觀經濟穩定具有指示意義，同時也對央行貨幣政策操作具有指導意義。

關於資產價格是否具有未來通貨膨脹的資訊指示器功能，國內外學者進行了廣泛的討論。在理論研究方面，Alchain 和 Klein（1973）認為目前用於衡量物價水準的消費者價格指數和 GNP 平減指數只衡量了當前消費服務與產出的價格，因為資產價格可以反應未來商品價格的變動，所以他們建議將資產價格納入衡量通貨膨脹的價格指數中，提出了跨期生活成本指數。Filardo（2001）認為資產價格波動與通貨膨脹之間的關係並不精確，原因有兩點：第一，房價和股價並非 Alchain 和 Klein（1973）建議的未來生活成本的替代品，他認為 Alchain 和 Klein（1973）所指的理想替代品應該是消費者所持有的所有資產的加權指數；第二，資產價格的波動可能是由一些與通貨膨脹無關的因素所引起的，如外部投資者對公司未來收入的預期會對股價造成影響。

Cecchetti 等（2002）解釋了資產價格變動與物價上漲間關係的潛在不穩定性。文章認為由於實體經濟中的根本性衝擊來源不明，資產價格的上漲與通貨膨脹之間的關係在方向和規模上均可能會發生變化。計量經濟模型所衡量的是一段時期內的平均關係，所以很可能某一類型的擾動在這類樣本中出現的頻率較高，而在其他樣本中另一類型的擾動又占據主導地位，所以在簡化的模型中可能存在資產價格與通貨膨脹的不穩定關係，這需要通過某種途徑來判別什麼是根本性擾動。即使如此，文章還是認為資產價格反應了通貨膨脹的資訊，能夠提示未來經濟的變動。Svesson（2003）認為若央行通過選擇一個使損失函

數最小化的通貨膨脹與產出預測的可行組合來確定相應的利率工具計劃，則可以達到長期通貨膨脹目標。通過引入「預測目標制」，資產價格的波動與潛在資產價格泡沫會影響通膨與產出目標變量的預測值。

在實證研究方面，檢驗資產價格對通貨膨脹的預測作用的文獻可以分為兩個方面：一是考察單一資產價格的通貨膨脹預測功能，二是通過構造多種資產價格的加權指數（即金融狀況指數）來研究資產價格是否包含通貨膨脹的預測性信息，從而為央行貨幣政策操作提供信息指示作用。

（1）單一資產價格的通膨預測功能檢驗。Shiratsuka（1999）基於向量自迴歸模型的分析方法發現資產價格變動在 5% 水準上構成 GDP 縮減指數的 Granger 原因，但 GDP 縮減指數不是資產價格變動的 Granger 原因。Filardo（2000）運用簡單相關分析和迴歸分析研究了資產價格對通貨膨脹的預測能力。簡單相關分析得出比較混淆的結論，即房價上漲與未來的 CPI 正相關，但是股價上漲卻和未來的通貨膨脹水準負相關。基於迴歸分析的方法發現房價對未來的 CPI 具有一定的預測能力，但是股價卻不能對未來的 CPI 做出預測。因此，文章認為雖然將資產價格納入通貨膨脹的衡量具有理論基礎，但是實證結論卻並不認為這會改善美國的經濟表現。Ray 和 Chatterjee（2000）選取印度 1994—2000 年的宏觀數據，採用向量自迴歸的分析方法，研究發現股價膨脹並不是產出缺口的 Granger 原因，而是商品價格通貨膨脹的 Granger 原因。這意味著股價對產出增長的解釋力不強，但股價卻包含了商品價格的重要資訊，因此可以作為通貨膨脹指示器。

Goodhart 和 Hofmann（2000）通過在簡約型通貨膨脹方程式中加入資產價格（房價、股價和債券收益）以檢驗資產價格的加入是否能提高方程式的預測能力。文章發現房價的變動能夠提供未來通貨膨脹的額外有用資訊，但是股價和債券收益則對未來通貨膨脹的解釋力不強。Stock 和 Watson（2001）用 G7 國家 1959—1999 年的季度宏觀數據檢驗了 38 個指標（主要包括資產價格）的通貨膨脹指示器功能。研究發現：第一，某些資產價格只對一些國家特定時間段的通貨膨脹有顯著的預測能力；第二，基於單個指示器的預測能力並不穩定，即單個指示器在某個時間段的良好預測表現並不代表該指示器在隨後的時間段也是一個有用的指示器；第三，Granger 因果檢驗並沒有找到資產價格作為可靠通貨膨脹指示器的證據；第四，文章認為雖然單個指示器的預測作用不明顯，但是利用多個指示器的綜合資訊可以克服單個指示器預測不穩定的缺陷。

在國內研究方面，郭田勇（2006）認為資產價格會通過財富效應、投資效應與信用渠道拉動總需求，從而對物價水準產生向上的推動力。另外，當資

產價格出現膨脹時，普通商品和服務部門會提高通貨膨脹預期，從而產生現實的高通貨膨脹。范志勇、向弟海（2006）選取 1994—2004 年的季度數據，建立了一個包括匯率、貨幣供給、進口價格、生產者價格和消費者價格的五變量向量自迴歸模型，研究發現名義匯率對進口價格和國內價格水準的影響並不顯著，也不是導致國內價格波動的原因。段忠東（2007）通過構建一個簡單的數理模型與四象限模型，分析得出房價通過影響總需求進而帶動了物價水準。基於中國 1998 年第 3 季度至 2006 年第 4 季度的相關數據，通過協整分析得出房價、通貨膨脹與產出之間存在穩定的長期關係，通過 Granger 因果檢驗與脈衝響應函數分析得出在短期內通貨膨脹不會對房價做出反應，但在長期內房價變動構成了物價水準變動的 Granger 原因。

戴國強、張建華（2009）等選取中國 2005 年 7 月至 2009 年 6 月的月度數據，運用 ARDL 模型研究匯率、貨幣供應量、股票價格、房地產價格等資產價格對中國物價水準的影響，研究發現房價和匯率對通貨膨脹的影響較大，而股票的影響力較為不明顯。李勇等（2011）採用 2004—2010 年的月度數據，將中國的房地產價格指數、上證指數、M_2、匯率、外匯儲備及 CPI 納入包括這六個變量的 SVAR 模型中，運用「有向無環圖」來確定各變量間的同期因果關係。基於 CPI 的方差分解發現，貨幣供應量、房價及 CPI 自身的變動可以解釋 CPI 的絕大部分變動。

（2）金融狀況指數。在以上文獻回顧中可以發現，單一資產價格對通貨膨脹的預測作用還不穩定，在不同的國家和不同的時段，資產價格的預測作用會發生變化。另外，不同資產的預測能力也是不同的，在指標選擇上，房價、股價、短期利率、匯率等都被考慮過。雖然對於資產價格與未來通貨膨脹的關係還沒有達成較一致的觀點，但是不可否認的是資產價格變動確實可能包含未來經濟活動和通貨膨脹的相關信息，那麼如何利用資產價格來更好地度量這種影響，從而為貨幣政策提供一個良好的通貨壓力指示器呢？隨著計量經濟技術的發展，通過構建各種資產價格的加權平均指數（即金融狀況指數，FCI）來衡量資產價格對未來通貨膨脹的預測表現逐漸成為一種比較有效的做法。

在國外關於金融狀況指數的研究方面，Goodhart 和 Hofmann（2001）分別用總需求方程縮減式模型和脈衝響應函數來構建包括利率、匯率、房價與股價變量的金融狀況指數，研究發現金融狀況指數包含了未來通貨壓力的重要資訊。Gauthier 等（2004）分別運用總需求方程縮減式、VAR 脈衝響應函數和因素分析法構造了加拿大的金融狀況指數，研究發現基於總需求方程縮減式所構造的 FCI 在短期（1 年）內對產出和通貨膨脹有較強的預測力，而基於 VAR

脈衝響應函數所構造的 FCI 在長期（1—2 年）內的預測能力更強。Montagnoli 和 Napolitano（2005）用總需求方程縮減式構造了美國、歐盟、加拿大和英國的金融狀況指數，研究發現美國、加拿大和英國的利率調整和 FCI 變動顯著正相關，說明這些國家把 FCI 作為重要的短期貨幣政策指示器。

在國內研究方面，王玉寶（2005），封北麟、王貴民（2006），王彬（2009）運用 VAR 脈衝響應函數構造了中國的金融狀況指數，實證結果均發現 FCI 對通貨膨脹有較強的預測能力。不同的是，王玉寶（2005）所構造的金融狀況指數只包括股價、房價、短期利率與匯率四個變量，而後兩篇文章還加入了基礎貨幣供應量。陸軍、梁靜瑜（2007）和李強（2009）通過運用總需求縮減模型將房價、股價、短期利率與匯率納入金融狀況指數，經 Granger 因果檢驗與動態相關性分析，發現 FCI 與物價水準的走勢較為吻合，FCI 對通貨膨脹有較強的預測能力，因此認為可以把金融狀況指數作為中國的貨幣政策指示器。

1.4.3 資產價格與貨幣政策

在關注資產價格波動對宏觀經濟產生影響的同時，資產價格波動對貨幣政策提出的挑戰已成為當前宏觀經濟政策領域廣泛討論的焦點。特別是在 2008 年美國房地產泡沫破滅後所導致的全球金融危機及經濟衰退後，這一爭議再度受到各國央行及學術界的關注。關於資產價格與貨幣政策間關係的相關研究可以分為三類：一是討論央行貨幣政策是否需要回應資產價格波動；二是檢驗資產價格波動是否已經對央行的貨幣政策操作造成影響；三是衡量央行的貨幣政策對資產價格波動的干預能力。

關於貨幣政策是否需要對資產價格波動做出回應，學術界形成了「有為論」與「無為論」兩種截然不同的觀點。「無為論」以 Bernanke 和 Gertler（2000，2001）為代表，他們主張央行的貨幣政策只應把物價水準作為關注目標，而對資產價格的波動不需要做出額外的貨幣政策調整。他們持「無為論」觀點的理由主要包括：①貨幣當局並不能有效地區分資產價格泡沫是由理性層面還是由非理性層面所引起的，錯誤的判斷會導致事與願違的結果；②即使資產價格的泡沫是可以識別的，但是政策具有時滯性，這可能會導致實際結果與預期目標有所偏離；③通貨膨脹目標制可以有效地維持宏觀經濟及金融系統的穩定，即在資產價格出現泡沫時，利率會自動進行調整，從而減少潛在金融恐慌的出現；④央行不應利用貨幣政策對資產價格做出額外反應，除非資產價格波動會對中央銀行的預期通貨膨脹產生影響。

「有為論」以 Cecchetti 等（2000）、Filardo（2001）、Bordo 和 Jeanne（2002）為代表，他們認為在資產價格的膨脹與崩潰的循環中潛伏著金融危機對實體經濟平穩發展的巨大威脅，因此貨幣當局在堅持傳統通貨膨脹目標制的同時，應主張將資產價格納入央行貨幣政策反應函數之中。他們提出貨幣政策對資產價格做出反應需具備一系列前提條件：首先，應該區分資產價格泡沫的形成原因，如果資產價格膨脹是由理性經濟層面所引起的，則貨幣政策不應做出反應；其次，資產價格對未來通貨膨脹具有較強的「指示器」作用；再次，貨幣當局需要有充分的資訊來判斷資產價格泡沫的演化路徑；最後，通過貨幣政策工具主動刺破泡沫可以避免金融恐慌的出現。

同樣地，國內學者針對貨幣政策是否需要回應於資產價格這一問題也出現了較大的爭議，其中錢小安（1998），馮用富（2003），楊繼紅、王流塵（2006），袁靖（2007），王擎、韓鑫韜（2009）等認為貨幣政策不應回應於資產價格波動。而苟文均（2000），易綱、王召（2002），呂江林（2005），郭田勇（2006），伍戈（2007）等認為貨幣政策應該關注資產價格波動。

然而，「有為論」與「無為論」均是基於人為設定的不同利率規則對經濟進行模擬而得到的結論和判斷，數據模擬的最大缺陷是利率規則的設定過於主觀性，因為並不一定存在最優的利率規則，而且有可能都是次優級的，這可能會導致模擬結果有所差異，最佳的解決辦法應該是從模型出發，根據貨幣政策目標函數來推導最優的利率反應規則。

近年來，一些學者開始考察資產價格對最優貨幣政策反應函數設計與選擇的作用。Kontonikas 和 Montagnoli（2006）將一個包含資產價格的後顧型 IS-Phillips 模型作為約束條件來求解央行目標函數最小化問題（目標函數表示為對產出和通貨膨脹波動進行懲罰的二次函數貼現），從而推導出最優的利率反應函數。但文章只將資產價格而非資產價格缺口納入 IS 曲線的做法欠妥，因為在長期均衡中，所有的市場出清，資產價格基本面不會對產出缺口產生影響。Castro（2008）把線性的泰勒規則發展成為一個非對稱的泰勒規則來檢驗各國央行的貨幣政策反應函數對金融狀況指數的回應情況。文章發現只有歐洲央行把金融狀況指數作為貨幣政策的控制目標，而英格蘭央行和美聯準則沒有盯住資產價格。貨幣政策對金融狀況指數的忽視使英格蘭和美國在最近的信用危機困境前顯得比歐洲更為脆弱。

雖然國內有關貨幣政策反應規則設計的文獻開始不斷湧現，如劉斌（2003）和卞志村（2006），但是把資產價格考慮進來對貨幣政策反應規則進行選擇的文獻還相當罕見。

趙進文、高輝（2009）首先將股價和房價納入給定的前瞻型利率反應規則，基於中國的數據進行實證估計，然後利用模型的擬合值與真實利率進行比對，發現將資產價格作為內生變量的貨幣政策比未考慮資產價格的利率反應規則的模擬效果更好。陳偉忠、黃炎龍（2011）將其構造的金融狀況指數納入前瞻型利率反應規則，研究發現金融狀況指數在利率反應函數中影響顯著，認為資產價格的波動已經影響到貨幣政策的有效性，因此建議央行在遵循通貨目標制的同時，還需要考慮到資產價格的變化。這兩篇文章所考慮的利率反應規則均是人為制定的，而非由相關的理論模型推導所得，正如前文所述，人為設定的利率規則可能是次優的，從而使研究結論頗具爭議性。朱孟楠、劉林（2011）在Kontonikast和Montagnoli（2006）的模型中加入匯率和貨幣供應量，推導出包含股價、匯率、貨幣供應量的最優利率反應規則，通過實證研究發現，最優利率規則最為關注的是股價，其後依次為通貨膨脹、匯率、貨幣供給量和產出缺口。文章只將股價作為資產價格的代理，而將房價納入最優貨幣政策的設計中似乎還有待商確，因為房價的變動同樣會對貨幣政策的傳導機制產生衝擊。

關於貨幣政策是否已經開始對資產價格波動做出回應，國內外學者進行了大量的經驗研究，並得到一些頗有價值的研究成果，按照研究方法的不同可以把現有文獻大致歸納為以下兩個方面：

一是將資產價格納入各種形式的貨幣政策規則中，檢驗貨幣政策操作工具是否會根據資產價格的波動做出相應的調整。Smets（1997）估計了澳大利亞和加拿大的利率政策反應函數，發現兩國央行均會對通貨膨脹與其目標值的偏差做出反應，但匯率波動和股指變動只對加拿大的利率調整具有顯著影響，而對澳洲的利率反應函數的影響則不顯著。Montagnoli 和 Napolitano（2005）將其構造的金融狀況指數納入一個前瞻型利率反應函數中，估計結果表明金融狀況指數的當期值在美國、英國和加拿大的利率設定中都具有顯著的正向作用，而在歐元區的利率設定中則作用不顯著。Semmler 和 Zhang（2007）基於歐元區1979年第1季度至2005年第4季度的數據估計了歐元區的利率反應函數。實證結果發現，當期的股價泡沫和基於t期資訊預期的$t+1$和$t+2$期股票價格泡沫在利率反應函數中影響顯著，因此文章認為歐元區利率的設定很有可能是考慮了股票價格的波動情況。

國內學者彭潔、劉衛江（2004）將滬市本益比作為資本市場因素分別納入靜態和動態的泰勒規則中，基於中國1994年第1季度至2001年第4季度的數據的實證研究發現，在擴展的靜態泰勒規則中本益比對利率的影響顯著為

負，而在擴展的動態泰勒規則中本益比對利率的影響為正但不顯著，這說明央行並沒有對股市泡沫進行關注，甚至容忍了泡沫的存在。封北麟、王貴民（2006）將他們構造的金融狀況指數納入泰勒規則中，廣義矩估計結果表明利率對金融狀況指數、通貨膨脹和產出缺口變動做出了正向的反應，但反應力度不足。于長秋（2006）基於 IS-PC-AP 模型，採用 GMM 方法估計了包括股票價格的前瞻型利率規則，發現股票價格已經包含在中國的貨幣政策反應函數中。袁靖（2007）基於中國 1992 年至 2005 年的數據，估計了考慮股票價格泡沫的泰勒規則，實證結果發現中國的利率操作規則對產出缺口和通貨膨脹較為關注，而對股市波動較為不重視。王彬（2009）將金融狀況指數納入麥克萊姆規則中，發現中國央行實行的貨幣政策對通貨膨脹和產出缺口均反應不足，對金融狀況指數的反應則更不顯著。因此，中國央行並沒有對資產價格波動進行回應。肖祖星（2009）將其構造的金融狀況指數納入泰勒規則中，發現中國利率對金融狀況指數具有較強的敏感性。

二是通過構建包括貨幣政策變量與資產價格變量的向量自迴歸模型（VAR），通過脈衝響應函數來評估貨幣政策變量對資產價格衝擊的反應強度。Bjornland 和 Jacobsen（2010）基於挪威、瑞典和英國的數據，運用結構向量自迴歸模型（SVAR）檢驗了房價在貨幣政策傳導途徑中的作用，發現利率會對房價波動做出顯著的反應，但反應的時滯與強度在每個國家中又各不相同，這可能是由房價在每個國家貨幣政策制定中所起的作用不同所引起的。孫華妤、馬躍（2003）運用滾動式向量自迴歸模型（Rolling VAR）來檢驗央行貨幣政策對股票市場的干預有效性。基於 1993 年 10 月至 2002 年 6 月的數據，文章發現貨幣數量對股價沒有影響，而利率調整表現出對股價有選擇性的影響，即利率幾乎只對股市市值對 GDP 有影響作用的那些樣本做出反應，而對其他樣本則沒有做出調整，這說明央行貨幣政策只對股價保持關注而非盯住。

李強（2009）通過構建包括貨幣供應量、房價、股價、產出和通貨膨脹的五變量結構向量自迴歸模型（SVAR）來評估中國的貨幣政策對通貨膨脹與資產價格衝擊的反應。文章基於中國 2000 年 1 月至 2007 年 12 月的月度數據，發現無論是以基礎貨幣供應量還是以廣義貨幣供應量作為貨幣政策指標，貨幣政策都會對通貨膨脹衝擊做出顯著且持久的反應，但沒有對房價和股價衝擊做出明顯的負向反應，這表明資產價格的波動並沒有影響到中國的貨幣政策操作。寇明婷、盧新生（2011）基於中國 1998 年至 2010 年的月度數據，通過 SVAR 脈衝響應函數和方差分解分析發現利率對股價衝擊的反應明顯且持久，股價對貨幣政策變異數的貢獻度也表明中國的貨幣政策應該關注資產價格波動。

李勇等（2011）基於有向無環圖（DAG）的 SVAR 預測誤差變異數分解結果發現，M_2 對 CPI、房價、股價變動的貢獻度依次遞減，3 年內股價與房價對貨幣供應量變動的累計貢獻度分別為 6.5%與 3.8%。

　　針對央行貨幣政策能否對資產價格波動形成有效干涉的問題，國內外學者也進行了廣泛的討論。Rigobon 和 Sack（2002）基於美國數據的實證研究發現短期利率的上升會對股票價格造成負向影響，其中對那斯達克指數的影響最大。估計結果表明，當三月期利率上漲 25%，將會導致標準普爾 500 指數與那斯達克指數分別下降 1.9%和 2.5%。Giuliodori（2005）以歐洲 9 國前歐盟時代的數據為研究樣本，通過構建向量自迴歸模型，研究發現房地產價格會受到利率衝擊的影響。Bernanke 和 Kuttner（2006）用美國的數據檢驗了貨幣政策變化對股價的影響。文章發現股票市場會對未預期的貨幣政策操作做出明顯且持久的反應，以 CRSP 加權指數為例，未預期到的美國聯邦基金利率下降 25 個百分點將會導致 CRSP 加權指數上漲 1%。Greiber 和 Setzer（2007）檢驗了歐盟與美國的貨幣市場和房產市場變量之間的關係。基於向量誤差修正模型（VECM）脈衝響應函數發現，歐盟與美國的貨幣變量和房產市場存在顯著的雙向因果關係。一方面，考慮房產市場發展的代表性變量將有助於在兩個地區制定穩定的貨幣需求函數；另一方面，貨幣政策將會影響到房產市場的發展。貨幣變量與房產市場之間的相互關係可通過利率和流動性進行傳導。

　　Goodhart 和 Hofmann（2008）基於工業化 17 國 1970 年至 2006 年的季度數據，通過固定效應面板向量自迴歸的方法發現：房價、貨幣變量與宏觀經濟變量間存在顯著的多邊關係；房價與貨幣變量的相關關係在子樣本 1985 年至 2006 年間更強；當房價高漲時，貨幣與借貸的衝擊對房價的影響更強。Bohl 等（2008）研究了歐洲股票市場對歐洲央行（ECB）未預期到的利率操作的反應。文章發現 ECB 未預期到的政策決定與歐洲股票市場的表現之間存在顯著的負相關關係。另外，ECB 的貨幣政策能被市場很好地預期到，這意味著歐洲央行成功地傳達了其貨幣政策。Carlo（2011）檢驗了美國貨幣政策的變化對 51 個國家資產價格的影響，進而檢驗了事件研究方法的有效性。文章發現美國和國外 3 個月及 1 年期的利率，以及股票價格對美聯儲的貨幣政策反應顯著，然而匯率的反應最為不明顯。

　　在國內研究方面，陸蓉（2003）通過構建向量誤差修正模型，利用脈衝響應函數和方差分解來檢驗中國股票市場的貨幣政策效應。基本中國 1993 年 1 月至 2001 年 6 月的月度數據，文章發現在貨幣政策的間接調控方式下，利率對中國股市影響明顯。脈衝響應函數顯示，給同業拆借利率一個單位標準差的

正向衝擊，股指收益在第一期的反應就到達了 1.6%，而方差分解結果顯示市場利率變動解釋了股指收益變動的 5%。孫華妤、馬躍（2003）運用滾動式向量自迴歸模型來檢驗央行貨幣政策對股票市場干預的有效性。基於 1993 年 10 月至 2002 年 6 月的月度數據，文章發現貨幣數量對股價沒有影響，而利率調整則表現出對股價有選擇性的影響，即利率幾乎只對股市市值對 GDP 有影響作用的那些樣本做出反應，而對其他樣本則沒有做出調整。郭金龍、李文軍（2004）從理論和實證的角度分析了中國股票市場與貨幣政策調整的關係。文章基於 Granger 因果分析與迴歸分析發現，貨幣供應量是引起上證指數變動的重要原因，而利率調整與股指的變動顯著負相關，但股市對利率變化信息的反應並不及時，利率對股指的短期影響效應較弱，而中長期效應較強。

崔暢（2007）通過構建結構向量自迴歸模型，研究不同貨幣政策工具對處於不同發展階段的資產價格泡沫的調控效果。文章研究發現，利率調整對資產價格處於膨脹初期和資產價格處於低迷階段具有明顯的效果，而當資產價格出現泡沫時，貨幣供應量調整會收到較好的效果。李勇等（2011）基於 DAG 的 SVAR 預測誤差方差分解結果發現，M_2 對 CPI、房價、股價變動的貢獻度依次遞減。寇明婷、盧新生（2011）通過構建結構向量自迴歸模型（SVAR）來研究中國貨幣政策與股價波動的動態關係。基於中國 1998 年至 2010 年的月度數據，通過脈衝響應函數和方差分解，文章研究發現股票價格對同業拆借利率衝擊的短期回應顯著，而長期回應不明顯，這意味著貨幣政策對股價的調控力度有限。

2 資產價格影響因素的理論分析與實證研究

近年來，中國的房地產市場和股票市場在得到快速發展的同時，以房價和股價為代表的資產價格也經歷著史無前例的波動。在房地產市場方面，全國商品房房價在2004之前保持較為平穩的發展趨勢，之後則表現出長期上漲的態勢，由2004年1月的2,508元/平方公尺上漲到2016年12月的7,546元/平方公尺，上漲幅度達到約201%。在此期間全國商品房市場也經歷了數次的高峰與低谷，最近一次較大幅度的房價波動是全國商品房房價由2016年1月的6,822元/平方公尺上升為同年12月的7,546元/平方公尺，短短一年房價的波動幅度約為10.6%。在股票市場方面，中國的股票市場從1990年開始營業以來也得到快速的發展，股票總市值由1991年的不足10億元發展到2007年超過30億元，截至2016年12月，滬深兩市A股的上市公司共達到2,853家。在中國股市發展的二十餘年裡，中國的股市也和西方股市一樣經歷了無數次的暴漲暴跌情況。上證指數由2005年年底的1,161.06點一路飆升至2007年10月的5,954.77點，之後一路探底，直到2008年跌破2,000點，股市才開始有所復甦。各國資產市場的發展歷程表明，資產價格的過度波動往往潛伏著經濟危機對實體經濟平穩發展的巨大威脅，20世紀80年代的日本金融危機、90年代的墨西哥金融危機與亞洲金融危機以及21世紀的美國次貸危機等系列金融危機事件所引起的嚴重後果一再證實，對資產價格進行嚴密監管是政府部門（特別是金融監管部門）的應有之義。

本章在對資產價格影響因素展開分析之前，首先對資產價格的相關概念與資產定價模型進行簡要介紹，其次對中國歷年的房價與股價波動情況進行簡要回顧，再次對資產價格影響因素進行詳細的理論探討，以期深化對以房價和股價為代表的資產價格的全面認識，也為後續章節分析資產價格對宏觀經濟的影

響做堅實的理論鋪墊。最後，本章著重對當今社會較為關注的「高房價」影響因素進行實證研究，特別地從中國現行財稅制度出發，試圖揭示高房地產價格背後更為深刻的地方政府財政根源因素，並通過實證研究手段加以驗證，全面深入地瞭解房價的成因對於有針對性地制定房地產調控政策、促進房地產市場的健康發展無疑具有重要意義。

2.1　資產與資產價格

　　資產是指由個人或機構所擁有，能給所有者帶來未來經濟收益的所有權或財產。在金融學領域，資產被定義為經濟代理人所擁有的投資組合，這個投資組合是經濟代理人根據自身的風險偏好和實際需要而做出的選擇（托賓Q等，2000）。這個定義表明，經濟代理人會根據自身的風險偏好以及未來的市場收益預期來對資產結構進行調整。資產通常具有收益性、流動性、收益可預期性及期限性等特徵。收益性是指持有資產取得的收益與投資者購買該項資產所支付本金的比率。流動性是指資產轉換為貨幣現金的難易程度。收益可預期是指投資者能夠利用相關的信息，形成自身對於資產未來收益預期的主觀判斷。資產的期限性是指投資者從開始持有資產到將其轉化為貨幣現金的時間長度。

　　資產通常分為金融資產與實物資產兩大類。金融資產包括股票、債券以及各類權益性票據。與金融資產相對應的是實物資產，如土地使用權、建築物（房產）、機器設備等。由於股票與房產在各國家庭總財富中占有較大比例，因此這些資產價格的變動與百姓的日常生活息息相關。另外，由於房產和股票兩種資產與宏觀經濟的聯繫日益緊密，它們價格的變動會對金融穩定乃至整個國家的宏觀經濟狀況造成嚴重的衝擊，因此這兩種資產價格近年來一直受到貨幣當局、金融監管部門及學術界的關注，所以本書將股票和房產作為重要的研究對象。

　　關於資產價格的定義，其是指一單位資產兌換為多少貨幣的比例問題[①]。而托賓、戈盧布（2000）將資產價格定義為出售或清算資產所獲得的最大現金價值。在金融學領域，資產的市場價格是指資產未來預期收益的貼現值，因此資產的價格受投資者的未來預期以及風險偏好（貼現率反應出投資者的風險偏好）的影響。另外，與一般商品的價格類似，資產的市場價格同樣受市

[①]引自百度百科，網址：http://baike.baidu.com/view/1071876.htm。

場供需力量的影響，符合經濟學的基本規律。關於資產定價的相關理論與資產價格的影響因素將在下文進行深入探討。

2.2 資產定價理論

資產定價的核心思想是對資產的未來預期收益進行貼現。如果未來資產市場沒有任何不確定性因素的存在，資產定價將是一個非常簡單的問題，即用資金的時間價值（無風險報酬率）對資產的未來固定收益進行貼現即可。但是在現實生活中，資產市場充滿著極大的不確定性（風險），由於人們對待風險的偏好各不相同，因此他們對資產的未來收益也持有不同的預期。為反應投資者所承擔的投資風險，用於對資產未來預期收益進行調整的貼現率還需要考慮風險溢價的問題，即在無風險報酬率的基礎上加上一個風險修正因素。因此，在資產定價研究中，關鍵的問題是要找到反應出整個系統風險水準的隨機變量，進而將其運用到資產定價模型之中。目前，最常用的資產定價模型主要包括資產價格的貼現值模型、資本資產定價模型和套利定價模型。

2.2.1 資產價格的貼現值模型

投資者購買某項資產通常是為了獲得持有該資產所帶來的收益，這包括資產在持有期間所產生的收益以及在持有期結束後通過出售資產所帶來的資本利得。下文首先考慮資產未來收益確定情況下的資產價格貼現值模型，假設一項資產能在未來產生固定的收益 D，那麼此資產的現期市場價格就是未來各期固定收益的貼現值之和，可以用如下公式進行描述：

$$F_t = \sum_{i=1}^{\infty} \lambda_{t+i} D_{t+i} \qquad (2-1)$$

在上式中，F_t 為 t 期資產的市場價格，λ_{t+i} 為 $t+i$ 期的貼現率水準，而 D_{t+i} 為 $t+i$ 期的資產收益。

接下來考慮資產未來收益不確定情況下的資產價格貼現值模型。假設經濟在將來可能出現 Ω 種不同的狀態，而資產未來收益受第 $\Phi \in \Omega$ 種經濟狀態的影響，Φ_{t+i} 表示 $t+i$ 期特定的經濟狀態，而 $P_{\Phi_{t+i}}$ 表示經濟在 $t+i$ 期出現第 Φ_{t+i} 種狀態的概率。那麼，資產價格可以表示為不確定經濟狀態下資產收益貼現值的期望值，可以用如下公式進行描述：

$$F_t = E\Big(\sum_{i=1}^{\infty} \lambda_{(\Phi_{t+i})} D_{(\Phi_{t+i})}\Big) = \sum_{i=1}^{\infty} \sum_{\Phi_{t+i} \in \Omega_{t+i}} P_{(\Phi_{t+i})} D_{(\Phi_{t+i})} \qquad (2-2)$$

在式(2-2)中，$\lambda_{(\Phi_{t+i})}$表示經濟在$t+i$期處於第Φ_{t+i}種狀態下的貼現率，而$D_{(\Phi_{t+i})}$表示經濟在$t+i$期處於第Φ_{t+i}種狀態下的資產收益率。

從式(2-2)中可知，當經濟充滿不確定性時，資產的市場價格由$P_{(\Phi_{t+i})}$、$\lambda_{(\Phi_{t+i})}$和$D_{(\Phi_{t+i})}$三個因素共同決定，其中任何一個因素發生變化將會導致資產價格的波動，可以說資產價格的波動就是人們對資產未來收益不確定性的市場反應。但也正是由於資產價格波動性的存在，才引導社會閒置資金向效率更高的部門流動，促進了社會資本的優化配置。

2.2.2 資本資產定價模型

資本資產定價模型（Capital Asset Pricing Model，簡稱CAPM）是由夏普、特里諾和林特爾三位財務金融學家等人於20世紀60年代所提出的，其中夏普更是因其在資產定價領域所做出的突出貢獻而獲得了1990年的諾貝爾經濟學獎。

資本資產定價模型是在一系列的假設條件下推導而來的，因此正確地理解這些前提條件對科學地運用CAPM顯得尤為必要，這些假設包括：

（1）資產市場的投資者對市場均衡價格沒有影響力（即所有投資者均為Price Taker），他們關於各項資產的未來收益預期是一致的。

（2）投資者均為風險規避者，他們的目標函數是實現期末預期財富最大化。

（3）存在無風險資產，投資者能以無風險利率進行自由借貸。

（4）資產的回報率均服從聯合正態分布。

（5）資產的數量固定且所有資產均具備可細分性。

（6）資本市場不存在摩擦，資訊可以在資本市場中進行及時的滲透且無任何資訊成本。

（7）市場中不存在如交易稅、法規限制、賣空限制等不完全性。

在上述假設條件下，資本資產定價模型的完整表達形式如下：

$$E(r) - r_f = \beta [E(r_m) - r_f] \quad (2-3)$$

在式(2-3)中，r為某項資產的回報率，r_m為市場回報率，r_f為無風險報酬率，$E(r) - r_f$和$E(r_m) - r_f$分別稱為資產期望回報率增益和市場期望回報率增益。β是資產回報率變化相對於市場回報率變化的反應靈敏程度，也就是該項資產的系統風險，它的經濟含義是當整個市場投資組合的回報率增加百分之一時，該項資產的回報率上漲百分之幾。市場投資組合中證券i的$\beta_i = \text{cov}(r_i, r_m) / \delta^2(r_m)$，其中，$\text{cov}(r_i, r_m)$是證券$i$回報率與市場投資組合回報率的協方差，而$\delta^2(r_m)$表示市場回報率的方差（齊寅峰，2008）。在現實中，通常運用迴歸分析方法來測量上市公司股票的β值，其基本方法是用市場投資組

合的回報率與股票回報率來擬合一條直線，該直線的斜率就是該股票的 β 值。

根據資本資產定價模型，一個資本性資產的期望回報率將取決於以下三個因素：一是由 β 值所代表的系統風險；二是市場投資組合的期望報酬率；三是無風險報酬率 r_f。如果資產的預期價格已知，根據期望回報率的定義，知道了資產的期望回報率也就知道了該資產的當前價格。所以，這個解釋期望回報率的模型也就被稱為資本資產定價模型。

在均衡的條件下，資產的期望回報率就是投資者所要求的回報率，所以 CAPM 通常被用於確定資本的機會成本。在運用 CAPM 解決現實問題時，通過事先估計出資本資產的 β 值、市場投資組合的期望報酬率 $E(r_m)$ 以及無風險報酬率 r_f，然後再根據模型來計算出該資產的期望回報率。

2.2.3 套利定價模型

上述的資本資產定價模型認為單一資本資產的預期收益率只受市場投資組合預期收益率的影響，而在現實中，資產的預期收益情況更可能由多種宏觀經濟因素決定。基於這樣的思想，羅斯（Steven Ross）於 1976 年提出的套利定價理論（Arbitrage Pricing Theory，簡稱 APT）則主張任何資產的回報率受多個宏觀經濟因子的影響，被描述為如下形式：

$$r = \alpha + \beta_i r_i + \cdots + \beta_k r_k + \varepsilon \qquad (2-4)$$

在上式中，r 為資產的隨機回報率；r_i 為第 i 種因素的隨機回報率，$i = 1, \cdots, k$；β_i 為資產回報率相對於第 i 種因素回報率的敏感性，$i = 1, \cdots, k$；ε 代表該資產的特殊風險，滿足 $E(\varepsilon) = 0$，且 ε 與 r_i 不相關。對式(2-4)取期望便可以得到套利定價模型的期望形式，表達如下：

$$E(r) - r_f = \beta[E(r_i) - r_f] + \cdots + \beta_k[E(r_k) - r_f] \qquad (2-5)$$

在式(2-5)中，$E(r)$ 為資產的期望回報率；$E(r_i)$ 為第 i 種因素的期望回報率，$i = 1, \cdots, k$；$\beta_i = \text{cov}(r, r_i)/\delta^2(r_i)$，$i = 1, \cdots, k$；$r_f$ 為無風險報酬率。式(2-5)的套利定價模型認為資產的預期回報率受 K 個因素預期回報率的影響，但沒有明確 K 個因素分別所指為何，其中可能會包括利率、GNP、石油價格等因素。如果市場投資組合收益率是 K 個因素中的一個，那麼資本資產定價模型就是套利定價模型的一種特殊情況。

在介紹套利定價理論時，有必要闡述套利定價理論的假設條件與資本資產定價模型有何異同。套利定價模型的假設條件與資本資產定價模型中的第（1）、（2）和（6）條假設相同，不同的是，套利定價模型並沒有假設：投資者能以無風險利率進行自由借貸、市場中不存在交易稅、投資者按照非劣解來

選擇投資組合、單一投資期。

套利定價模型認為資產的預期收益率取決於 K 個影響因素,而市場預期收益有可能只是其中之一。由於假設條件的放寬,特別是套利定價模型可以運用到多期投資的情況下,因此它的運用比資本資產定價模型更加廣泛。

2.3 中國資產價格波動情況

2.3.1 中國房價波動情況

從 1978 年土地相關法規調整至今,中國的房地產行業已經歷經了 40 年的發展歷程,目前國內房地產業的發展已基本步入健康軌道,正處於興旺繁榮階段,住房消費需求也逐年增加。1998 年中國出抬的《關於進一步深化城鎮住房制度改革加快住房建設的通知》,標誌著中國逐步全面取消福利分房制度,實行住房分配貨幣化,居民住房消費開始成為新的消費熱點。1998 年中國的房地產銷售額達到 2,513 億元,占當年國內生產總值的 2.98%,而房地產投資完成額達到 3,623 億元,占到當年國內生產總值的 4.28%。在隨後的 10 餘年裡,雖然國家曾出抬過相關的緊縮政策來應付局部房價過熱問題,但是總體而言,中國的房地產行業在此期間一直保持著平穩向前的長期發展趨勢,至 2016 年,房地產銷售額達到 117,627 億元,占當年國內生產總值的 15.81%,而房地產投資完成額達到 102,581 億元,占到當年國內生產總值的 13.79%。顯而易見,房地產行業已經發展成中國的支柱性產業,房價的波動情況不僅與人民生活息息相關,更和國家的宏觀經濟發展與金融穩定有著緊密的聯繫。

在過去的 20 餘年裡,中國的房市也經歷了較大起伏,從房地產銷售價格指數時序圖(圖 2-1)中可以發現,全國房價在 2000 年以前波動性較大,而在此之後房價波動相對平緩。在 2000 年以前,中國的房地產行業基本處於非理性炒作與調整階段。1992 年鄧小平南方談話以後,全國大量資金湧入南方地區(特別是海南和廣西地區),使這些地區的房價扶搖直上,全國房地產銷售價格指數由 1992 年 7 月的 100.69 點上漲到 1993 年 7 月的 130.97 點,在短短一年時間內,上漲幅度竟然達到了約 30.07%。隨後國家調控政策強硬出手,房價實現「硬著陸」,至次年 4 月,房地產價格指數跌至 103.61 點。可以說,中國房市在 1992 年至 1994 年期間經歷了第一次「過山車」。2000 年以前另一次較大的房價波動始於 1995 年 4 月的 105.37 點,一年之後,房地產銷售價格

指數上漲至129.88點，從此之後，房價便一路探底，到1999年12月，房地產銷售價格指數已經跌至99.08點，跌幅達到23.71%。

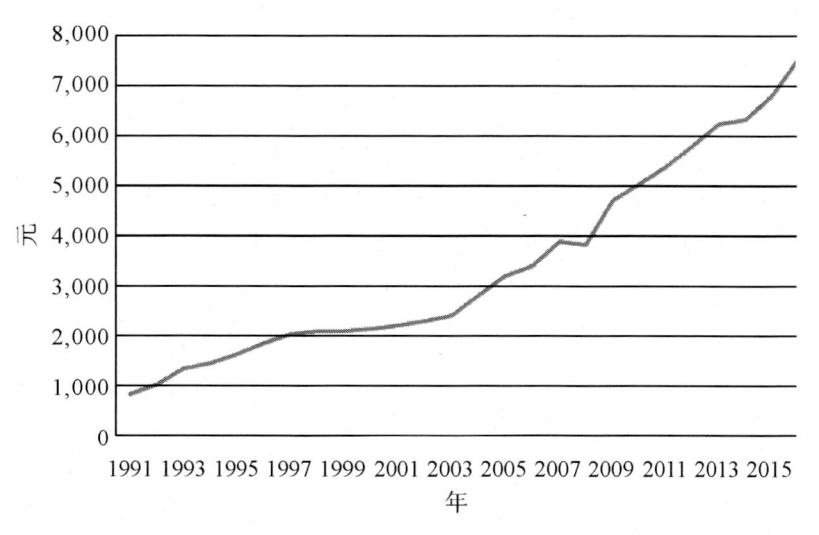

註：數據來源於中經網統計數據庫，數據區間為1991年1月—2016年12月。

圖2-1　全國商品房銷售價格時序圖

進入2000年以後，商品房成交均價整體上呈現上漲趨勢。在2005年之前房價增幅穩步上升，從2001年的2.8%上升到2005年的16.7%。隨後在2005—2006年的房地產調控影響下，上漲趨勢得到遏制，但2007年又開始大幅上漲。在金融危機的影響下，2008年成交均價曾一度微幅下跌。但是2009年在救市政策的拉動下，成交均價出現了23.2%的超高漲幅。自2010年國家嚴厲實施調控政策以來，成交均價漲幅再次受到壓制，增幅均低於年度平均值。2010—2013年，房價增速基本穩定，保持在7%左右。2014年受行業調整及樓市庫存壓力較大的影響，房價增速明顯回落，僅略好於2008年。2015年在樓市復甦的背景下，房價增長穩定，同比漲幅回升到7%以上。

2.3.2　中國股價波動情況

中國的股市由始至今已有20餘年，股票市場從1990年開始營業以來得到快速的發展，股票總市值由1991年的不足10億元發展到2007年超過30億元，截至2016年12月，滬深兩市A股的上市公司共達到2,853家。在中國股市發展的20餘年裡，中國的股市也和西方股市一樣經歷了無數次的暴漲暴跌情況。通過對中國股市歷次大漲大跌的回顧，發現股市出現較大的波動均伴隨著國家

宏觀經濟的調整，以上證指數為例，可以大致把1990年12月至2016年12月期間的中國股市波動情況劃分為以下8個階段。

1990年12月—1993年6月（上漲階段），為了促進經濟復甦，央行於1990年8月和1991年4月連續兩次下調利率，使上證指數總體上揚，由1990年12月31日的127.61點上漲到1993年5月29日的1,234.71點，其間漲幅達到868%。由於1992年下半年宏觀經濟過熱導致通貨膨脹壓力過大，中央政府出抬從緊政策，使上證指數出現暫時回落，在1992年10月30日收盤於507.25點，之後便逐步攀升。

1993年7月—1996年5月（下跌階段），中國的宏觀經濟政策是以控制通貨膨脹為主要任務，國家貨幣政策與財政政策均出現從緊局面。在此宏觀經濟政策的影響下，中國股市開始了持續3年的低迷時期，上證指數於1994年7月29日觸底，收盤於333.92點，從1996年年初上證指數才出現復甦跡象。

1996年6月—2001年6月（上漲階段），經歷了3年的緊縮性宏觀政策，通貨膨脹回落伴隨而來的是經濟增長率的持續下滑，這迫使國家的宏觀政策轉為寬鬆。在此期間，央行累計下調利率達到6次（1997年1次，1998年3次，1999年2次），下調商業銀行法定準備金率2次（1998年將商業銀行的法定準備金率由13%下調至8%，1999年再將法定準備金率由8%下調至6%）。在較為寬鬆的宏觀政策背景下，中國股市逐漸回暖，在此期間上證指數漲幅達到170%，並於1999年6月突破1,500點，之後出現長達2年的牛市行情。

2001年7月—2005年10月（下跌階段），中國出現投資過快，宏觀經濟局部過熱，通貨膨脹壓力有所加大的情況，宏觀調控政策開始由寬鬆轉向緊縮。在此期間，上證指數一路由2001年7月2日的1,920.32點下滑到2005年10月31日的1,092.82點，下降幅度達到44%。

2005年11月—2007年10月（上漲階段），2005年5月在中國的股權分置改革開始的同時中國步入了新一輪的宏觀經濟增長期。在此期間，上證指數節節攀升，上漲幅度達到442%，並於2007年10月31日收盤於5,954.77點。

2007年11月—2008年10月（下跌階段），由於受到國際金融危機的影響，加上中國為防止通貨膨脹和經濟過熱而採取緊縮性的貨幣政策，從2007年10月開始，中國股市一路「熊途」漫漫，至2008年10月31日，上證指數跌破2,000點。

2008年11月—2011年，2008年11月中國為擴大內需和促進經濟增長出抬了所謂的「國十條」，同月國務院常務會議開始對宏觀政策做出調整，貨幣

政策轉為「寬鬆」，而財政政策趨於「積極」。在此背景下，上證指數有所復甦，但在短期內，宏觀政策對股市的刺激力度仍然不太明顯。

2015 年槓桿牛市及股災。2015 年 A 股行情的幕後推手乃槓桿。因為有槓桿，A 股市場一鼓作氣邁入繁華盛世，滬指從 2014 年 12 月 31 日的收盤點位 3,234.68 點起步，一路扶搖直上，於 2015 年 6 月 12 日站上 5,178.19 點高位；因為去槓桿，踩踏頻發、千股跌停，滬指在兩個月的時間裡直落 2,300 點，並於 2015 年 8 月 26 日跌至 2,850.71 點的新低。

2.4　資產價格影響因素的理論探討

2.4.1　房價影響因素的理論探討

房價的高低不僅關係到人民的生活福祉，同時也會對國家的宏觀經濟穩定產生重要影響。對影響房價的因素進行梳理，總結出影響房價的主要因素，對有針對性地制定出科學、合理的房產調控措施，無疑具有十分重要的現實意義。

2.4.1.1　供給與需求角度

國內學者在對房價的影響因素進行分析時基本都認為房價是由供求關係決定的。價格理論認為，市場中的價格實際上是供給曲線與需求曲線交點所對應的均衡價格，而且所有影響房產價格的因素都是通過影響供求關係進而發生作用的。所以，我們在研究價格時一般先從供給和需求的角度開始，找出達成價格均衡的因素，從而揭開價格謎底。而且 Decarlo（1997）指出引起房地產市場波動的原因主要有供求變化、空置率、貨幣政策、就業水準、人口趨勢、法規政策、家庭規模等，他認為其中供求是最重要的因素。

（1）需求因素對房地產價格波動的影響

房地產價格波動的影響因素包括經濟因素、人口因素、金融環境、心理因素、租賃因素以及宏觀調控等。

①經濟因素與房價的關係

Bartik（1991）是最早對這一領域進行總結和評論的學者，他的實證研究揭示了住宅價格上漲直接受就業增長影響，Kenny（1999）使用了協整技術來估計愛爾蘭住宅市場自我均衡機制的範圍，實證分析了住宅市場的供給和需求關係。結果表明：收入增加會引起住宅需求的增加和價格的上漲。Nellis 和 Longbottom（1981）用計量經濟學的方法對英國數據進行分析研究，得出了一

個商品住宅平均價格的简化公式，分析後得出的結論是，收入是影響住宅價格的最重要因素。李晨（2010）運用因素分析法對全國 15 個大中城市進行研究，認為經濟因素是影響房價的第一主因素。段家楠（2010）利用廣東省 1996—2009 年的數據進行實證分析，證明了人均儲蓄對房地產價格有較為顯著的影響。王冰和黃磊（2005）通過對居民收入水準與住房價格間的關係進行討論得出居民收入水準與房價之間有著密切的正相關關係。

房產除了是剛性需求的生活消費品外，還具有投資品的作用。經濟的長足發展會提高居民的購買能力，增大對房產的有效需求。這種剛性需求與住房供給短期缺乏相互作用導致房價上漲，進而引發投資效應。投資需求和投機需求的大量存在極易造成房產需求的大幅波動，形成房產泡沫。李春吉、孟曉宏（2005）在简單的局部均衡模型的基礎上對全國 31 個省市 1999—2003 年的面板數據進行實證分析後認為，人均可支配收入和對房產的投資額是房價上漲的重要因素。李清書（2010）探索了地產熱的原因，認為中國經濟的平穩發展是房地產投資增多和房價上漲的根本性因素。

②人口因素與房價的關係

影響住宅需求的人口因素有人口數量、人口年齡結構和家庭結構等。人口因素與房地產之間結合的研究為期很短，中國目前研究得很少。

英國的 Mankiw 和 Bill（1987）的研究結果表明，人口年齡結構對住宅需求有顯著的影響，他們的研究被視為人口學方法應用於住房研究的開端。英國的 Ernisch（1997）根據英國 20 世紀八九十年代的房價走勢，發現人口年齡變化對住宅需求有影響。芬蘭的 Kuismanen 運用 M-W 模型研究了人口變化對房地產市場的影響。Laven 以人口統計學為基礎，研究結果表明一個國家的住宅需求量是由這個國家的人口數量、年齡結構和家庭分裂速度共同決定的。REICO 工作室、經濟學家哈繼銘等依據人口紅利學理論，從嬰兒潮的角度分析了中國人口年齡結構與房價的關係，認為從長期趨勢來看，中國的住房供給彈性很小，人口年齡結構決定了未來房價將會持續上漲。

Gabriel（2000）運用經濟學理論來解釋加利福尼亞州最大的兩個城市近些年來住宅價格的變化模式，研究發現巨大的人口遷移是近幾十年來加利福尼亞州住宅價格變化的主要因素。閆磊（2011）應用 1997—2008 年的面板數據對影響房地產價格的各種因素進行實證分析得出，房地產價格與年末總人口數量成正比，且關係顯著，而且人口總數和人口結構會影響到住房需求。同樣，韓樂江（2010）對黑龍江三線城市房價的實際情況進行分析認為，在人口總數穩步變化的條件下，家庭規模縮小家庭數量增多也會對房價的不斷上漲產生明

顯的影響。付博、王績明、吳金劍（2010）認為社會人口結構對房產需求有很大影響，老齡化社會對房產的需求將減少。城市人口數量與住房價格呈正相關，城鎮人口中20~49歲這個年齡段的購房者是住房需求的主要部分，這部分人口的變化是影響房價波動的關鍵。

③金融環境與房價的關係

金融環境是指一個國家在一定的金融體制和制度下，影響經濟主體活動的各種要素。下面我們將從利率角度來探討它對房價的影響。房地產行業是資本密集型行業，價值量大的特點決定了房地產的開發與購買都離不開金融機構的支持。房地產對金融業的依賴決定了房地產價格必然要受到貨幣政策的影響。2010年國務院先後出抬了兩個遏制房價過快上漲的通知，其中第一個規定二套以上首付不低於40%，第二個規定二套以上住房貸款利率不低於基準利率的1.1倍。從中可以看出，信貸資金是房價上漲的一個推動因素。

張濤、龔六堂和卜永祥（2006）對房價和利率之間關係的實證研究證明按揭貸款利率的提高可以有效抑制房地產價格的上升。Kenny（1999）實證研究證明：從長期來看，抵押貸款利率與住宅需求有顯著的負相關關係。潘再見（2008）基於PW模型的擴展分析，進行實證分析，證實了房地產價格與存款利率正相關。眾多學者對央行加息與房價關係進行分析認為，加息會延緩部分房產需求，在一定程度上起到穩定房地產價格的作用。王錦瑜（2011）對中國房價與銀行貸款的實證分析表明，房價構成了銀行貸款的單向Granger原因。房價上漲會刺激人們保價增值的購房需求和開發需求，增加對銀行信貸的需求，長期會促使銀行貸款利率的提高。周豔（2008）認為開發商的大部分資金來自銀行，因此利息就構成了房地產開發商的一項重要成本。當利率上升時，投資者運用的資金利息成本加大，必然帶來房地產開發成本的上升。如果物價沒有上漲，資金的利息成本就不能通過合理的方式轉嫁到房地產價格上，這時房地產投資量必然減少，間接造成房屋的供應量減少，在需求不變的狀況下，房價必然上漲。相反，在物價同時上漲時，房地產商就會把增加的成本轉嫁給消費者，同樣會造成房價的上漲。所以從理論上來說，加息會造成房價的上升。

通過分析，筆者認為利率的上升可以減少投機行為，但不一定會導致房價的下降。這是因為中國當前的利率調控政策被房地產市場剛性需求預期干擾，只能起到減緩銷售、延長觀望狀態的作用而已。

趙海成（2004）研究了中國貨幣匯率與房地產之間的關係，認為目前高房價是由人民幣升值預期引起的。張家平（2008）採用1998年第3季度至

2007年第2季度的數據，建立協整模型揭示了人民幣實際匯率與房價之間存在正相關關係。董甜甜（2011）對匯改後匯率與房價關係的實證研究表明匯率波動水準與房產價格之間存在著長期的均衡關係，兩者有共同的變動趨勢。張夢實（2010）認為導致當前高房價的重要外部因素是人民幣升值預期下國際熱錢的大量湧入。

④心理因素與房價的關係

房地產存在買漲不買跌的現象，陳多長和踪家峰（2004）研究認為，對未來住宅價格的預期會影響現期的住宅價格，如預期房價上升，則現期房價會馬上上升。李程宇和袁遠（2011）對影響商品房價格的宏觀經濟因素進行迴歸分析得出，房價持續上升很大原因在於人們對房價的預期。時筠侖和雷星暉（2005）認為在市場經濟條件下，真正決定房價的是社會普遍的經濟預期，社會經濟預期比真實的供求關係對房價的影響作用更大。劉合群和許芳（2011）對鄭州市房價的影響因素進行分析認為，提前消費的購房理念是影響新一輪房產需求的重要因素，這種心理因素促進了房價的一漲再漲。所以眾多學者認為房價上漲的剛性和價格預期導致的「理性泡沫」是房價居高不下的重要原因。消費者的消費心理對住房消費產生的不良引導，在很大程度上加劇了住房價格的快速上漲。

有人認為，除了真正的自住需求，其他所有需求的旺盛，都是基於對房價上漲的預期，一旦預期房價平穩或者下跌，所有的投機需求、投資需求、恐慌性購買需求，都將馬上撤離市場，房地產開發商也將拋售房屋，增加供給，使供求恢復平衡。按照西方的供求理論，需求曲線會隨著價格的上升而下移，但是房地產市場所顯示的需求曲線卻是價格上升，需求上升。因此，我們可以將此種現象解釋為房地產市場升值預期引致的旺盛投資需求。

⑤租賃因素與房價的關係

租賃市場是房地產市場的重要組成部分，房價是房屋價值的表現，租金是房地產使用價值的體現。租金上漲，會使房產的使用價值和價值進一步提升，促使更多的人選擇買房而不是租房，增大住房需求。馬克思的地租理論認為房價與房租都是房屋價值的貨幣表現形式，迪帕斯奎爾-惠頓模型（D-W 模型）也支持房價和租金存在緊密的正相關關係。曹振良（2004）對租金房價的比值進行分析，得出了房價與租金的上漲是相互推動的結論。曹文聰（2008）在深圳市住宅租金影響因素的實證研究中通過 Granger 因果關係檢驗得出：深圳市住宅租金對房價在中期有單向推動作用。郭建校、王洪禮、韓紅臣（2010）運用隨機梯度分析的方法對房地產價格影響因素進行分析，認為影響

需求的因素主要是支付能力、國家政策和租賃市場三個方面。但是，周永宏（2005）認為目前中國房價停留在壟斷競爭市場，而租金停留在完全競爭市場，兩者之間相互隔離不存在影響作用。住宅空置理論和住宅租賃需求理論者都認為忽略空置率，單從需求的角度分析租金理論是不正確的，房價與租金具有相對獨立性，不存在房價決定租金的情況。曹文聰（2008）認為實證分析結果與傳統理論不同，是因為傳統理論的適應條件和現實環境不同，當前社會的情況是住宅銷售市場和租賃市場是相對獨立的。

中國目前存在很嚴重的「重買輕租」觀念，租賃市場和銷售市場的異質性決定了我們不能簡單地將租賃市場加總到住房供給市場裡。消費者所持物業的目的並不在於租賃所賺取的資金而在於拋售後的資產增值效應，所以租賃因素對房價的影響不大。

⑥宏觀調控與房價的關係

房地產市場極易受到宏觀經濟環境的影響，1998年之前居民用於住房的支出可以忽略不計，但住房貨幣化之後此項支出迅速膨脹。2008年隨著市場內在的調整，國內市場開始低迷，陷入「量價齊跌」的局面，10月，政府針對低迷的市場出抬了一系列救市政策，促使房市成交量大幅上漲，房地產價格水準也全面提升。2010年4月「國十條」在一定程度上導致了房地產市場的「量價齊跌」。劉旦（2011）認為短期內調控政策見效，但是從長期來說只有市場監控才能保持政策的連貫性。廖俊平認為，宏觀調控應該走出不斷出抬新政策、新法規的誤區，當前的重點是注意政策的執行和監督，新政策是對突發狀況的糾正，而平時主要的依靠力量仍然是市場監管。汪茵蕓、史明、蔣灘（2010）通過建立房地產價格與新政策出抬的時間關係座標軸來觀測房價的波動狀況，分析得出的結論是國家宏觀調控政策可以減緩房價的劇烈變化，但不能改變房價的發展方向。

馮瑞娜和楊松濤分析了與房地產相關的土地、財政、金融等因素，認為與房地產相關的制度和政策安排才是中國房價形成的根源性原因。王孝（2010）認為造成高房價的根本性原因是制度、政策和管理。梁雲芳、高鐵梅（2007）對各地區房價波動不同的原因進行分析認為，房地產的調控效果存在明顯的地區差異。王文俠（2010）參考國內外宏觀調控的經驗教訓，最後得出的結論是：市場供求關係是決定房價的主要因素，宏觀調控只能在一定程度上影響房價。

（2）供給因素對房地產價格波動的影響

影響房價波動的供給因素有商品房區位、房產品牌和住房供給結構等。

①區位與房價的關係

區位反應的是房屋所處的地理位置，一般來說交通越便利、經濟越發達、環境越優美的地方，房價會越高。Walden 和 Michael（1990）、Hayes 和 Taylor（1996）、Haurin 和 Brasington（1996）就住宅附近學區的好壞與住宅價格之間的關係進行了研究，結果表明，學校質量與住宅價格之間有明顯的相關性，即學校質量越好，附近住宅價格越高。Malpezzi（1981）採用特徵模型對城市內部住宅價格的差異進行了研究，發現住宅價格一般隨著與中心商務區的距離變遠而趨於下降。馬思新和李昂（2003）通過 Hedonic 方法研究了北京商品住宅價格的影響因素，認為區位和廚衛裝修等因素對價格影響顯著。褚勁風和周琪（2004）以地鐵一號線為例證明房價會隨區位的變化而改變。王斐（2007）通過實證分析也說明了住宅區位的重要性。

②住房供給結構與房價的關係

住房供應結構是指不同面積、戶型、產權、檔次的房屋在所供給房屋中的構成比例。供給結構主要是由開發商自行決定。因此在利益的驅動下，開發商傾向於利潤率高的大戶型和高檔住宅，而不樂意開發普通商品房和經濟適用房。開發商這種依據利潤選擇開發項目的行為導致了住房市場供應結構的失衡，使結構性供需矛盾加劇。由 1995—2015 年新增商品住房供應量和價格數據表可以看出，住房供給量與住房的價格均呈增長趨勢，兩者間呈正相關關係。顧寶炎、王志強（1999）認為供給方面的不合理是導致房價上升的主要原因。

2.4.1.2　成本角度

國外對房價的影響因素研究較早，將土地作為住房的生產要素，探討了地價與房價之間的比例關係。目前被國內普遍接受的市場定價法實際上就是從成本和利潤兩個方面來確定房價的。對單個物業來說，土地價格是房價的重要組成部分。

Peng 和 Wheaton（1991）的實證結果表明，土地供給變化對住宅價格和住宅供給都有較大影響。張夢實（2010）在對當前高房價影響因素進行分析時指出，目前土地出讓成本占整個建房成本的 60%～70%，土地出讓成本對房價上漲形成推力。地價上漲是房價上漲的因素，而且占房價整體價格的 20%。閆磊（2011）的實證結果表明房地產價格與土地價格顯著成正比。高波、毛豐付（2003）就房價與地價的實證檢驗得出長期內房價走勢決定地價走勢，短期內兩者相互影響的結論。

Edward、Joseph 和 Hilber（2002）認為地價與地區經濟發展、人力資本呈

正相關關係，與房價並沒有直接關係。姚先國和黃煒華（2001）對地價與房價關係的研究表明，地價與房價有關聯，但並不成線性關係。地價上升並不一定立即出現房價上升。房價上漲取決於居民有支付能力的需求帶動而不是成本推動。只有當其他成本都呈剛性且無下滑的可能，開發商已經無利可圖的時候，地價上升才會完全反應到房價上。

地價與房價關係的辯論形成了「成本推動論」和「需求拉動論」兩種觀點。但是筆者認為，這兩種觀點都是極端的，真正的房價是既受成本推動，又受需求拉動的，成本推動或需求拉動分別是站在供給和需求的角度來分析房價的，而實際上房價是供求相互作用的結果，不能只看一個因素。

統計表明，在房地產的建設和交易過程中，稅費占房地產價格的30%～40%，陳多長、躅家峰（2004）認為稅收對住宅資產價格的影響是雙重的，它既可改變投機者的價格預期（影響預期資本性增值），也可改變住宅資產的收益流量（影響資產的淨現值）。高峰（2004）就土地增值稅對商品住宅價格調控機理的實證研究結果表明，營業稅[①]與住宅價格呈正相關關係。

總體來說，稅費的升高是房價上升的一個影響因素，它通過成本轉嫁給了住房消費者。

2.4.2 股票價格影響因素的理論探討

股市發展狀況是反應一個國家宏觀經濟形勢的「晴雨表」，而股票價格或股指的波動情況則是衡量股市發展程度的一個重要指標。鑑於此，本節從宏觀因素、微觀因素和行業因素三個層面來分析影響股價變動的主要原因，以期對廣大股票投資者起到參考借鑑作用。

2.4.2.1 影響股票價格的宏觀因素

在資產定價模型中宏觀經濟變量是重要的因素，例如資本資產定價模型（CAMP）用 β 系數表示投資組合承擔的市場風險，指出市場組合中每種資產的風險溢價是對其承擔市場風險的補償。套利定價理論（APT）則把影響資產定價的因素擴展到了多個宏觀因素。大量文獻對股票價格與宏觀經濟變量間的關係進行了實證研究，涉及的變量包括通貨膨脹率、貨幣供應量、總產出、利率、失業率等。

---

① 2017年10月30日，國務院常務會議通過《國務院關於廢止〈中華人民共和國營業稅暫行條例〉和修改〈中華人民共和國增值稅暫行條例〉的決定》，實施60多年的營業稅正式退出歷史舞臺。

（1）通貨膨脹率

費雪（Fisher，1930）在《利率理論》中提出了「費雪效應」假說，即名義資產收益率等於預期通貨膨脹率加上實際資產收益率，名義資產收益率與通貨膨脹率是同步變動的。根據費雪效應，股票價格與通貨膨脹率的關係是正向的。許多學者對「費雪效應」假說進行了實證研究，大致可以分成四種不同的結論，即股票價格與通貨膨脹率之間具有負相關、正相關、無關和不確定性關係。

大多數研究支持股票價格與通貨膨脹率負相關的結論。Fama 和 Schwert（1977）對股票價格與通貨膨脹率間的關係進行了研究，結果表明股票價格與預期通貨膨脹率及未預期的通貨膨脹率都呈負相關關係。對於這個結果，Fama（1981）對此做了更深入的解釋，他認為股票價格和通貨膨脹率間並不存在直接的因果關係，因為通貨膨脹率會作用於實體經濟，而實體經濟與股票價格具有相關性，因此通貨膨脹率才會與股票價格負相關。其他學者的研究也為 Fama 和 schwert（1977）的結論提供了佐證，例如 Marshall（1992）、Balduzzi（1995）、Gallagher（2002）、Kim（2003）等。Pereira 和 Garmendia（2010）對15個新興市場國家1986—2007年的月度數據進行研究，也得出了通貨膨脹率與股票價格間存在負相關關係的結論。國內的學者也就中國股票價格與通貨膨脹率的關係進行了研究，如劉金全和王風雲（2004）、肖才林（2006）等，大部分學者的結論是中國股票價格與通貨膨脹率負相關。

也有一些研究支持費雪的結論，他們的研究表明，在一些國家尤其是高通貨膨脹率的國家，股票價格與通貨膨脹率是正相關關係，例如 Firth（1979）、Gultekin（1983）、Crosby（2001）等。還有一些學者認為股票價格與通貨膨脹率無關或者存在不確定性關係。Shiller 和 Belflati（1992）、Campbell 和 Ammer（1993）發現股票價格與通貨膨脹並沒有相關性，Rapach（2002）利用檢驗經濟變量之間是否具有長期中性關係的方法，發現16個工業化國家的股票價格與通貨膨脹率在長期內並沒有負相關關係。Hess 和 Lee（1999）則認為股票價格與未預期通貨膨脹率的關係具有不確定性。

我們看到學者們對於股票價格和通貨膨脹率關係的研究結果存在著很大分歧，為了對此進行解釋，各國學者進行了不同的理論嘗試。如對「股票價格與通貨膨脹率關係悖論」的解釋，出現了三種具有代表性的理論假說，即代理效應（Fama，1981）、通貨膨脹幻覺（Modiglian et al.，1979）和風險溢價假說（Tobin，1958）。

（2）總產出

總產出是影響股票價格的一個重要的宏觀變量，因為總產出會影響到公司

的業績，從而影響股票的內在價值，進而影響到股票價格。大部分的研究均指出股票價格與總產出之間具有正相關關係，但也有一些研究認為兩者之間不相關。

Wasser（1959）對英國、德國和瑞士三國的宏觀經濟變量與股票價格的關係進行了研究，研究發現三國的工業產值與股票價格之間都是正相關關係，較高的產出增長率有助於提高公司利潤，從而提高股票價格。Ramin、Lee 和 Mobamad（2004）對新加坡股票市場指數與宏觀經濟變量間的關係進行了協整檢驗，研究認為新加坡股票市場指數與工業產值存在著正相關關係。Andreas 和 Peter（2007）對美國和日本的工業產出和股票價格間的關係進行了檢驗，他們的研究發現，在美國和日本股票價格和工業產值均正相關。Ozbay（2009）對土耳其 1998—2008 年的股票價格與宏觀經濟變量間的關係進行了檢驗，研究發現工業產值與股票價格變化無關。

顧嵐、劉長標（2001）檢驗了滬深股指與宏觀經濟景氣指標間的相關關係，實證結果表明，雖然兩者間的協整關係不明顯，但是兩者的長期均衡關係是顯著的。王曉芳、田軍偉（2002）認為中國股市收益率與 GDP 增長率存在一定的相關性，能在一定程度上提前反應經濟增長的情況。劉勇（2004）對中國股票市場的表現和宏觀經濟變量之間的關係進行了檢驗，結果表明總產出與股票價格正相關。陳朝旭、劉金全（2006）運用 1991—2004 年的季度數據，運用 Granger 因果關係檢驗，對中國股市實際收益率與 GDP 增長率的關係進行了實證分析，實證結果表明 2003 年以前股市實際收益率與 GDP 之間具有一定的關聯性，2003 年之後兩者間不存在關聯；在通貨膨脹和通貨緊縮的不同經濟發展階段，股市收益率與 GDP 的關係具有不對稱性。

（3）匯率、原油價格等其他宏觀經濟變量

除了通貨膨脹率與總產出外，學者們還對利率、貨幣供應量、出口值、匯率、就業率、消費支出等許多宏觀經濟變量與股票價格間的關係進行了研究。Chen 和 Ross（1986）就原油價格、消費支出與股票價格間的關係進行了研究，認為三者之間不具有相關性。Ramin、Lee 和 Mohamad（2004）對新加坡股票市場指數與宏觀經濟變量間的關係進行了協整檢驗，研究認為新加坡股票市場指數與利率、工業產值、價格水準、匯率以及貨幣供應量存在著協整關係。溫彬、劉淳和金洪飛（2011）對人民幣匯率、國際石油價格等宏觀經濟變量與中國 14 個行業的股票價格的關係進行了研究，結論表明國際石油價格顯著影響 10 個行業的股票價格，人民幣匯率顯著影響 4 個行業的股票價格。

2.4.2.2 影響股票價格的微觀因素

在股票定價的現金流貼現模型中，股票價格是由未來的現金流和股權要求

回報率所決定的，企業經營的各方面因素將會直接影響企業未來的現金流分佈，同時也會影響投資者所要求的回報率。此外，股票當前的估值也會影響未來股票的收益率，因而市值、本益比、股價淨值比等估值因素也對股票價格具有影響。

(1) 公司經營因素

Abarbanell 和 Bushee（1998）通過構建基於基本財務數據指標的動態組合，實現了顯著的超額收益，間接證明了股票價格會受到基本財務數據的影響，原因在於庫存變化、毛利率變化等基本財務數據會影響未來的盈利。Piotroski（2000）也通過財務指標（盈利能力、財務健康和營運效率）選擇低股價淨值比的股票組合，同樣取得了顯著的超額收益，說明了股票價格會受到基本財務數據的影響。Campbell（1991）將股票價格分解為預期收益率和現金流兩個部分，通過美國 1927—1988 年的數據研究發現，有三分之一的非預期收益率變化來自現金流的變化，三分之一來自預期收益率的變化，另外三分之一來自兩者的交叉作用。

Haugen 和 Baker（1996）通過構建一個六大因素群體的預期收益率模型，發現公司的盈利能力這一因素對股票價格有顯著作用，同時也發現盈利能力不是唯一的要素，綜合盈利能力、估值等其他要素的綜合風險才是收益率的保證。Richardson 和 Sloan（2003）發現不管外部融資採取何種方式（債權或者股權），企業外部融資和股票價格都呈負相關關係，但是融資使用方式將會對此相關性產生影響，對此問題的關鍵解釋就是企業融資是否進行了無效投資。Chan、Jegadeesh 和 Lakonishok（2006）通過研究發現盈利質量（淨利潤與現金流的差異）和股票價格存在負相關關係，其原因在於盈利質量比較好地預示了未來的盈利情況。

國內對於經營因素和股票價格的研究主要集中在規模效益、帳面市值比、本益比股價淨值比等對股票價格的影響方面。陳信元、張田餘和陳冬華（2001）對影響預期股票收益的因素進行了橫截面分析，研究結果表明規模和帳面市值比以及流通股比例對股票價格影響顯著。汪煒、周宇（2002）對中國股市的時間效應和規模效應進行了研究，發現中國股市存在著顯著的規模效應，他們認為中國股市的市場結構和制度因素所引起的小公司股票流動性問題，是小公司股票規模效應的內在原因。朱寶憲、何治國（2002）的研究發現，β 係數和帳面市值比與中國股票價格均呈正相關關係，但是帳面市值比表現出了比 β 係數更強的解釋能力。吳世農、許年行（2004）的研究發現中國股市存在著顯著的規模效應和帳面市值比效應，與 CAPM 模型相比三因素模型能更好地擬合

股票橫截面收益率的變化。鄧長榮、馬永開（2005）採用深市 1996—2003 年的數據對 Fama 的三因素模型進行了檢驗，研究表明三因素模型在中國股市是成立的，價值型股票的收益率高於成長型股票的收益率，在帳面市值比相同的情況下小公司股票價格高於大公司的股票價格。石予友、仲偉周等（2008）以滬市 10 只股票為例，研究了權益比率、帳面市值比及公司規模對股票風險的影響，研究發現這三個因素是影響股票投資風險的重要因素。潘莉、徐建國（2011）研究了包括 β 係數、股票市值、股價淨值比、本益比、槓桿率、流通股比率在內的因素對 A 股受益率的影響，結果發現股票市值和本益比對股票價格影響顯著，槓桿率在前期對股票價格影響較強而在後期減弱，其餘因素對股票回報率均無顯著影響。王茵田、朱英姿（2011）基於 Fama-Macbeth 兩步迴歸法，建立了包括帳面市值比、盈利股價比、投資資本比等在內的八因素模型，對 A 股風險溢價的橫截面差異進行了實證研究，結果發現所構建的八因素模型比 Fama-French 三因素模型有更強的解釋力，並且現金流股價和投資比率對股市風險溢價有顯著影響。

（2）估值因素

在 CAPM 模型被提出來之後，隨後的一些研究慢慢發現 CAPM 的單因素模型存在一些無法解釋的問題。Banz（1981）發現股票市值的大小可以解釋部分 β 係數所不能解釋的部分，小市值股票的收益率一般高於大市值股票的收益率。Rosenberg、Reid 和 Lanstein（1985）發現美國股票的收益率與股價淨值比有關。Basu（1983）也發現在考慮了市場 β 係數和市值因素後，本益比可以加大股票價格的解釋力度，並且低本益比對股票平均而言可以獲得更高的風險調整收益率。

針對上述情況，Fama（1992）運用 1963—1990 年的美國股票市場數據，創建了一個市場 β 係數、市值和股價淨值比的三因素模型，明顯加大了股票價格的解釋力度。Pontiff 和 Schall（1998）也證實了市淨率對於股票價格的預測，並且發現市淨率對於道瓊斯指數成分股的預測力和對標普 500 成分股的預測力存在差異。Fama 和 French（1988）研究發現股票價格和殖利率相關，並且隨著收益時間的拉長，相關性會相應變大。但近期的一些研究成果開始質疑股息對股票價格的預測作用。Ang 和 Bekaert（2007）研究了美國、德國、英國和法國的股票數據發現，殖利率只是對短期的股票價格有預測作用，而在長期中則沒有預測作用，與此同時他們還發現短期利率的預測力要高於殖利率的預測力。

2.4.2.3 影響股票價格的行業因素

與宏觀因素和微觀因素相比，研究影響股票價格的行業因素的文獻較少。

这是由於行業是連接宏觀因素與行業因素的橋樑，行業特徵的許多方面從本質上來說還是受到宏觀和微觀因素的影響，因此許多研究沒有單獨就行業因素來研究股票價格。但是由於各行業在週期性、要素集中度、行業競爭態勢等諸多方面存在著差異，股票價格仍然在行業層面上有著顯著區別。

Mazzucato 和 Semmler（1999）研究了美國自動化行業的生命週期與股票價格的關係，結果發現該行業生命週期的變化與股票價格密切相關。Schwert（2002）對 NASDAQ 公司股票的異常波動與所屬行業的關係進行了研究，結果發現自 1998 年以來公司股票的異常波動與這些公司所屬行業密切相關。Roll（1992）的研究發現，對於股票價格的波動行業因素可以解釋 40%，匯率因素可以解釋將近 23%。Stefano 等（2000）對 21 個發達國家的 36 個行業的基礎指數進行了分析，研究表明影響股票價格的國家因素的重要性在降低，而行業因素的重要性則在不斷提高。與此相反，John、Grit 和 Karol（1997）等人的研究結果卻表明，行業組成對國家指數收益的波動的解釋能力很弱。

國內也有少數學者就行業因素對股票價格的影響進行了研究，宋逢明、梁洪峋（2001）研究了 95 支股票的初始回報率及影響初始回報率的因素，研究結果發現，在二級市場上，行業的平均本益比和股價總水準是影響股票初始回報率的主要因素；史美景（2002）以 2000 年的數據為對象，就行業因素對股票價格的影響進行了研究，結果表明行業因素對股票價格影響顯著；楊小燕、王健穩（2008）檢驗了 2006 年 1 月至 2007 年 4 月期間不同行業股票的週平均收益率，發現不同行業的股票週平均收益率差異顯著。與上述研究相反的是，郭鵬飛、楊朝軍（2003）的實證結果表明不同行業公司的股票價格沒有顯著差異，股票價格沒有明顯的行業特徵，與成熟市場相比較中國股市趨同性較強，並且經營業績的差異也沒有在股票價格中反應出來。

綜上所述，股票價格既受宏觀經濟變量如通貨膨脹率、貨幣供應量、總產出、利率、失業率等的影響，又受企業自身的微觀因素如估值因素和經營因素的影響，此外股票價格還與行業特徵密切相關。值得注意的是，宏觀、微觀及行業三方面的因素並不是獨立的，它們通常是相互作用、相互影響的，宏觀因素會影響到企業的微觀因素，並且不同的行業受宏觀因素的影響也是不同的。例如當貨幣供應量減少或者利率提高時，不同的股票受到的影響是不同的。那些資金使用密集或者對利率敏感的企業受到的衝擊更大，其股票價格受到的影響也更大。又如當總需求發生變化時，那些週期性強的行業如建築業、能源等行業的股票價格受到的衝擊較大，而週期性弱的行業如消費品、醫療衛生等行業的股票價格受到的衝擊較小。因此，我們在分析各個層次的因素對股票價格

的影響時，不應將它們割裂開來，而應將各個因素視作是相互聯繫、相互作用的。

本小節歸納了影響股票價格的主要因素，投資者可以對以上因素進行詳細分析以把握股價的大致波動趨勢，以盡可能地避免股價下跌所帶來的損失與抓住股價上漲所帶來的增值機會。首先，上市公司的質量是影響股價的根本因素，應該努力提高上市公司的內部治理水準和加強外部法律制度對上市公司的約束與激勵，從而提高上市公司的盈利能力。其次，政府部門應該對國內外宏觀影響因素進行動態監控並及時發布相關資訊，以幫助投資者及時掌握宏觀經濟動向並做出正確的投資策略。最後，投資者除了掌握必要的股票投資知識外，還需加強自身的心理素質，以提高面對複雜（不確定）情況的應變能力與風險抵抗能力，從而理性面對股市的波動。

2.5 資產價格影響因素的一個實證研究——房價、地價及地方政府財政壓力

自 2000 年以來，中國房地產市場的快速發展，尤其是房價的持續上漲引人注目，成為公眾、學術界和政府部門廣泛關注的熱點。學術界對房價的關注可以歸納為以下三個方面：房價上漲的成因（平新喬 等，2004；沈悅 等，2004；梁雲芳 等，2007；況偉大，2010；Du et al., 2011）、房價水準是否合理（袁志剛 等，2003；況偉大，2008；呂江林，2010；Dreger et al., 2010；Wu et al., 2012），以及房價持續上漲所引起的各種效應（王國軍 等，2004；段忠東，2007；陳彥斌 等，2011）。這三個方面互有關聯，而無疑以房價的形成機制最為根本。全面深入地瞭解房價的成因對於有針對性地制定房地產調控政策、促進房地產市場的健康發展、切實有效地推進新型城鎮化進程無疑具有重要的現實意義。

現有文獻已從多個角度研究了影響住房需求與供給兩方面的各種因素，建立起我們對中國房價高漲成因的一個較為全面的認識。其中，沈悅、劉洪玉（2004）發現經濟基本面可以部分解釋1998 年之前的住宅價格，但是不能很好地解釋之後的價格。在強調政府作用方面，平新喬、陳敏彥（2004）著重就地價、信貸和經濟適用房優惠政策等涉及政府行為的三個方面對房地產投資、房價等的影響進行了分析，發現地價對房價的影響遠高於信貸等其他因素。梁雲芳、高鐵梅（2007）著重研究中國房價波動的區域差異，其結果表明除利

率外，信貸規模、人均 GDP 和房價預期都是解釋區域房價波動差異的重要因素。況偉大（2008）在考慮經濟基本面的同時，還考察了經濟預期對中國城市房價波動的影響，發現相對於房價預期，經濟基本面、收入作用、人口增長對房價有更大的作用。相對於以上研究，Du 等（2011）則主要採用時間序列的分析方法，發現了房價與地價之間的長期均衡、地價引起房價的短期單向因果關係，以及 2004 年「招拍掛」制度引入之後市場對均衡反應變慢的現象。

與此同時，我們對房價高漲深層原因的認識仍有待深入，以地價問題為最。從全國數據來看，地價在房價中所占的比重一向很高，且近年來不斷上升，由 2007 年以前的 45%左右上升至 2010 年的 78%。因此，要瞭解房價，必然要透澈瞭解地價。現有文獻對地價的分析，仍主要集中於從經濟基本面出發的視角（丁洪建，2009；張靜 等，2012）。但是，在中國特有的國情下，地價問題還有其特殊的政府背景不應被忽視。平新喬、陳敏彥（2004）較早意識到地價作為政府調控手段之一對房價有重要影響。近年來，一個廣為流傳的說法更明確地指出，高地價受地方政府賣地收入驅動，而政府熱衷於賣地則是因為在現行財稅體制下的地方政府財政困境（吳國清，2010；于猛，2010；吳江，2011），即所謂「土地財政」問題。如果「土地財政」確實是高地價的幕後推手，那麼，地方財政問題在房價研究中顯然不可忽略，否則地價問題難解，房價的合理迴歸也就無從談起。

現有文獻對於「土地財政」如何影響地價以及如何進一步影響房價的研究並不充分。周飛舟（2006）在對分稅制的總結中，指出了分稅制下地方政府以「城市化」為增長點，從土地徵收中聚集財力的問題。Han 和 Kung（2012）考察了地方政府財政收入對其行為的影響。他們發現，在分稅制實施之後企業稅收減少的情況下，地方政府轉向賣地以獲取新的稅源。而關於「土地財政」直接影響地價的研究則首見於劉民權、孫波（2009）的文獻之中。他們在關於商業地產價格泡沫形成的理論探討中，認為地方政府為增加賣地收益，會在土地供給和房屋需求兩個方面同時施力，並提出治理房產泡沫的深層措施應立足於改革現行的土地批租制度。張莉等（2011）採用省級數據研究了不同激勵對地方土地出讓面積的影響，發現地方政府熱衷於土地出讓更多源於「土地引資」，而不是「土地財政」。除以上這些文章外，現有文獻對於地方政府財政狀況如何影響地價、房價的研究，尤其是在實證研究方面，仍然處於空白。

本書尋求對此問題做更深入的探索，將財政動因納入房價影響體系，以理清房價背後的地方政府財政根源。圍繞地方政府財政壓力問題，筆者對房價背

後的地價問題進行延伸，嘗試建立始於地方政府財政壓力，直到房價的整個因果鏈條，並用實證數據加以檢驗。本書以地方政府財政盈餘（赤字）的絕對規模與相對規模兩種指標作為衡量地方政府財政壓力的關鍵變量。本書發現，財政壓力通過同時增加土地出讓面積和提高土地價格兩種渠道對土地出讓收益產生正向的影響；在出讓過程中，地方政府區別對待用途不同的土地，財政壓力對住宅用地價格的影響明顯高於工業與商業服務業用地，客觀上與地方政府財政收入最大化的動機一致；就對房價的影響而言，地價影響房價，而在控制地價的條件下，財政壓力不再對房價有顯著影響，顯示地價是財政壓力影響房價的關鍵渠道；最後，在 2004 年之後，財政壓力對土地出讓面積和房價的影響力度有所減弱，揭示「招拍掛」制度的推出在一定程度上起到了限制政府行為的作用。

　　本書的結果是對現有文獻的有力引申。自中國引入分稅制以來，地方政府財政狀況對地方政府行為模式的影響，尤其是對房地產行業的影響廣受關注，例如周飛舟（2006）與 Han 和 Kung（2012）。相對於他們的研究，劉民權、孫波（2009）和本書對房地產市場的研究更加直接；更重要的是，本書填補了實證研究的空白，也把對這一問題的分析從單純的地價擴展到地價和房價以及土地出讓制度等相關因素。本書的研究對於拓展大家對中國房地產市場調控問題的理解具有積極的意義。此外，地方政府（包括工作人員）的行為模式問題是中國發展問題文獻研究中倍受關注的一個問題（周黎安，2007；張莉等，2011）。其中，張莉等（2011）在對土地出讓面積的研究中，證實政府工作人員的土地出讓行為除受財政激勵影響外，還主要受晉升激勵的影響，即地方工作人員為在按 GDP 考核的晉升過程中勝出通常低價出讓工業用地。本書中關於財政壓力對於不同用途的土地地價的差異化影響的發現，相對於他們的分析更加細化，在為他們的結果提供佐證的同時，也表明財政激勵與晉升激勵可以共存。

　　下文結構安排如下：2.5.1 節介紹本研究的相關背景；2.5.2 節從地方政府財政壓力問題出發提出系列研究假說，建立地方政府財政壓力影響房價問題的因果鏈條；2.5.3 節建立實證分析模型並介紹數據情況；2.5.4 節為實證分析的結果；2.5.5 節給出研究結論，並提出政策建議。

2.5.1　相關背景介紹

　　本節主要討論中國的地方政府財稅體制，尤其是 1994 年實施的分稅制，以及房地產在地方財稅體制中的地位。

2.5.1.1　中國地方政府財稅背景

自1978年經濟體制改革以來，圍繞中央與地方財政的關係，中國財稅體制經歷了數次改革．其中最為重要的分水嶺當數1994年的財政分稅體制改革。在1994年以前，中國實行以對地方政府財政包乾為特徵的財政管理制度，即地方的年度預算收入指標經中央核定後由地方包乾負責完成，超支不補，結餘留用。由於超過包乾基數的財政結餘可由地方政府自行支配，包乾制調動了地方政府發展本地經濟的積極性。但與此同時，包乾制也包乾了地方向中央上繳的份額，導致中央的財力過於分散，削弱了中央政府對宏觀經濟的調控能力。為解決財政包乾制在經濟發展中帶來的諸多問題，中央政府於1994年引入分稅制改革。

分稅制的主要內涵是在明確中央與地方職責的前提下，按照稅種重新劃分中央與地方的預算收入。在分稅制下，將所有稅收統一劃分為中央稅、地方稅及中央與地方共享稅，前兩者分別歸中央和地方獨享，而後者則按一定比例在中央與地方之間進行分配。在維持原中央主體稅種不變的前提下，將原屬地方獨享的諸多主體稅種（如企業增值稅、企業所得稅和消費稅）劃歸為中央與地方共享，從而改善了中央財政收入偏小的局面（周飛舟，2010）。然而，雖然分稅制實現了中央與地方在收入方面的重新分配，但是中央與地方的支出格局並沒有發生實質性改變，因此直接導致了地方財政缺口的出現（孔善廣，2007）。

相關數據表明，地方政府財政收入占整個財政收入（中央與地方財政收入之和）的比重由1993年的78%下降到2004年的42.7%，然而，由於中央與地方的支出格局並未發生實質性的變化，地方的財政支出占整個財政支出的比重仍維持在70%左右，這意味著地方政府用近43%的財力支撐著近70%的財政支出[1]，這在客觀上造成了地方政府財政赤字的尷尬局面（孔善廣，2007；陳詩一 等，2008；劉洪鐸，2011）。2000—2016年，全國35個大中城市中每年出現財政赤字的城市高達80%至90%，而在出現財政赤字的城市中，財政赤字與財政總收入之比平均達到38%左右[2]。這一情況說明，中國地方政府財政赤字現象普遍存在而且赤字規模可觀。面對財政困境，地方政府不可避免地需要通過各種途徑來獲取財政收入以緩解其財政壓力。

2.5.1.2　房地產在地方政府財稅體制中的地位

在地方政府尋求額外收入的過程中，房地產相關的財稅收入（含賣地收

---

[1] 趙海均. 中國財政體制改革的破冰之痛[N]. 中國經濟時報，2010-10-11.
[2] 數據來源於歷年《中國城市統計年鑑》。

入）逐漸成為地方稅收中舉足輕重的部分。房地產為地方政府帶來的直接稅收收益分為預算內和預算外兩部分。預算內收入主要包括建築業和房地產業的營業稅、所得稅及耕地占用稅等，這部分收入在地方政府的日益推動之下，成為地方財政預算內的支柱性收入。地方政府財政中規模更大的收入，則是來自預算外，尤其是賣地收益。在 1994 年之前，土地使用權轉讓收入歸中央與地方政府共享。在 1994 年之後，土地出讓收入全部歸地方政府，成為地方政府獲得預算外收入的重要途徑。1998 年中國逐步全面取消了福利分房制度，實行住房分配貨幣化。住房制度改革加大了對土地使用權的需求，引起土地交易量大幅度增加，使地方政府的土地出讓收益逐年增加，使之在地方財政中的比重進一步增加。全國 35 個大中城市的平均土地出讓收益由 2000 年的 10 億元左右上升至 2016 年的 73 億元，即便是在 2008 年房地產市場低迷期間，也達到了 61 億元。在相對規模上，35 個大中城市的賣地收益占地方財政收入的比重在樣本區間內平均為 26%，在 2002 年甚至達到 48%[①]。以廣州市為例，2016 年，廣州全市土地使用權出讓收益和與房地產相關的稅收收入分別為 455.6 億元和 213.9 億元，分別占當年地方預算內財政收入的 32.6% 和 15.3%，兩者之和為 47.9%，幾乎達到該市政府預算內財政收入的一半水準。以上事實表明，房地產相關收入，尤其是賣地收益顯然已經成為地方政府的「第二財政」。

2.5.2 財政壓力影響房價的系列假說

為從源頭上理清財政壓力問題對房價的影響，本書檢驗了地方政府為解決財政困境，是否通過「土地財政」影響地價並進一步影響房價這一完整的因果鏈條。也就是說，圍繞房價問題中關鍵的地價問題，本書首先探討地方政府財政壓力對賣地收入的影響，包括分別探討財政壓力對土地出讓面積與土地出讓價格兩種途徑的影響，然後迴歸到財政壓力對房價的影響上來，並由此提出本書的研究假說。

2.5.2.1 財政壓力與土地出讓收益

在中國，土地所有權並不能交易，但由此分生出來的土地使用權可以進入市場進行交易。由於地方政府在城市土地使用權有償流轉中占據壟斷地位，因此地方政府在二級土地交易市場上對城市土地具有壟斷定價權。特別是國務院

[①] 2002 年的所得稅改革把企業所得稅由地方劃為中央與地方共享，企業所得稅的減少使地方政府轉而依賴其他稅種特別是營業稅，而營業稅的主要來源又是建築業。因此 2002 年所得稅分享改革使地方政府更加熱衷於土地開發和擴大地方建設規模，導致賣地收益在地方財政中的比重在 2002 年較高。

在 2001 年發布《關於加強國有土地資產管理的通知》之後，政府在土地市場中的壟斷供應地位得到明確。

對城市土地擁有壟斷供應權的地方政府，在財政赤字的壓力之下，有動機通過出售城市土地使用權獲得的收益來彌補財政缺口。為解決財政困境，地方政府通常熱衷於對低價徵收的「生地」進行再開發，以形成可供高價出售的「熟地」，然後通過協議出讓（2004 年以前）或以市場化程度較高的「招、拍、掛」方式（2004 年以後）進行交易，從而最大限度地獲得土地出讓收益（余華義 等，2009），由此形成地方政府財政壓力推動土地出讓收益的局面。據此，本書提出如下研究假說：

假說 1：地方政府財政壓力對土地出讓收益具有正向影響。

2.5.2.2　財政壓力影響土地出讓收益的兩種渠道

面臨財政困境的地方政府提高賣地收益有如下兩種途徑：一是增加土地出讓面積；二是提高土地交易價格。劉民權、孫波（2009）認為在地市土地供應相對有限的情況下，地方政府更有可能憑藉其在土地供應市場上的壟斷地位，通過提高地價來獲得更多的賣地收益，但他們並沒有對此進行實證檢驗。張莉等（2011）從實證研究的角度比較了「土地財政」和「土地招商」對地方政府出讓土地面積的影響力的強弱，文章發現財政收支缺口對地方政府的賣地行為（出讓面積）具有有限解釋力，但並沒有研究其對土地交易價格的影響。因此，本書分別研究地方政府財政壓力對土地出讓面積和出讓價格兩方面的影響。據此，提出如下假說：

假說 2a：地方政府財政壓力對土地出讓面積具有正向影響。

假說 2b：地方政府財政壓力對土地交易價格具有正向影響。

更進一步，由於可供交易的土地按用途可以大致劃分為工業用地、商業服務業用地（以下簡稱商服用地）和住宅用地，而不同產業對特定區域經濟的貢獻不同，因此政府對不同產業發展的支持力度可能有所不同。進而，針對作為不同產業賴以生存和發展的基礎性實物投資要素的土地，地方政府很可能會對不同類型的土地收取差異化的出讓價格。與住宅用地不同，商業用地，尤其是工業用地項目建成後，可支撐產業發展，並為地方政府貢獻持續的稅源，因此土地出讓收入居於次要地位。張莉等（2011）的實證研究也發現政府的土地出讓行為並非僅源於單純化的「土地財政」，而更為看重的是「土地引資」（即通過「土地招商」來獲得將來更多的地區生產總值增長），以助地方政府工作人員在按地區生產總值考核的晉升過程中勝出，這就為地方政府通常低價出讓工業用地而高價出讓商服與住宅用地的普遍現象提供了合理解釋。據此，

本書提出如下假說：

假說3：地方政府財政壓力對住宅用地交易價格的影響力度大於其對工業與商服用地交易價格的影響力度。

2.5.2.3 財政壓力對房價的影響

由於地價是房價的重要成本因素，地方政府通過提高地價來增加賣地收益的行為無疑會間接推動房價的上漲，但這未必是財政壓力影響房價的全部內容。在現有的「土地財政」體制下，地方熱衷於從土地出讓中獲得財政收入，房價的上漲會帶動地價的上漲，因此房價的上漲客觀上是符合地方財政利益的。所以地方政府會容忍高房價，甚至採取積極措施來刺激房產需求和推動房價（劉民權 等，2009）。2008年不少地方政府出抬各種措施來拯救受金融危機影響的房市就是一個有力的證據（易憲容，2008）。因此，除地價因素推高房價的間接渠道之外，地方政府還有動機通過限購、稅費等措施來直接調控房地產市場的需求，從而為地方政府財政狀況的改善創造條件。根據以上分析，除間接的地價因素之外，本書考慮地方政府財政負擔還可能會通過其他直接的渠道對房價造成影響。據此，本書提出如下假說：

假說4：地方政府財政壓力對城市房價具有正向影響。

2.5.3 模型與數據

本節通過構建計量模型來檢驗地方政府財政負擔因素是不是隱藏在地價和房價背後的推手。模型（2-6）至模型（2-9）分別依次用於驗證本章2.5.2節的假說1至假說4。

2.5.3.1 財政壓力與土地出讓收益

模型（2-6）用於檢驗地方政府財政壓力與土地出讓收益之間的關係，具體設定如下：

$$\text{REV}_{i,t} = \alpha_0 + \alpha_1 \text{REV}_{i,t-1} + \alpha_2 \text{GDP}_{i,t} + \alpha_3 \text{SQU}_{i,t} + \alpha_4 \text{LP}_{i,t} + \alpha_5 \text{FIS}_{i,t} + \alpha_t + \alpha_i + \varepsilon_{i,t} \quad (2-6)$$

其中，被解釋變量為政府土地出讓收益（REV），而關鍵解釋變量為財政壓力變量（FIS）。從政府財政壓力的基本定義出發，本書用政府財政淨收入（＝預算內財政收入[①]－預算內財政支出）來衡量財政壓力，財政淨收入越大表示財政壓力越小，反之亦然。若變量 FIS 迴歸係數顯著為負，則說明地方政府依賴土地出讓收益來緩解財政壓力。為使結果穩健，本書同時考慮財政壓力的

[①] 預算財政收入中並不包含政府土地出讓收益。

絕對與相對指標,其中,絕對指標以上述財政淨收入定義,而相對指標則以財政淨收入與財政收入之比衡量。

由於房地產商每年購置的土地面積(SQU)和地價(LP)會對賣地收益產生直接影響,因此將它們納入模型中,其中 LP 為土地交易價格指數。另外,考慮到政府每年的賣地收益可能具有時滯性,以及賣地收益同樣會受到國家宏觀經濟景氣的影響,因此模型(2-6)還將土地出讓收益的滯後項($REV_{i,t-1}$)和代表經濟發展水準的國內生產總值(GDP)作為控制變量。最後,α_t 表示時間固定效應,α_i 表示城市固定效應,$\varepsilon_{i,t}$ 為隨機擾動項。模型中各變量的具體定義如本章末表 2-8 所示。

在上述(以及後續的)動態面板模型中,由於被解釋變量的滯後項(此處為 $REV_{i,t-1}$)出現在迴歸方程的解釋變量中,即使誤差項不存在序列自相關,模型中被解釋變量的滯後項也會與複合誤差項中的城市固定效應 α_i 存在相關性,因此固定效應與混合 OLS 估計結果均為有偏。本書採用兩階段系統廣義矩估計的方法(Arellano et al., 1995;Blundell et al., 1998)來對動態面板進行估計,以解決內生性問題。由於系統廣義矩估計同時利用差分方程和水準方程的信息,因此它比一般的差分矩估計更為有效,並在使用動態面板模型的實證研究中得到越來越廣泛的運用(劉生龍 等,2009;況偉大,2010;張莉 等,2011)。

2.5.3.2 財政壓力影響土地出讓收益的兩個渠道

由於地方政府可以通過增加土地出讓面積或提高地價兩種途徑來達到增加賣地收益的目的,模型(2-7)和模型(2-8)將用於驗證地方財政壓力與土地出讓面積、地價之間的關係。

模型(2-7)用於檢驗地方財政壓力是否會對土地出讓面積有顯著影響。

$$SUP_{i,t} = \alpha_0 + \alpha_1 SUP_{i,t-1} + \alpha_2 POP_{i,t} + \alpha_3 SQU_{i,t} + \alpha_4 LP_{i,t} + \alpha_5 FIS_{i,t} + \alpha_t + \alpha_i + v_{i,t} \qquad (2-7)$$

其中,SUP 為政府土地出讓面積,POP 是城市非農業人口,$v_{i,t}$ 為隨機擾動項,其他變量的定義如前文所述。考慮到每年出讓的土地面積可能具有時間滯後效應,因而將土地出讓面積的滯後項作為控制變量納入模型中。地價(LP)的高低會對賣地面積有直接影響,而房地產商的購地面積(SQU)[①] 和

[①] 政府出讓的土地按土地類型可細劃為商服用地、工礦倉儲用地、公用設施用地、公共建築用地、住宅用地、交通運輸用地、水利設施用地和特殊用地,而房地產商所開發的房屋類型通常只包括住宅、辦公樓及商業營業用房,因此房地產商所購置的土地面積屬於政府出讓土地面積的一部分。

城市非農業人口（POP）則會從需求角度對政府土地出讓面積（SUP）產生影響，因此將它們作為控制變量納入模型中。另外，模型（2-7）中地價（LP）與土地出讓面積（SUP）之間可能存在相互因果關係，會使 OLS 結果有偏，因此本書將地價（LP）作為內生變量在模型中加以處理。

模型（2-8）用於檢驗地方政府財政壓力是否會對地價有顯著影響。

$$LP_{i,t} = \alpha_0 + \alpha_1 LP_{i,t-1} + \alpha_2 HP_{i,t} + \alpha_3 GDP_{i,t} + \alpha_4 RES_{i,t} + \alpha_5 FIN_{i,t} +$$
$$\alpha_6 SUP_{i,t} + \alpha_7 FIS_{i,t} + \alpha_t + \alpha_i + \zeta_{i,t} \tag{2-8}$$

其中，HP 為房價（以房屋銷售價格指數作為代理變量），RES 為房地產商每年囤積的土地面積（=每年購置的土地面積-所開發的土地面積），FIN 為房地產商每年的資金來源總和，包括國內貸款、利用外資、自籌資金與其他資金來源，$\zeta_{i,t}$ 為隨機擾動項，其他變量的定義如前文所述。在控制變量的選擇上，考慮到地價（LP）具有時間滯後效應，政府出讓土地面積（SUP）與土地成交價格相關，而代表社會經濟發展水準的 GDP 亦可能會對地價產生影響，因此將地價滯後項（$LP_{i,t-1}$）、政府出讓土地面積（SUP）及城市地區生產總值作為模型的控制變量。另外，基於房價與地價的相互影響（劉琳 等，2003；嚴金海，2006；王岳龍 等，2009），本書把房價（HP）納入模型中。最後，平新喬、陳敏彥（2004）認為房地產商的資金規模會推動地價，而房地產商囤積的土地面積會影響其與政府進行地價談判的討價還價能力，因此參考他們的做法，本書把房地產商的資金來源總和（FIN）與囤積的土地面積（RES）納入模型作為控制變量。在模型（2-8）中，地價（LP）與房價（HP）、地價（LP）與土地出讓面積（SUP）之間分別存在相互因果關係，也會使 OLS 結果有偏，因此本書將房價（HP）和土地出讓面積（SUP）作為內生變量在模型中加以處理。

2.5.3.3 財政壓力對房價的直接影響

模型（2-9）用於驗證地方政府財政壓力與房價的關係。設定如下：

$$HP_{i,t} = \alpha_0 + \alpha_1 HP_{i,t-1} + \alpha_2 LP_{i,t} + \alpha_3 INC_{i,t} + \alpha_4 POP_{i,t} + \alpha_5 INV_{i,t} +$$
$$\alpha_6 LOAN_{i,t} + \alpha_7 FIS_{i,t} + \alpha_t + \alpha_i + \eta_{i,t} \tag{2-9}$$

其中，INC 為城市在崗工人年均工資，INV 為房地產投資完成額，LOAN 為房地產商國內貸款規模（包括國內銀行貸款與非銀行機構貸款總額），$\eta_{i,t}$ 為隨機擾動項，其他變量的定義如前文所述。模型（2-9）的關鍵變量為財政壓力變量（FIS），若此變量的迴歸係數顯著為負，則說明地方政府的財政壓力對房價具有推動作用。國內文獻對影響房價變動的因素的探討較為豐富，因此，模型（2-9）在控制變量的選擇上直接參照相關研究（沈悅 等，2004；

平新喬 等，2004），將地價成本（LP），以及從需求角度對房價產生影響的居民工資（INC）和城市非農人口數量（POP）作為控制變量。另外，平新喬、陳敏彥（2004）把房地產投資額看成是影響房價的投入成本，並且認為房地產商借貸規模的增加也會推動房價上揚，因此參照他們的做法，將房地產投資完成額（INV）和房地產商國內貸款規模（LOAN）作為模型（2-9）的控制變量。最後，模型（2-9）中地價（LP）與房價（HP）之間存在相互因果關係，會使OLS結果有偏，因此將地價（LP）作為內生變量進行處理。

2.5.3.4 數據說明

由於中國地區經濟發展極不平衡，而房地產市場又具有較大的異質性，因此對房地產問題的研究不應局限於國家層面，而應深入地區（包括省級）或城市層面。而在地區與城市層面之間，由於市級政府是土地出讓的主體，因此城市級別的數據對本書更為合適，這也與目前國內研究地方房價與地價關係的實證文獻中所廣泛使用的城市級別的數據相吻合（平新喬 等，2004；黃靜 等，2009；Du et al.，2011）。本書收集了中國35個大中城市2000年至2016年有關房地產市場、城市經濟發展、國有土地資源供應的城市面板數據。其中，房屋銷售價格指數與土地交易價格指數來源於《中國統計年鑑》，需要說明的是房屋銷售價格指數和土地交易價格指數均以2000年為基期。城市地區生產總值、城市非農業人口數、城市在崗工人平均工資及政府財政收支數據來源於《中國城市統計年鑑》；住宅用地地價水準、商服用地地價水準、工業用地地價水準數據來源於中國城市地價動態監測網；房地產投資完成額、房地產商購置與開發的土地面積以及房地產商的資金數據來源於《中國房地產統計年鑑》；政府出讓土地面積與出讓土地收益數據來源於《中國國土資源統計年鑑》和《中國國土資源年鑑》。

表2-1給出了主要變量的描述性統計。筆者發現：第一，地方政府普遍存在財政赤字且缺口較大。地方政府財政淨收入在樣本區間內平均約為-41億元，這反應出赤字的絕對規模。在樣本區間內，財政淨收入/財政總收入的均值為-33%，考慮樣本異常值對統計結果的影響，即使將樣本中前後10%視為異常值並將其剔除，財政淨收入/財政總收入的均值也達到-31%，這說明地方政府財政赤字的相對規模之大。第二，土地出讓收益在地方政府財政收入中所占比重較大。從表2-1可知，地方政府土地出讓收益的均值約為37億元，而財政收入的均值約為175億元（表2-1未報告），在樣本區間內，賣地收益/財政收入的均值約為21%，這足以說明賣地收益在地方財政中的重要地位。第三，土地囤積現象嚴重。從2000年到2016年，房地產商每年平均囤積土地約160

公頃，而房地產商每年平均購置土地面積約為405公頃。第四，不同類型土地的成交價格有所不同。住宅用地交易價格的均值最高，而後依次是商服用地和工業用地。

表2-1 變量描述性統計

變量	觀測數	均值	標準差	最小值	最大值
房屋銷售價格指數(點)	595	120.780	22.344	96.521	225.179
土地交易價格指數(點)	595	125.304	53.697	66.700	693.893
住宅用地地價水準(元/平方公尺)	595	5,073.527	4,984.326	529.000	24,672.000
商服用地地價水準(元/平方公尺)	595	3,309.448	3,759.137	345.000	19,631.000
工業用地地價水準(元/平方公尺)	595	526.975	255.373	173.000	2,536.000
政府財政淨收入(億元)	595	−41.090	58.276	−438.441	55.904
城市在崗工人年均工資(元)	595	20,258.520	8,785.817	6,875.000	56,564.990
城市非農業人口數(萬人)	595	322.530	231.391	48.100	1,216.560
地方政府土地出讓收益(億元)	585	36.632	58.445	0.119	541.236
地方政府土地出讓面積(公頃)	587	1,554.074	1,486.854	52.300	7,680.130
房地產投資完成額(億元)	595	250.503	311.250	8.814	1,995.821
城市國內生產總值(億元)	595	1,937.857	1,976.264	92.013	13,698.150
房地產商囤積土地面積(公頃)	588	160.366	249.435	−545.455	1,284.555
房地產商購置土地面積(公頃)	595	404.947	372.007	21.086	2,092.505
房地產商國內貸款規模(億元)	589	82.181	142.925	0.630	1,063.207
房地產商資金來源總和(億元)	595	358.714	534.813	8.948	4,154.495

2.5.4 計量分析及結果

2.5.4.1 財政壓力與土地出讓收益

表2-2給出了模型（2-6）的兩階段系統矩估計結果，需要說明的是，由於房價指數與地價指數都以2000年為基準，這會消除房價和地價在橫截面上的差異。為避免這一數據特性對迴歸結果可能造成的影響，本書對模型（2-6）中的各變量取增長率形式①。除特別說明外，在對下文包括價格指數變量的迴歸中，均採用各變量的增長率形式。由於模型（2-6）的解釋變量中出現了被解釋變量的滯後項（$REV_{i,t-1}$），因此需要使用工具變量來解決其內生性問題，系統矩估計採用水準值的滯後項（$REV_{i,t-2}$及兩階以上滯後項）作為差分變量

---

① 為說明迴歸結果的穩健性，筆者事後也使用模型中各變量的原始形式來進行重新估計，發現迴歸結果與表2-2相比，關鍵變量的顯著性並沒有發生實質性的改變。

(REV$_{i,t-1}$的一階差分項)的工具變量,而採用差分變量的滯後項(REV 的一階差分滯後項)作為水準變量(REV$_{i,t-1}$)的工具變量。為檢驗工具變量的合理性,本書執行 Sargan 檢驗。Sargan 檢驗的原假設為無過度識別約束問題,工具變量使用合理。在這裡,原假設不能被拒絕,即通過了過度識別檢驗。另外,差分方程的殘差也不存在二階序列相關,這也說明工具變量的選取和模型的設定較為合理。據此,下文將進一步討論迴歸結果在經濟上的意義。

首先,從表2-2 第(4-1)列的迴歸結果中可以看出,關鍵變量 FIS 對土地出讓收益(REV)的影響顯著為負,即財政壓力越大(財政淨收入越少),土地出讓收益越多[①]。這說明面臨越大的財政壓力,地方政府越有動機通過出讓土地來緩解其財政壓力,因此本書假說1得到實證結果支持。其次,房地產商購置的土地面積與土地成交價格對土地出讓收益均有正向影響,這與經濟原理相符。最後,代表經濟發展水準的城市地區生產總值對土地出讓收益的影響也顯著為正。作為第(4-1)列結果的穩健性檢驗,第(4-2)列用財政壓力相對規模(財政淨收入/財政總收入)來衡量地方政府的財政壓力水準(FIS),估計結果同樣顯示地方政府財政壓力變量會對賣地收益產生顯著的負向影響,其他變量的影響作用與第(4-1)列類似,說明前述實證結果是穩健的。

表2-2 財政壓力與土地出讓收益

變量	(1) REV$_{i,t}$	(2) REV$_{i,t}$	(3) REV$_{i,t}$	(4-1) REV$_{i,t}$	(4-2) REV$_{i,t}$
REV$_{i,t-1}$	-0.015,9***	-0.015,7***	-0.017,2***	-0.032,4***	-0.029,5***
	(-8.480,0)	(-7.430,0)	(-6.690,0)	(-10.470,0)	(-9.750,0)
FIS$_{i,t}$	-0.028,3***	-0.028,1**	-0.040,4***	-0.050,0***	-0.066,0***
	(-2.780,0)	(-2.380,0)	(-4.760,0)	(-3.370,0)	(-2.950,0)
GDP$_{i,t}$		2.147,6***	0.750,1	2.101,8***	2.274,1***
		(5.510,0)	(1.140,0)	(4.060,0)	(5.150,0)
SQU$_{i,t}$			0.173,3***	0.161,1***	0.163,3***
			(8.950,0)	(6.790,0)	(7.090,0)
LP$_{i,t}$				3.732,1***	3.081,2**
				(4.040,0)	(2.480,0)

[①] 由於在估計中對各變量取其增長率形式,故變量 FIS 的迴歸係數的經濟含義更加準確的表述應該是,政府財政壓力增速的加快將會導致賣地收益增長的加快。考慮行文表述的簡潔性,本書僅用變量的原始名稱對估計結果進行描述,但對其經濟意義實際上應按照變量的增長率意義來進行理解,下文同理。

表2-2(續)

	(1)	(2)	(3)	(4-1)	(4-2)
City effects	Yes	Yes	Yes	Yes	Yes
Year effects	Yes	Yes	Yes	Yes	Yes
AR (2)	0.401,1	0.391,3	0.405,9	0.378,1	0.382,7
Sargan Test	0.257,1	0.263,1	0.408,4	0.319,0	0.312,5
N	513	513	513	513	513

註：括號內所報告的為 t 值，$*$、$**$、$***$ 分別表示在10%、5%、1%水準上影響顯著，下同。表中報告的是 AR（2）與 Sargan 檢驗統計量的 P 值，下同。

2.5.4.2 財政壓力影響土地出讓收益的渠道之一：對土地出讓面積的影響

表2-3報告了模型（2-7）的兩階段系統矩估計結果。需要說明的是，由於政府土地出讓面積會對地價產生影響，因此地價（LP）在模型（2-7）中作為內生變量，並在系統矩估計中使用工具變量進行處理。工具變量的選擇仍然遵循採用水準值的滯後項作為差分變量的工具變量，而採用差分變量的滯後項作為水準變量的工具變量的原則，下文同理。表2-3的估計結果全部通過迴歸殘差二階序列相關性檢驗與 Sargan 檢驗。

表2-3中第（4-1）列結果顯示：關鍵變量 FIS 對土地出讓面積（SUP）的影響顯著為負，說明財政壓力越大的地方政府越可能通過增加土地出讓面積來緩解財政困境，本書的假說2a得到實證結果支持。變量 FIS 的迴歸係數意味著，當地方政府財政淨收入的增速提高10個百分點，將會導致土地出讓面積的增速下降約0.2個百分點。另外，迴歸結果還表明，人口因素從需求角度對土地出讓面積具有顯著的正向影響。地價與土地出讓面積負相關，可能的原因是在城市土地資源有限的前提下，即使地價上漲，地方政府也不可能大幅度地增加土地供應，而只會通過壟斷限制性供應來獲得最大化的土地出讓收益。第（4-2）列作為第（4-1）列的穩健性檢驗，用財政壓力相對規模（財政淨收入/財政總收入）來衡量地方政府的財政壓力水準（FIS），估計結果與第（4-1）列類似。

除了以上因素之外，政府土地出讓面積還可能會受到特定土地制度的影響。中國的土地市場2000—2016年經歷了由「協議出讓」到「招拍掛」土地出讓制度的轉變①。為此，本書定義了一個時間虛擬變量 D（此變量在2005年

---

① 在2004年以前，政府和房地產商通過協議出讓的方式來完成土地有償使用權的流轉，而2004年國土資源部頒布了《關於繼續開展經營性土地使用權招標拍賣掛牌出讓情況執法監察工作的通知》，規定2004年8月31號以後所有經營性用地出讓全部實行「招拍掛」制度，即所謂的「831」大限。

之前取值為0，從2005年開始取值為1)，在模型 (2-7) 的基礎上引入 D 與 FIS 的交叉項，以評估地方政府財政壓力對土地出讓面積的影響力度是否會受到這一制度變化的影響，迴歸結果列於表2-3中的第 (5-1) 列。

從迴歸結果可以看出，交叉項顯著為正，這意味著在「招拍掛」土地制度下，財政壓力對地方政府土地出讓面積的正向影響有所減弱。這是因為在傳統的「協議出讓」制度下，地方政府在國有土地的供應市場中占有絕對的壟斷地位，因此土地的供給模式在絕大部分上體現了地方政府的意志，而地方政府出讓土地的動機比較複雜，通常受到多重目標的約束（如財政壓力因素等）。而在土地出讓的「招拍掛」制度下，通過引入市場的競爭機制，土地需求者在公平、公正和公開的交易環境下進行「貨幣投票」，地價更加充分地反應出土地市場的供求狀況，使政府的土地供給行為受到了市場需求因素的制約。政府在土地市場的壟斷力量的削弱最終導致在土地出讓制度由「協議出讓」轉變為「招拍掛」出讓的過程中，地方政府財政壓力對土地出讓面積的影響力有所減弱。表2-3第 (5-2) 列報告了在不同的土地制度下，地方政府財政壓力的相對規模對土地出讓面積的影響。

表2-3 財政壓力與土地出讓面積

變量	(1) $SUP_{i,t}$	(2) $SUP_{i,t}$	(3) $SUP_{i,t}$	(4-1) $SUP_{i,t}$	(4-2) $SUP_{i,t}$	(5-1) $SUP_{i,t}$	(5-2) $SUP_{i,t}$
$SUP_{i,t-1}$	-0.163,5***	-0.172,5***	-0.174,8***	-0.171,6***	-0.174,0***	-0.164,0***	-0.159,0***
	(-16.290,0)	(-12.960,0)	(-12.410,0)	(-12.150,0)	(-12.660,0)	(-9.930,0)	(-8.200,0)
$FIS_{i,t}$	-0.016,2*	-0.014,1	-0.017,1**	-0.019,2**	-0.020,0**	-0.057,8**	-0.037,7*
	(-1.610,0)	(-1.480,0)	(-1.980,0)	(-1.960,0)	(-2.280,0)	(-2.130,0)	(-1.720,0)
$LP_{i,t}$		-1.731,5***	-1.748,0***	-1.877,1***	-1.868,1***	-2.605,9***	-2.350,0***
		(-3.150,0)	(-2.670,0)	(-2.880,0)	(-2.910,0)	(-3.160,0)	(-3.240,0)
$SQU_{i,t}$			0.008,1	0.006,6	0.005,8	0.011,6	0.002,9
			(1.220,0)	(0.860,0)	(0.770,0)	(1.330,0)	(0.360,0)
$POP_{i,t}$				0.660,0**	0.642,7**	0.272,2	0.511,0
				(2.210,0)	(2.110,0)	(0.790,0)	(1.600,0)
$D×FIS_{i,t}$						0.062,9**	0.030,0
						(2.190,0)	(1.190,0)
City effects	Yes	Yes	Yes	Yes	Yes	Yes	Yes
Year effects	Yes	Yes	Yes	Yes	Yes	Yes	Yes
AR (2)	0.395,8	0.340,9	0.351,8	0.342,9	0.338,7	0.251,2	0.337,3
Sargan Test	0.238,6	0.999,2	0.999,3	0.999,4	0.999,4	0.999,9	0.999,8
N	525	525	525	518	518	513	513

2.5.4.3 財政壓力影響土地出讓收益的渠道之二：對土地價格的影響

由於地價會對房價造成影響，並且土地交易價格同樣會影響到政府出讓的

土地面積，因此房價和土地出讓面積在模型（2-8）中具有內生性。本書在系統矩估計方程（2-8）中將 HP 和 SUP 視為內生變量並使用工具變量進行處理。模型（2-8）的兩階段系統矩估計結果列於表 2-4，可以發現，表 2-4 中的估計結果全部通過迴歸殘差二階序列相關性檢驗與 Sargan 檢驗。據表 2-4 第（6-1）列結果顯示，政府財政淨收入（FIS）對地價（LP）的影響顯著為負，換句話說，就是財政壓力對地價的影響顯著為正，這與本書的理論預期相一致，即高地價可能受到地方政府財政壓力的推動，因此本書假說 2b 得到實證結果支持。變量 FIS 的迴歸係數意味著，當地方政府財政淨收入的增速增加 10 個百分點，將會導致地價指數的增速下降 0.015 個百分點。

另外，實證結果還表明：房價對地價有反向因果關係，這與李嘉圖的地租理論（Ricardo, 1911）一致，即土地為生產要素，從引致需求的角度出發，土地產品的價格決定地租。如果將這一觀點引入房地產領域，便會形成房價決定地價的觀點。房地產商囤積的土地面積（RES）與成交地價（LP）負相關，政府出讓的土地面積（SUP）與成交地價（LP）負相關，但影響都不顯著。房地產商的資金因素（FIN）對地價的推動作用不明顯。表 2-4 第（6-2）列報告了財政壓力的相對規模對地價的影響，主要估計結果與第（6-1）列類似。

結合表 2-3 和表 2-4 的結果，可以發現地方政府通過增加賣地面積和提高地價這兩種途徑來增加土地出讓收益，但是如果土地供求市場中的需求曲線沒有發生平移，那麼這兩種途徑並不能同時實現。但在本書的樣本區間內（2000—2016 年），土地市場中的需求力量卻有可能發生改變，因為在 2004 年土地制度由「協議出讓」轉變為「招拍掛」制度的過程中伴隨著政府在土地市場中談判能力的削弱，這進而會影響土地市場的需求結構，最終導致土地市場的需求曲線發生平移，而表 2-3 第（5-1）列的實證結果就是一個有力的證據。

表 2-4 財政壓力與地價

變量	(1) $LP_{i,t}$	(2) $LP_{i,t}$	(3) $LP_{i,t}$	(4) $LP_{i,t}$	(5) $LP_{i,t}$	(6-1) $LP_{i,t}$	(6-2) $LP_{i,t}$
$LP_{i,t-1}$	0.440,1***	0.436,7***	0.434,0***	0.412,3***	0.406,0***	0.312,2***	0.356,4***
	(73.760,0)	(22.880,0)	(22.660,0)	(16.410,0)	(17.320,0)	(5.920,0)	(6.650,0)
$FIS_{i,t}$	-0.001,0***	-0.001,2***	-0.001,1***	-0.000,9***	-0.001,3***	-0.001,5***	-0.001,7***
	(-5.800,0)	(-4.880,0)	(-4.160,0)	(-2.780,0)	(-3.050,0)	(-2.790,0)	(-2.870,0)
$HP_{i,t}$		0.144,6**	0.192,1***	0.168,3*	0.114,9	0.190,8*	0.144,7
		(2.120,0)	(2.630,0)	(1.690,0)	(1.260,0)	(1.700,0)	(1.120,0)
$GDP_{i,t}$			-0.066,3***	-0.062,6**	-0.040,3	-0.027,6	-0.024,8
			(-3.110,0)	(-2.090,0)	(-1.390,0)	(-0.780,0)	(-0.710,0)

表2-4(續)

	(1)	(2)	(3)	(4)	(5)	(6-1)	(6-2)
$RES_{i,t}$				-0.000,3 ***	-0.000,1	-0.000,2	-0.000,2
				(-3.410,0)	(-1.240,0)	(-1.190,0)	(-1.240,0)
$FIN_{i,t}$					0.000,5	0.010,9	0.009,5
					(0.070,0)	(1.520,0)	(1.320,0)
$SUP_{i,t}$						-0.005,3	-0.004,3
						(-1.320,0)	(-1.040,0)
City effects	Yes	Yes	Yes	Yes	Yes	Yes	Yes
Year effects	Yes	Yes	Yes	Yes	Yes	Yes	Yes
AR (2)	0.854,1	0.825,9	0.920,2	0.905,3	0.991,1	0.664,0	0.706,6
Sargan Test	0.165,2	0.999,6	0.999,4	0.999,4	1.000,0	1.000,0	1.000,0
N	525	525	525	518	518	513	513

在表2-4的實證結果發現地方政府財政壓力推高地價的基礎上，下文將試圖進一步檢驗面臨財政壓力的地方政府是否會對不同用途的土地收取差異化的出讓價格。由於各個產業對整個國民經濟的貢獻不同，因此政府對各個產業的支持力度也有所不同，而土地作為各個產業賴以生存和發展的基礎性實物投資要素，地方政府很可能會對不同類型的土地收取差異化的土地出讓價格。為檢驗這一猜想，本書採用不同用途土地的地價水準對政府財政壓力作一個簡單的迴歸分析，從而比較財政壓力變量（FIS）迴歸係數的大小變化，迴歸結果列於表2-5[①]。

表2-5第（1-1）、（2-1）和（3-1）列依次報告了住宅用地地價水準（LPH）、商服用地地價水準（LPB）和工業用地地價水準（LPI）對政府財政壓力（FIS）的SYS-GMM估計結果。實證結果發現，地方政府財政壓力對不同類型土地的出讓價格的影響力度是有區別的，當地方政府通過提高地價來彌補財政赤字時，往往對住宅用地收取較高的出讓價格，隨後依次是商服用地和工業用地，因此本書的假說3得到實證結果支持。全國住宅用地地價從2010年的4,245元/平方米上漲到2016年的5,918元/平方米，上漲幅度達到39.41%，而同期的商服用地地價漲幅為33.79%，工業用地地價漲幅為24.32%[②]。表2-5的結果表明，在上述價格差異中，地方政府財政壓力的作用不可忽視。另外，城市地區生產總值影響顯著為正，說明城市經濟規模的擴大

[①]控制變量僅包括被解釋變量一階滯後項以及代表社會經濟規模的GDP變量。由於本書只能收集到不同用途土地的價格水準數據而非指數數據，因此在迴歸中對相關變量並沒有採用增長率形式，而是直接使用水準原始數據。

[②]數據來源於中國城市地價動態監測網。

对城市土地交易價格具有推動作用。不同用途土地的價格水準存在顯著的一階滯後時間效應，其中住宅用地和商服用地較高，係數分別達到 0.98 和 0.99，而工業用地最低，只有 0.40 左右。

表 2-5 第（1-2）、（2-2）和（3-2）列依次報告了政府財政壓力相對規模對住宅用地地價水準（LPH）、商服用地地價水準（LPB）和工業用地地價水準（LPI）的影響。估計結果與上文有所不同，其中，財政壓力因素對商服用地價格的影響力最強，隨後依次才是住宅用地與工業用地。筆者通過對樣本區間進行分段迴歸後發現，在 2006 年以前，財政壓力對住宅用地地價的影響力強於商服用地，而在 2006 年以後，財政壓力對商服用地價格的影響力卻強於住宅用地，這說明政府財政壓力因素對兩種不同類型地價的影響作用在 2006 年出現了結構性斷點。可能的原因在於，為抑制住房價格的過快上漲，國務院於 2006 年出抬了六大措施以調控房地產市場，即所謂的「國六條」，以解決國民住房難的問題為主要目的。在這樣的背景下，地方政府對住宅用地交易價格的提升空間受到了約束，因此轉向了更可「作為」的商服用地，所以在 2006 年以後，政府財政壓力對商服用地價格的影響力增強。

表 2-5　財政壓力與不同用途地價水準

變量	(1-1) $LPH_{i,t}$	(1-2) $LPH_{i,t}$	(2-1) $LPB_{i,t}$	(2-2) $LPB_{i,t}$	(3-1) $LPI_{i,t}$	(3-2) $LPI_{i,t}$
$FIS_{i,t}$	-3.320,8 ***	-34.399,0 ***	-1.905,4 ***	-61.986,8 ***	-0.403,0 ***	-0.797,0
	(-23.670,0)	(-19.600,0)	(-9.950,0)	(-20.410,0)	(-4.630,0)	(-0.940,0)
$GDP_{i,t}$	0.085,6 ***	0.102,5 ***	0.182,5 ***	0.197,4 ***	0.050,2 ***	0.063,2 ***
	(7.210,0)	(11.950,0)	(22.990,0)	(24.710,0)	(5.230,0)	(9.440,0)
$LPH_{i,t-1}$	0.976,1 ***	0.979,1 ***				
	(619.050,0)	(859.560,0)				
$LPB_{i,t-1}$			0.987,5 ***	0.989,4 ***		
			(419.430,0)	(732.660,0)		
$LPI_{i,t-1}$					0.408,7 ***	0.377,1 ***
					(16.400,0)	(19.340,0)
City effects	Yes	Yes	Yes	Yes	Yes	Yes
Year effects	Yes	Yes	Yes	Yes	Yes	Yes
AR (2)	0.309,9	0.383,1	0.051,7	0.051,2	0.321,9	0.354,7
Sargan Test	0.707,2	0.731,9	0.613,1	0.613,0	0.613,1	0.980,0
N	560	560	560	560	560	560

2.5.4.4 財政壓力對房價的影響

表2-6報告了模型（2-9）的兩階段系統矩估計結果。鑒於相關文獻普遍認為房價與地價存在相互因果關係，因此在迴歸中將地價（LP）作為內生變量進行相應處理。表2-6第（6-1）列結果顯示，地方政府財政淨收入（FIS）對城市房價（HP）的影響顯著為負，即政府財政壓力對城市房價的影響顯著為正，這說明政府財政壓力越大，房價就越高；政府財政壓力越小，房價就越低，這與本書假說4相一致。財政壓力變量（FIS）的迴歸係數意味著，地方政府財政淨收入的增速增加10個百分點，將會導致房價指數的增速下降約0.01個百分點。政府財政壓力對房價的正向影響可以從以下兩個方面得到解釋：一是由於地價是房價的成本影響因素，財政壓力可能通過地價而對房價造成間接影響；二是由於地方熱衷於從土地出讓中獲得財政收入，而房價的上漲有利於帶動地價的上漲，故地方政府有動機採取積極措施來直接刺激房產需求和推動房價，前文表2-4的實證結果就發現了由房價到地價的反向因果關係。

表2-6第（6-1）列的迴歸結果還發現：城市房價存在一定的時間滯後效應，係數達到了0.68左右；地價對房價的影響顯著為正，說明地價確實是推動房價上漲的一個重要因素；城市非農業人口（POP）和城市在崗工人年均工資（INC）從房屋需求角度對房價產生正向影響；房地產投資完成額（INV）與房價顯著正相關，這與平新喬、陳敏彥（2004）的研究結論相一致；而國內貸款規模（LOAN）對房價的推動作用也得到了實證結果的一定支持，這與平新喬、陳敏彥（2004），梁雲芳、高鐵梅（2007）的研究結論相符。表2-6第（6-2）列報告了財政壓力相對規模對房價的影響，估計結果與第（6-1）列類似。

表2-6 財政壓力與房價

變量	(1) $HP_{i,t}$	(2) $HP_{i,t}$	(3) $HP_{i,t}$	(4) $HP_{i,t}$	(5) $HP_{i,t}$	(6-1) $HP_{i,t}$	(6-2) $HP_{i,t}$
$HP_{i,t-1}$	0.806,5 ***	0.741,1 ***	0.641,9 ***	0.654,0 ***	0.646,8 ***	0.676,4 ***	0.676,2 ***
	(184.780,0)	(23.980,0)	(19.380,0)	(35.260,0)	(21.600,0)	(22.660,0)	(22.960,0)
$FIS_{i,t}$	−0.001,2 ***	−0.000,1 ***	−0.000,4 ***	−0.000,6 ***	−0.000,8 ***	−0.001,1 ***	−0.001,0 ***
	(−6.240,0)	(−4.900,0)	(−4.320,0)	(−5.470,0)	(−3.200,0)	(−4.150,0)	(−5.180,0)
$LP_{i,t}$		0.126,7 ***	0.103,1 ***	0.100,6 ***	0.110,7 ***	0.161,1 ***	0.161,7 ***
		(18.250,0)	(10.830,0)	(8.380,0)	(11.170,0)	(13.850,0)	(13.940,0)
$INC_{i,t}$			0.000,1 ***	0.000,1 ***	0.000,1 ***	0.000,1 ***	0.000,1 ***
			(4.620,0)	(3.320,0)	(8.350,0)	(4.910,0)	(5.250,0)
$POP_{i,t}$				0.038,0 ***	−0.007,4	0.013,4 *	0.012,6
				(3.050,0)	(−0.580,0)	(1.780,0)	(1.620,0)

表2-6(續)

	(1)	(2)	(3)	(4)	(5)	(6-1)	(6-2)
$INV_{i,t}$					0.051,8 ***	0.033,7 ***	0.033,3 ***
					(7.060,0)	(5.940,0)	(6.030,0)
$LOAN_{i,t}$						0.003,1 *	0.003,1 *
						(1.830,0)	(1.840,0)
City effcts	Yes	Yes	Yes	Yes	Yes	Yes	Yes
Year effcts	Yes	Yes	Yes	Yes	Yes	Yes	Yes
AR（2）	0.199,3	0.512,8	0.299,9	0.303,1	0.554,0	0.502,6	0.494,5
Sargan Test	0.312,1	0.998,0	0.996,1	0.999,1	0.999,6	0.999,7	0.999,6
N	543	543	543	543	543	518	518

　　為進一步檢驗地價是否是地方政府財政壓力作用於房價的一個中間渠道，在模型（2-9）的基礎上加入了地價與財政壓力變量的交叉項，估計結果位於表2-7第（1-1）列。可以發現，交叉項迴歸係數顯著為負，而財政壓力變量不再顯著，這說明除了地價因素之外，財政壓力並無其他渠道來影響城市房價。另外，其他解釋變量的影響作用與表2-6的迴歸結果類似。表2-7第（1-2）列用赤字相對規模來衡量政府的財政壓力，估計結果與第（1-1）列類似。

　　另外，中國的土地市場在2000年至2016年期間經歷了由「協議出讓」到「招拍掛」出讓制度的轉變過程。為驗證地方政府財政壓力對房價的影響力度是否會受不同土地出讓制度的影響，與前文類似，本書在模型（2-9）的基礎上引入了虛擬變量D（此變量在2005年之前取值為0，從2005年開始取值為1）與FIS的交叉項，迴歸結果見表2-7第（2-1）列。從結果中可見，交叉項 $D \times FIS_{i,t}$ 係數顯著為正，說明在土地「協議出讓」制度下財政壓力對房價的影響度比在「招拍掛」制度下更大。相對於「招拍掛」制度而言，地方政府對土地出讓價格的干預力度在「協議出讓」制度下更大。而前文的結果又表明地價是政府財政壓力作用於房價的關鍵渠道，這最終導致在土地出讓制度由「協議出讓」轉變為「招拍掛」的過程中，地方政府財政壓力對房價的影響力有所減弱。表2-7第（2-2）列報告了在使用財政壓力相對規模指標時，土地制度變化對於財政壓力對房價影響力度的影響，結果與第（2-1）列類似。

表2-7　財政壓力與房價：渠道及「招拍掛」制度的影響

變量	(1-1) $HP_{i,t}$	(1-2) $HP_{i,t}$	(2-1) $HP_{i,t}$	(2-2) $HP_{i,t}$
$HP_{i,t-1}$	0.642,5 ***	0.680,8 ***	0.648,1 ***	0.646,6 ***
	(17.050,0)	(24.060,0)	(21.110,0)	(16.260,0)

表2-7(續)

	(1-1)	(1-2)	(2-1)	(2-2)
$FIS_{i,t}$	0.000,2	0.000,3	-0.003,2***	-0.002,1***
	(0.720,0)	(0.810,0)	(-14.310,0)	(-6.050,0)
$LP_{i,t}$	0.159,1***	0.165,3***	0.185,8***	0.184,6***
	(12.390,0)	(11.280,0)	(9.410,0)	(12.160,0)
$INC_{i,t}$	0.000,1***	0.000,1***	0.000,2***	0.000,1***
	(3.650,0)	(4.700,0)	(8.830,0)	(8.620,0)
$POP_{i,t}$	0.015,2**	0.017,8***	0.016,4***	0.014,8**
	(2.140,0)	(2.760,0)	(3.250,0)	(2.270,0)
$INV_{i,t}$	0.028,3***	0.027,5***	0.014,2**	0.012,6***
	(5.630,0)	(6.210,0)	(2.460,0)	(3.160,0)
$LOAN_{i,t}$	0.001,8	0.002,1	0.001,7	0.002,3
	(1.180,0)	(1.350,0)	(1.090,0)	(1.590,0)
$LP_{i,t} \times FIS_{i,t}$	-0.018,4***	-0.015,6***		
	(-3.960,0)	(-4.180,0)		
$D \times FIS_{i,t}$		0.002,5***	0.001,4***	
		(7.240,0)	(2.760,0)	
City effects	Yes	Yes	Yes	Yes
Year effects	Yes	Yes	Yes	Yes
AR（2）	0.464,2	0.480,1	0.538,2	0.455,9
Sargan Test	0.999,9	0.999,9	0.994,6	0.994,8
N	518	518	518	518

2.5.5 結論

地價上漲對房價上漲所起的推動作用在國內外的相關文獻中已得到普遍證實，而地價上漲背後的深層原因則並不明晰。本書從中國現行財稅制度出發，試圖揭示地價影響房價背後更為深刻的原因，尤其是地方政府財政壓力通過「土地財政」影響地價、房價的完整因果鏈條。基於中國35個大中城市2000—2016年的面板數據，採用動態面板模型的分析方法，本書發現：①地方政府財政壓力推高賣地收益；②財政壓力同時通過擴大土地出讓面積和提高出讓價格兩條途徑來推高賣地收益；③就對地價的影響而言，財政壓力對不同用途土地的推動效果差別明顯，其中對住宅用地價格影響最大，其次為商服用

地，對工業用地價格影響最小；④就對房價的影響而言，地價正向影響房價，而除了地價渠道之外，財政壓力對房價並無正向顯著影響，顯示了地價因素在財政壓力影響房價過程中的關鍵作用；⑤在 2004 年之後，財政壓力對土地出讓面積和房價的影響力度有所減弱，顯示了「招拍掛」制度對政府行為在一定程度上的制約作用。

本書研究結果的中心在於對地方政府財政狀況影響地價、房價路徑的揭示。公眾媒體的普遍說法已長期指向地方財政壓力推高地價、房價的問題。文獻研究也在逐步揭示地方財政根源導致地方政府對房地產行業的依賴性問題。相對於已有的研究，本書的研究結果在此問題上提供了更加直接和深入的證據。就中國房價問題而言，本研究所隱含的基本政策含義是，要真正實現房價的合理迴歸，採取截斷地方政府財政狀況與房地產行業（尤其是土地出讓收益）的關聯的政策是必要且可行的。作為一種辦法，如劉民權、孫波（2009）所建議過的那樣，將土地出讓收入由中央上收支配，可以使地方政府不再對賣地收入充滿熱情。而對這一問題最根本的解決方法，應該在於對中國現行財政體制的改革，實現地方政府事權和財權相匹配，從源頭上消除制度性財政赤字。否則，地方政府必然仍需從其他方面開闢財源，從而可能引發新的問題。

此外，本書關於「招拍掛」制度的結果也有中間層面的政策意義。第一，本書結果表明土地「招拍掛」制度的施行事實上起到了弱化政府干預力度的作用。因此，繼續和完善「招拍掛」土地出讓程序，以更加公平的環境吸引更多的買者參與土地競價，以杜絕可能的暗箱操作，或將有益於進一步壓縮地方政府在土地出讓過程中的影響。第二，作為「招拍掛」制度結果的一個引申，建立地價和房價的動態監測系統，公開土地市場與房產市場的交易信息，以引導市場參與者的合理決策，並同時利用行政、經濟和法律手段來規範土地市場參與者的行為，防止土地投機、土地囤積和粗放用地等不合理現象的出現，對促進中國房地產市場的健康發展也有重要意義。

2.6 本章小結

本章對資產與資產價格的相關概念進行清晰的界定，介紹了資產定價中最為常見的資產價格貼現值模型、資本資產定價模型和套利定價模型，並對影響資產價格的因素進行理論探討，這深化了對以房價和股價為代表的資產價格的理論認識。通過對歷年來中國房市與股市發展狀況的回顧，發現近年來中國的房價與股價均經歷了較大幅度的起落波動，這需要引起相關監管部門與資產市

場參與者的高度重視。

另外，本章還著重對「高房價」成因進行實證研究，特別地從中國現行財稅制度出發，試圖揭示地價影響房價背後更為深刻的原因，尤其是地方政府財政壓力通過「土地財政」影響地價、房價的完整因果鏈條。基於中國35個大中城市從2000年到2016年的面板數據，採用動態面板模型的分析方法，本書發現：①地方政府財政壓力推高賣地收益；②財政壓力同時通過擴大土地出讓面積和提高出讓價格兩條途徑來推高賣地收益；③就對地價的影響而言，財政壓力對不同用途土地的推動效果差別明顯，其中對住宅用地價格影響最高，其次為商服用地，對工業用地價格影響最低；④就對房價的影響而言，地價正向影響房價，而除了地價渠道之外，財政壓力對房價並無正向顯著影響，顯示了地價因素在財政壓力影響房價過程中的關鍵作用；⑤在2004年之後，財政壓力對土地出讓面積和房價的影響力度有所減弱，顯示了「招拍掛」制度對政府行為在一定程度上的制約作用。

表 2-8　書中變量名稱及定義

變量	定義	單位
REV	地方政府土地出讓收益	億元
GDP	城市地區生產總值	億元
SQU	房地產商購置土地面積	公頃
LP	土地交易價格指數	點
FIS	政府財政淨收入：預算內財政收入減去預算內財政支出①	億元
SUP	地方政府土地交易面積	公頃
POP	城市非農業人口數	萬人
LPH	住宅用地地價水準	元/平方公尺
LPB	商業服務業用地地價水準	元/平方公尺
LPI	工業用地地價水準	元/平方公尺
HP	房屋銷售價格指數	點
RES	囤積土地面積：購置土地面積減去開發土地面積	公頃
FIN	房地產商本年資金來源總和：包括國內貸款、利用外資、自籌資金與其他資金來源	億元
INC	城市在崗工人年均工資	元
INV	房地產投資完成額	億元
LOAN	國內貸款：房地產商銀行貸款與非銀行機構貸款總額	億元

①財政淨收入越大表示財政壓力越小，反之亦然。

3 資產價格與經濟增長

自20世紀80年代以來,與低通貨膨脹相伴隨的是各國資產價格(以房價和股價為代表)的劇烈波動,在資產價格泡沫的膨脹與崩盤的循環中,還潛伏著金融危機的巨大威脅,如20世紀80年代後期的日本經濟危機、1997年的亞洲金融危機以及2008年美國的次貸危機等。實踐一再證明,資產價格的波動會對實體經濟的平穩發展造成巨大的影響,這引起了學術界和各國政府的關注。在此背景下,我們不禁要問,資產價格是通過何種渠道對實體經濟產生影響?房價的上漲是否對經濟增長具有帶動作用?股價與實體經濟的互動關係又是如何?這些都是本章需要解決的問題。

本章包含三個部分的內容:3.1節介紹了資產價格影響產出的理論機制;3.2節探討了住房價格影響經濟增長的財富效應與擔保效應,並利用相關計量方法對這兩種效應進行定量的區分,以及對影響這兩種效應的一些潛在因素進行實證檢驗;3.3節分別通過構建理論模型和向量自迴歸模型(VAR)從理論與實證的角度研究了股價波動與經濟增長間的動態關係。

3.1 資產價格影響產出的理論機制

3.1.1 財富效應

傅利曼的恆常所得假說認為消費者的支出水準取決於消費者的終身財富。消費者的終身財富是由人力資本、實物資本和金融財富所構成的。而房產和股票又是金融財富中最為重要的組成部分,因此當房產和股票的價值增值時,家庭的畢生財富增加,即使消費者的邊際消費傾向不變,這也會導致消費支出水準的提高。在這一理論下,家庭的消費函數可以表示為如下形式:

$$C=\alpha W+\beta Y \tag{3-1}$$

在式（3-1）中，C代表消費，W代表家庭財富，包括實物資產和金融資產，Y代表勞動收入，α和β分別為家庭財富與勞動收入的邊際消費傾向（MPC）。

恆常所得假說認為只有消費者的畢生財富才會對消費者的支出水準產生影響，也就是說暫時性的收入上漲對消費的刺激作用相當有限。具體而言，當股市和房市保持長期繁榮的態勢，這會使居民的金融財富持續增加，最終導致居民消費水準的提升；相反，如果房價或股價只是出現短期性的上漲，這並不會增加居民的終身財富，因此，消費支出不會增加太多。另外，長期性的資產價格上漲會提高居民對未來經濟的樂觀預期，這會提高居民的邊際消費傾向，從而增加消費支出。

資產價格的財富效應機制可以概括為：資產價格上漲→資產財富增加→終身財富增加→消費支出增加→產出上升。

具體而言，房產和股票的財富效應主要通過如下幾個渠道來現實：

（1）直接的財富效應

如果消費者所持有的房產或股票的價格上漲，他們可以通過賣掉所持的資產來獲得資本收益，財富的增加會提高資產持有者的消費水準。

（2）間接的財富效應

當消費者所持資產的價格上漲時，即使消費者沒有以所持資產進行抵押貸款或者出售，也有可能會促進當期消費的增加。這是因為資產價格的上漲提升了未來財富的貼現值，消費者預期他們將變得更加富有，因此會增加現實的消費支出，從而實現資產價格的財富效應。

（3）流動性約束

股票相對於房產具有較高的變現能力，股價上漲將導致消費者的資產組合增值，消費者可以將所持金融資產進行抵押來為現期消費融資，從而提升消費水準。對於房產而言，房價變動的財富效應更加容易受到流動性約束的影響。即使消費者預期有較高的未來收入，但在當期的收入不足以支付當期的消費時，房產持有者更容易面臨流動性約束。金融市場的發達程度將決定房產變現的難易程度，若金融市場較為發達，則房產的變現能力增強，居民可以通過房產抵押來獲得更多的銀行信貸，從而增加消費者的流動性。相反，房產的變現能力降低將導致房產的正向財富效應減弱。

另外，對於房產而言，預算約束效應和替代效應也會影響其財富效應的發揮。

（4）預算約束效應

對房產擁有者而言，房價的上漲會對消費產生正向的拉動作用，即存在正

向財富效應。但對於租房者來說，房價的上漲會產生負向的財富效應。這是因為為了應付房租的上漲，租房者的預算變得更加緊張，這會導致此類人群當期消費支出的減少。

(5) 替代效應

房價的上漲會減少具有購房慾望的消費者的當期消費。為了應付房價上漲所帶來的住房壓力，他們會選擇購買更小面積的住房或者為了未來更高的購房首付而增加儲蓄，減少當期的消費支出。

3.1.2 托賓 Q 效應

托賓 Q 效應從投資的角度分析了資產價格對實體經濟的影響。托賓 Q 為企業的市場價值與資本的重置成本之比。若托賓 Q 值大於 1，則企業的市場價值大於資本的重置成本，企業購買新的廠房和設備相對比較便宜，因此企業會增加投資，於是產出增加；相反，若托賓 Q 值小於 1，則企業的市場價值小於資本的重置成本，這時企業會選擇購買相對比較便宜的廠房和設備來獲得舊的資本品，這會減少企業的投資支出，導致產出下降。

最初的托賓 Q 模型主要強調股票價格與投資之間的關係。當股票價格上漲時，企業的市場價值增加，企業的投資增加；當股票價格下降時，托賓 Q 值下降，企業會減少投資。股價對投資的影響最終體現為對社會產出的影響。

對於房地產而言，此時的 Q 則定義為房產的銷售價格與房屋的建造成本之比。若房價高於房屋的建造成本，則房價的上漲會對房地產投資產生促進作用，然而，房地產作為一個與其他產業關聯較廣的行業，房地產投資的增加會直接或間接地帶動多個相關行業投資的增加，這最終會導致社會產出的增加。

資產的托賓 Q 效應可以表述為：資產價格上漲→企業托賓 Q 值上升→投資增加→社會產出提高。

3.1.3 擔保效應

金融市場的不完善以及資訊的不對稱會導致道德風險和逆向選擇問題的出現，這會降低銀行的貸款意願。為減輕信息的非對稱性，銀行通常要求借款個人和企業提供一定的抵押（擔保）品以減少借款方的道德風險與逆向選擇。當資產價格上升時，抵押（擔保）資產增值，從而可以從銀行獲得更多的信貸來為消費和投資融資；相反，當資產的價格下降時，抵押（擔保）資產貶值，從銀行可獲得的融資減少，消費或投資水準降低，最終對實體經濟產生負面影響。

资产价格的擔保效應可以表述為：資產價格上漲→抵押（擔保）資產增值→可獲貸款量增加→消費與投資增加→產出增加。

對於股票而言，當股價上漲時，伴隨著企業的市場價值增加和家庭財務狀況的改善，企業和家庭的信用等級增加，使企業和家庭可獲得的信貸額增加，這會增加企業投資與居民消費水準，導致社會產出增加和物價水準上漲；相反，若股價下跌，則會使企業淨值下降，家庭資產負債狀況惡化，可獲得的信貸額減少，這會對社會投資與居民消費產生負面影響，最終導致社會產出和通貨膨脹的降低。

房地產通常作為重要的貸款抵押（擔保）品，房產的擔保效應表現得更加明顯。當房價上漲時，房產的抵押價值上升，這降低了借款方的違約風險，使銀行提供信貸的意願增加，借款方可獲得的信貸額增加，促進消費與投資，從而使社會產出增加；相反，房價的下降則減少了借款方的可獲融資額，導致消費與投資水準下降，對產出產生負面影響。

3.2 住房價格與經濟增長——基於擔保效應與財富效應的理論分析與實證研究

近年來，中國的房地產市場經歷了快速的發展過程，房價的迅速上漲引起了公眾、學者和政策制定者的廣泛關注。全國住宅商品房價格在 2005 年之前一直保持較為平穩的增長趨勢，而從 2005 年開始，住房價格上漲加速，2016 年的住房價格比 2005 年增長了 131%。與此同時，當前中國經濟發展進入了新常態，GDP 增速維持在 6.5% 左右。由於中國經濟發展與房地產行業的高度相關性，在目前中國城鎮居民住宅自有化率達到 82.3% 的背景下，住房價格的上漲是否對中國經濟增長具有促進作用，一直是近年來的研究熱點。

眾多的研究表明住房價格主要是通過擔保效應與財富效應這兩種渠道作用於居民消費，並最終對宏觀經濟增長產生影響（Benjamin et al., 2004; Campbell et al., 2007; Lustig et al., 2008）。雖然財富效應和擔保效應均會導致房價變動，從而對經濟增長產生影響，但是不同的影響渠道具有截然不同的政策含義。例如，當房市出現低迷，住房價格主要通過擔保效應引起經濟增長放慢，也就是說房價主要通過信貸渠道來影響宏觀經濟，那麼央行可以通過放鬆信貸和放寬家庭借貸約束來刺激經濟；相反，如果經濟的衰退是由房產的財富效應所引起的，也就是說居民感覺變得比以前更窮了，因此減少消費支出，那麼通

過放鬆信貸對經濟的刺激作用則不大（Miller et al., 2011）。那麼，在中國這兩種效應是否同時存在？如果是，哪種效應對經濟增長起主導作用？進一步地，在不同的時期，這兩種效應的強弱是否具有差異？另外，房產權益變現的難易程度受金融市場自由化程度的影響，那麼房產擔保效應與財富效應是否與金融市場自由化程度有關？最後，由於借貸約束越緊張的住房擁有者才越有動機將住房作為借貸抵押品來獲取消費所需的流動性，那麼房產擔保效應又是否會受到家庭借貸約束的影響？這些都是本書將要進行深入探討的問題。這些問題的解決對正確地認識住房價格對中國宏觀經濟的影響以及科學地制定房控措施無疑具有至關重要的意義。

本節的結構安排如下：3.2.1 節為文獻綜述；3.2.2 節對房產擔保效應與財富效應進行理論分析；3.2.3 節對實證研究模型和數據情況進行介紹；3.2.4 節對實證結果進行分析；3.2.5 節給出本書的研究結論並提出政策建議。

3.2.1 文獻綜述

房價可通過多種渠道對宏觀經濟產生影響，國外的相關文獻多集中於研究房價對消費產生影響的財富效應與擔保效應，這些研究以實證分析居多，而理論分析較少。在理論方面，傅利曼的恆常所得假說認為如果房價的變動可以改變居民的預期終身財富，那麼這會對家庭的潛在消費水準產生影響。Bajari 等（2005）建立了一個關於家庭消費與投資決策的動態模型，他們的研究發現住房價格的上漲對社會福利沒有總體影響。Buiter（2008）基於對 OLG 模型的分析發現，房價在房產基本價值內的變動對消費沒有顯著的財富效應，而房價中的投機性泡沫變動部分才具有財富效應。Li 和 Yao（2007）利用一個把住房當成消費品和投資品的生命週期模型，發現房價變動對消費具有很小的總體影響，而且房價變動對處於不同生命階段的房產持有者的影響是不同的。另外，Buiter（2008）、Aoki 等（2004）、Lustig 和 Nieuwerburg（2008）等從房產的擔保效應角度研究了房價變動對宏觀經濟的影響。

在實證研究方面，國外學者利用國家宏觀數據和家庭層面數據來檢驗房價變動對宏觀經濟的影響。在宏觀層面，Benjamin 等（2004）利用美國 1952 年第 1 季度到 2001 年第 4 季度的數據，採用向量自迴歸模型，發現房產財富增長 1 美元將會導致當年的消費支出增加 8 美分，而金融資產增值 1 美元只能導致當年的消費支出增加 2 美分。Slacalek（2006）以 16 個國家為研究樣本，發現房產財富變動的長期平均消費傾向為 5 美分，但每個國家的消費傾向各不相同，分布在 0 美分到 10 美分之間。Janine 等（2006）以英國和南非為研究樣

本，研究結論表明房產與其他金融資產具有相似的財富效應。Phang（2004）以新加坡的數據作為研究樣本，在她的模型中允許家庭可以對房價的上漲或下跌做出不同的反應，但是文章發現不管是房價的上漲還是下跌，消費總量總是下降的，這是目前唯一一篇沒有發現房價上漲會對消費產生促進作用的國外文獻。Lustig 和 Nieuwerburg（2008）的文章是第一篇證實房價變動對消費具有擔保效應的研究。這篇文章利用美國 1952 年到 2002 年 MSA 的消費和收入數據，發現當面臨資金約束時，能夠作為擔保品的房產對提高消費具有重要作用，因為房產可以提高房產持有者的借貸信譽，從而緩和資金約束。雖然這篇文章為房產擔保效應的存在提供了經驗證據，但是它沒有從定量的角度比較房產財富效應和擔保效應的大小。

在家庭層面，Campbell 和 Cocco（2007）把房價的變動分解為基本經濟面可解釋的部分和不可解釋的部分，以分別捕捉房產的擔保效應和財富效應，進而研究這兩種效應對房產持有者和租房者的消費水準的影響。文章發現全國房價和地方房價變動對年老的有房者的消費支出影響更強，而對年輕的租房者的影響很弱且不顯著。Bostic 等（2008）利用美國聯邦消費者金融調查數據與消費者支出調查數據，發現房產價值變動對消費的影響大於金融資產財富變動對消費的影響。Haurin 和 Rosenthal（2006）的研究發現隨著年齡和收入的增加，房價的上漲會提升房產持有者的負債水準和支出水準，但是這種效應在房產持有者 65 歲或以上時會變得很弱。後兩篇文獻只是研究了住房價格變動對消費的總體影響，而沒有區別房產的財富效應與擔保效應。

國內學者多用宏觀數據來檢驗中國房價變動對消費的影響，宋勃（2007）、王子龍等（2008）通過實證研究發現房價的上漲對消費具有促進作用。高春亮、周曉豔（2007），肖宏（2008），李成武（2010）等的研究則發現住房價格上漲對消費支出沒有明顯的影響或存在負向影響，他們的解釋是房價的上漲對無房者和租房者來說意味著生活成本的提高，在既定的預算約束內，會產生房價上漲對其他消費支出的擠出效應，這就阻礙了房價對總體消費的正向促進作用。國內研究多採用全國宏觀數據，運用協整分析、Granger 因果檢驗等方法來進行分析，由於宏觀數據樣本的有限性和時間序列方法計量結果多依賴於變量滯後階數的選擇及時間序列平穩性的要求，這可能是現有結論存在差異的主要原因。另外，國內學者也沒有從定量的角度對房產的財富效應和擔保效應進行區分。

通過文獻回顧可以發現，現有的研究還存在一些不足：第一，多以實證研究為主，未從理論推導的角度來解釋房價變動作用於實體經濟的機制，導致實

證結果缺乏理論基礎並減弱了其現實解釋力；第二，集中於研究房價對消費支出的影響，但國際上通常認為產出才能更好地定義一個國家經濟的擴展和收縮，而直接研究房價變動對產出的影響的文獻還沒有出現；第三，國內研究目前還沒有對房價作用於實體經濟的擔保效應和財富效應進行嚴格的區分和比較，並以此為基礎進行深入的研究。

在現有文獻的基礎上，本書試圖在以下幾個方面有所創新：一是從理論推導的角度分析了房價變動通過擔保效應和財富效應作用於實體經濟的理論機制；二是選取中國31個省份2000年至2016年的省級面板數據從實證分析的角度研究了房價變動對經濟增長的影響，特別地把房價總體變動分解為基本經濟面可解釋的部分和不可解釋的部分，以分別捕捉房價變動的擔保效應和財富效應，並比較兩種效應的大小；三是檢驗了房價的擔保效應與財富效應是否在中國存在時間結構性差異；四是檢驗了金融市場自由化程度是否會對這兩種效應的強弱產生影響；五是檢驗了這兩種效應的大小是否與家庭的借貸約束相關。

3.2.2 理論分析

3.2.2.1 擔保效應

由於金融市場的不完善，伴隨資訊不對稱而出現的道德風險和逆向選擇會降低銀行的貸款意願。為減輕資訊的非對稱性，銀行通常要求借款個人和企業提供一定的擔保品以降低借款人的道德風險。擔保效應是指房價的上漲可以緩解房產持有者的借貸約束，從而提高他們的實際消費水準。由於擔保效應可以影響現實的而非潛在的消費水準，因此房價的變化應該被完全預期到（Miller，2011）。本書運用一個四象限模型來分析房價變動通過信貸渠道對產出產生影響的理論機制。

圖3-1-1代表房價與融資溢價的關係，在信貸市場中，住房被當作擔保品，當房價由HP_1上漲到HP_2時，房產的抵押價值增加，居民或公司的融資溢價將從R_1下降到R_2，房價變動與融資溢價呈反向變動關係。圖3-1-2為資金的供求市場，融資溢價下降意味著資金供應者將以更低的價格向市場提供數量相同的資金，導致資金供給曲線由FS_1左移至FS_2，可獲得資金便由F_1上升至F_2。圖3-1-3描述了可獲得資金與投資（消費）之間的變動關係，可獲得資金的增加有效緩解了經濟主體的融資約束，這會導致投資和消費的增加。圖3-1-4描述了總需求（AD）與總供給（AS）的均衡關係，投資與消費的增加擴大了社會總需求，這會導致總需求曲線由AD_1右移至AD_2，產出水準由

Y_1上升到Y_2。相反，當房價下跌時，房價同樣通過以上傳導途徑造成經濟收縮。

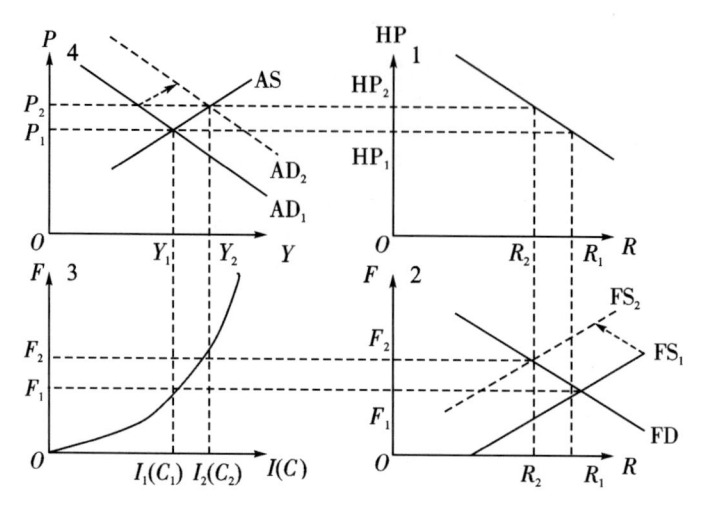

圖3-1 四象限模型分析

3.2.2.2 財富效應

傅利曼的恆常所得假說認為預期終身財富的變化會對居民的潛在消費水準產生影響。基於這一思想，由於房產是現代家庭財富的重要組成部分，未預期到的房價上漲將會增加房產持有者的終身預期財富。而莫迪利安尼的生命週期模型認為個人會將一生的收入在消費上作最佳分配以使個體終身效用達到最大化，所以由未預期到的房價上漲所引起的家庭財富的增加就會導致家庭潛在消費水準的提升，進而擴大總需求和促進經濟增長。下面將通過一個簡單的數理模型來對此進行說明。

假設一個生命週期為T的消費者在初期持有一定數量的金融資產與房產，那麼他一生的效用函數可以表示為如下形式：

$$U = \sum_{t=0}^{T} \frac{1}{(1+\rho)^t} u(c_t, h_t) \tag{3-2}$$

在式（3-2）中，ρ為貼現率，而h_t、c_t分別表示住房消費量和除住房外的其他消費。消費者終身的預算約束為一生的消費不能超過其終身的勞動收入與其期初所持有的財富，即：

$$\sum_{t=0}^{T} \frac{1}{(1+r)^t} c_t + \sum_{t=0}^{T} \frac{1}{(1+r)^t} p_t(r+\delta) h_t \leq \alpha_0 + p_0 h_0 + \sum_{t=0}^{T} \frac{1}{(1+r)^t} y_t \tag{3-3}$$

在式（3-3）中，除住房外的其他消費商品的價格標準化為1，p_t 為房產的價格，r 為利率，δ 為房產的折舊率，α_0 和 h_0 分別為消費者初期所持有的金融資產與房產量，y_t 表示勞動收入。

通過式（3-2）和式（3-3）來構造拉格朗日函數從而求得消費路徑。參考 Muellbauer（2007）的做法，上述跨期最優化問題可以簡化為如下預算約束的兩個商品問題：

$$c + p(r+\delta)h = y^p + r(\alpha_0 + ph_0) \tag{3-4}$$

在式（3-4）中，y^p 為持久性的勞動收入，$r(\alpha_0 + ph_0)$ 為持久性的金融資產財富和住房財富。

對式（3-4）求除住房消費外的其他消費對房價持久變化的偏導，可得：

$$\frac{\partial c}{\partial p} = r_h 0 - h(r+\delta) - h(r+\delta)\frac{\partial h \times p}{\partial p \times h} \tag{3-5}$$

式（3-5）右端三部分分別表示財富效應、收入效應和替代效應。房價變化對總體消費的影響為財富效應與收入效應之和：

$$\frac{\partial c}{\partial p} + p(r+\delta)\frac{\partial h}{\partial p} = r_h 0 - h(r+\delta) \tag{3-6}$$

在式（3-6）中，房價變化對居民總體消費的影響方向取決於利率、折舊率與住房消費量，因此不能明確地判斷住房財富效應的作用方向。在保持折舊率不變的前提下，當住房消費量未發生變化時，住房價格的上漲帶來的只是心理財富而非現實財富的增加，因此對消費沒有任何影響作用。另外，在現實中，房價上漲對不同群體的消費行為的影響效果是不一樣的，這將導致房價財富效應發揮作用的方向難以確定。當房價上漲時，有房者的預期終身財富增加，將通過財富效應刺激有房者消費水準的提升；而對無房者（租房者）而言，房價的上漲提高了未來的購房成本（租房成本），在既定的預算約束內，這部分群體會降低消費水準，從而增加預防性儲蓄，這會使房產財富效應削弱。

3.2.3 實證研究設計

3.2.3.1 計量模型

（1）房價變動分解

為從定量的角度比較住房價格影響經濟增長的兩種效應的強弱，首先需要對這兩種效應進行有效的區分。Campbell 和 Cocco（2007）與 Miller（2011）認為住房價格主要通過擔保效應與財富效應來對實體經濟產生影響，其中房產

的擔保效應可以影響家庭現實的而非潛在的消費水準，所以房價的變化應該被完全預期到，因此他們用基本經濟面可解釋的房價變動來捕捉房產的擔保效應；同時他們把未預期到的房價上漲所引起的家庭財富的增加對潛在消費水準的提升作用定義為房產的財富效應，因此用基本經濟面不可解釋的那部分房價變動來捕捉房產的財富效應。參考 Campbell 和 Cocco（2007）與 Miller（2011）的做法，用房價對基本經濟層面的諸多解釋變量進行迴歸，將模型的擬合值即基本經濟面可解釋的那部分房價變動，用於捕捉房產的擔保效應，而迴歸殘差即基本經濟面不可解釋的那部分房價變動，則用於捕捉房產的財富效應。對房價變動進行分解所使用的計量模型如下：

$$HP_{i,t} = \alpha_0 + \alpha_1 HP_{i,t-1} + \alpha_2 GDP_{i,t} + \alpha_3 INC_{i,t} + \alpha_4 POP_{i,t} + \alpha_5 COS_{i,t} + \alpha_6 FIN_{i,t} + \alpha_t + \alpha_i + \varepsilon_{i,t} \tag{3-7}$$

在式 3-7 中，HP 表示住房價格，GDP 表示各省市地區生產總值，INC 表示家庭平均每人年收入，POP 表示總人口，COS 表示商品房建造成本，FIN 表示房地產商資金來源小計，虛擬變量 α_t 用於控制時間固定效應，而 α_i 表示非觀測的地方固定效應。將模型（3-7）的擬合值記為 EHP，用於捕捉房價的擔保效應，而將殘差記為 UEHP，用於捕捉房價的財富效應。另外，模型（3-7）中房價（HP）與地區生產總值（GDP）之間可能存在相互因果關係，會使 OLS 結果有偏，因此本書將地區生產總值（GDP）作為內生變量在模型中加以處理。

在上述（以及後續的）動態面板模型中，由於被解釋變量的滯後項（此處為 $HP_{i,t-1}$）出現在迴歸方程的解釋變量中，即使誤差項不存在序列自相關，模型中被解釋變量的滯後項也會與複合誤差項中的省（市）固定效應 α_i 存在相關性，因此固定效應與混合 OLS 估計結果均為有偏。本書採用兩階段系統廣義矩估計的方法（Arellano et al., 1995；Blundell et al., 1998）來對動態面板進行估計，以解決內生性問題。由於系統廣義矩估計同時利用差分方程式和水準方程式的資訊,因此它比一般的差分矩估計更為有效，並在使用動態面板模型的實證研究中得到越來越廣泛的運用（劉生龍 等，2009；況偉大，2010；張莉 等，2011）。

（2）房價變動的擔保效應與財富效應

式（3-8）通過用各省市地區生產總值對 EHP 與 UEHP 進行迴歸來比較房價變動擔保效應與財富效應的強弱。在控制變量的選擇上，由於勞動力人口和資本投入對經濟增長具有重要影響，因此用年末從業人員數（EMP）來衡量經濟發展過程中的勞動力投入水準，用固定資產投資（INV）來衡量地區的投資增長。另外，由於經濟增長具有時間序列相關性，因此還將產出的滯後項

作為控制變量。模型的具體設定如下：

$$\text{GDP}_{i,t} = \alpha_0 + \alpha_1 \text{GDP}_{i,t-1} + \alpha_2 \text{EHP}_{i,t} + \alpha_3 \text{UEHP}_{i,t} + \alpha_4 \text{EMP}_{i,t} + \alpha_5 \text{INV}_{i,t} + \alpha_t + \alpha_i + \varepsilon_{i,t} \quad (3-8)$$

（3）結構性斷點

由於中國的住房市場在 2005 年前後出現了結構性變化，在 2000 年到 2004 年期間，住宅商品房價格一直保持平穩增長，而從 2005 年開始，住房市場經歷了快速的發展過程。為檢驗住房市場的結構性變化是否會對房價的財富效應與擔保效應帶來影響，引入時間虛擬變量 DUM，定義 2004 年以前取值為 0，從 2004 年開始取值為 1，在模型（3-8）的基礎上產生交叉項 EHPDUM 和 UEHPDUM 以檢驗擔保效應與財富效應是否在 2004 年前後發生顯著性變化，得到模型（3-9）如下：

$$\text{DP}_{i,t} = \alpha_0 + \alpha_1 \text{GDP}_{i,t-1} + \alpha_2 \text{EHP}_{i,t} + \alpha_3 \text{EHPDUM}_{i,t} + \alpha_4 \text{UEHP}_{i,t} + \alpha_5 \text{UEHPDUM}_{i,t} + \alpha_6 \text{EMP}_{i,t} + \alpha_7 \text{INV}_{i,t} + \alpha_t + \alpha_i + \varepsilon_{i,t} \quad (3-9)$$

（4）金融市場自由化程度

消費者從金融市場上獲得的由住房價格上漲所帶來的房產權益增值的變現難易程度是影響房產財富效應與擔保效應的關鍵因素。如果金融制度對住房權益變現進行嚴格管制，則有者需要付出較高的交易成本才能獲得通過房屋的租賃與交易所產生的資本利得，而面臨流動性約束的家庭則不能通過住房抵押變現來為其消費支出融資，因此會降低房產的財富效應與擔保效應。為研究住房財富影響經濟增長的擔保效應與財富效應是否與金融市場自由化程度相關，在模型（3-8）的基礎上引入金融市場自由化指數（IDX），並產生交叉項 EHPIDX 與 UEHPIDX，得到模型（3-10）如下：

$$\text{GDP}_{i,t} = \alpha_0 + \alpha_1 \text{GDP}_{i,t-1} + \alpha_2 \text{EHP}_{i,t} + \alpha_3 \text{EHPIDX}_{i,t} + \alpha_4 \text{UEHP}_{i,t} + \alpha_5 \text{UEHPIDX}_{i,t} + \alpha_6 \text{EMP}_{i,t} + \alpha_7 \text{INV}_{i,t} + \alpha_t + \alpha_i + \varepsilon_{i,t} \quad (3-10)$$

（5）家庭借貸約束

由於借貸約束越緊張的住房持有者越有動機將住房作為借貸抵押品來獲取消費所需的流動性，因此本書預期住房持有者面臨的借貸約束越弱，房產對經濟增長的擔保效應也就越弱。Lustig 和 Nieuwerburg（2008）用住房擔保率（Housing Collateral Ratio）即住房財富與家庭收入之比來衡量家庭的借貸約束，他們認為此指標越大，房產持有者在借貸市場中具有的道德風險越小，則較易從貸款方處獲得流動性，因此房產持有者的借貸約束越弱。相反，若此指標越小，則房產持有者的借貸約束越強。

另外，住房擔保率還衡量了住房財富占家庭總財富的比例。住房擔保率越

高，住房財富占人力財富的比重越大（因為人力財富是未來收入的現值，而未來的收入又與現在的收入相關），因此住宅財富在家庭總財富中的比重越大（Miller，2011）。如果住房財富在總財富中的比重越大，則同一比例的房價上漲幅度將會導致家庭總財富增長更多，從而帶動消費，使社會總需求（產出）增加。因此，本書預期若住房擔保率越大（借貸約束越弱），則房價變動對經濟增長的財富效應也就越強。

參考 Lustig 和 Nieuwerburg（2008）的做法，本書把省份 i 第 t 年的住房擔保率（CR）定義為住房價值與家庭年收入之比。在模型（3-10）的基礎上加入 CR 與 EHP、UEHP 的交叉項 EHPCR 和 UEHPCR，則可以檢驗住房擔保效應與財富效應的強弱是否會受到家庭借貸約束的影響，得到模型（3-11）如下：

$$\begin{aligned} GDP_{i,t} = &\alpha_0 + \alpha_1 GDP_{i,t-1} + \alpha_2 EHP_{i,t} + \alpha_3 EHPIDX_{i,t} + \alpha_4 EHPCR_{i,t} + \\ &\alpha_5 UEHP_{i,t} + \alpha_6 UEHPIDX_{i,t} + \alpha_7 UEHPCR_{i,t} + \alpha_8 EMP_{i,t} + \\ &\alpha_9 INV_{i,t} + \alpha_t + \alpha_i + \varepsilon_{i,t} \end{aligned} \quad (3-11)$$

3.2.3.2 數據說明

由於中國地區經濟發展極不平衡，而房地產市場又具有較大的異質性，因此對房地產問題的研究不應局限於國家層面，而應深入到地區（包括省級或城市）層面。本書所採用的數據為中國 31 個省（市）關於地區生產總值（GDP）、固定資產投資（INV）、住宅商品房銷售價格（HP）、商品房竣工房屋造價（COS）、年末總人口（POP）、年末從業人員（EMP）、城鎮家庭平均每人年收入（INC）、房地產商資金來源小計（FIN）和金融市場自由化指數（IDX）的省級面板數據。IDX 數據來源于樊綱等的《中國市場化指數》，其他數據均來源於中國經濟統計數據庫綜合年度庫，時間區間為 2000—2016 年。

對數據的具體處理過程如下：首先，將 2000 年的居民消費價格指數設為 100，然後以 2001 年以來的居民消費價格指數的環比增長率和同比增長率來構造一個以 2000 年為基期的定基物價指數。其次，利用已構造的定基物價指數對 GDP、INV、HP、COS、FIN 進行物價調整，從而獲得各經濟變量的實際值。由於城鎮家庭平均每人全年實際收入（INC）已經是實際值，所以不需要對此數據進行物價調整。最後，由於各省（市）經濟發展極不平衡且各具特點，各經濟變量的水準值並不具有橫向可比性，因此對全部變量進行對數差分，從而獲得各變量的增長率形式。住房抵押率（CR）為住房價值與家庭年收入之比，住房價值為房價乘以平均家庭住房面積，而家庭年收入為家庭人均收入乘以家庭平均人口，按一個三口之家的 80 平方公尺標準住房來計算 CR（楊文武，2003）。表 3-1 給出了主要變量（增長率形式）的描述性統計結果。

表 3-1　變量描述性統計結果

變量	樣本量	均值	標準差	最小值	最大值
GDP	527	0.121	0.040	−0.070	0.236
HP	527	0.088	0.102	−0.619	0.428
INC	527	0.114	0.033	−0.111	0.225
COS	527	0.058	0.112	−0.488	0.558
POP	527	0.008	0.014	−0.057	0.111
EMP	527	0.022	0.024	−0.047	0.238
INV	527	0.195	0.081	−0.081	0.495
FIN	527	0.276	0.156	−0.726	0.847
IDX	527	0.122	0.264	−0.886	2.046

3.2.4　實證結果分析

3.2.4.1　房價變動分解

表 3-2 給出了式（3-7）的兩階段系統矩估計的迴歸結果。由於模型（3-7）的解釋變量中出現被解釋變量的滯後項（$HP_{i,t-1}$），因此需要使用工具變量來解決其內生性問題。另外，經面板因果關係測試，發現式（3-7）中存在由 HP 到 GDP 的單向因果關係，因此，在兩階段系統矩估計中將 GDP 作為內生變量來進行處理。工具變量的選擇遵循採用水準值的滯後項作為差分變量的工具變量，而採用差分變量的滯後項作為水準變量的工具變量的原則，下文同理。為檢驗工具變量的合理性，本書執行 Sargan 檢驗。Sargan 檢驗的原假設為無過度識別約束（Over-Identifying Restriction）問題，工具變量使用合理。在這裡，原假設不能被拒絕，即通過了過度識別檢驗。另外，差分方程的殘差也不存在二階序列相關，這也說明工具變量的選取和模型的設定較為合理。據此，下文將進一步討論迴歸結果在經濟上的意義。

表 3-2 第（5）列結果顯示：經濟增長對房價的影響顯著為正，說明宏觀經濟狀況是影響房價的重要外部因素；家庭收入和人口從需求角度對城市房價具有推動作用；房屋建築成本從供給角度對城市房價具有顯著的正向影響。保存迴歸結果的擬合值和殘差，分別記為 EHP 與 UEHP，用於下文分析房價變動的不同組成部分與經濟增長的關係。

表 3-2　房價分解結果

變量	(1) HP	(2) HP	(3) HP	(4) HP	(5) HP
L. HP	-0.069***	-0.075***	-0.079***	-0.075***	-0.070***
	(-6.920)	(-4.210)	(-4.060)	(-4.840)	(-3.710)
GDP	0.583***	0.863***	0.946***	1.196***	1.153***
	(5.720)	(6.360)	(7.970)	(7.060)	(5.700)
INC		0.410***	0.470***	0.389***	0.370***
		(5.480)	(6.950)	(6.390)	(6.050)
POP			1.710***	1.607**	0.915***
			(3.460)	(2.400)	(3.630)
COS				0.142***	0.134***
				(6.260)	(4.540)
FIN					0.007
					(0.420)
時間固定	有	有	有	有	有
省市固定	有	有	有	有	有
AR (2)	0.470	0.466	0.443	0.425	0.418
Sargan Test	1.000	1.000	1.000	1.000	1.000
N	496	496	496	496	496

註：括號內報告的為 t 值，表中 *、**、*** 分別表示在10%、5%、1%水準上影響顯著，以下同理。AR (2) 檢驗的原假設為差分後的殘差項不存在二階序列相關性，而 Sargan 檢驗的原假設為過度識別有效，表中報告的是 AR (2) 與 Sargan 檢驗統計量的 P 值，下文同理。

3.2.4.2　住房價格變動的擔保效應與財富效應

表3-3 報告了模型 (3-8) 的兩階段系統矩估計結果，可以發現，表3-3 中的估計結果全部通過迴歸殘差二階序列相關性檢驗與 Sargan 檢驗。從第 (3) 列的結果可以發現 EHP 對經濟增長的影響顯著為正，而 UEHP 對經濟增長的影響顯著為負。按照 Campbell 和 Cocco (2007) 的解釋，基本經濟面可解釋部分的房價變動捕捉了房產的擔保效應，而不可解釋部分的房價變動捕捉了房產的財富效應。因此，系統矩估計結果說明中國的住房具有明顯的正擔保效應，而存在較弱的負財富效應，房產擔保效應的絕對值顯著大於財富效應的絕對值。此外，固定資產投資 (INV) 和勞動力投入 (EMP) 對經濟發展具有顯著的正向影響，這和經濟理論相符。另外，表3-3 第 (4) 列的結果則說明房價總體變動 (HP) 對經濟增長具有促進作用。

對於住房財富效應為負的結論，這與李成武（2010）等的研究結論類似，可能是房價過快上漲降低了居民的購房意願，使其對住房裝飾品等建材的消費拉動作用降低，並迫使居民通過壓縮消費性支出和增加預防性儲蓄來應付不斷增加的未來購房支出，這就阻礙了房產正財富效應的發揮。實證結果證實房價主要通過信貸渠道作用於實體經濟，那麼當房產市場持續低迷，引起實體經濟衰退時，貨幣當局可以通過放寬信貸，緩解家庭借貸約束，從而達到刺激經濟的目的。

表 3-3　住房擔保效應與財富效應

變量	(1) GDP	(2) GDP	(3) GDP	(4) GDP
L. GDP	-0.050	-0.112**	-0.043	0.049
	(-1.440)	(-2.510)	(-1.580)	(1.020)
EHP	0.666***	0.637***	0.648***	
	(23.020)	(21.030)	(26.250)	
UEHP	-0.020***	-0.019**	-0.023***	
	(-3.620)	(-3.230)	(-3.520)	
HP				0.077***
				(3.830)
INV		0.054***	0.045***	0.171***
		(3.550)	(2.770)	(8.850)
EMP			0.207***	0.279***
			(5.620)	(3.730)
時間固定	有	有	有	有
省市固定	有	有	有	有
AR (2)	0.953	0.586	0.471	0.754
Sargan Test	0.976	0.993	0.990	0.996
N	496	496	496	496

3.2.4.3　時間結構差異

表 3-4 第（4）列匯報了模型（3-9）的估計結果，結果顯示，交叉項 EHPDUM 與 UEHPDUM 影響顯著為正，說明住房的擔保效應與財富效應在 2004 年之後顯著增強。在 2004 年之前，住房的擔保效應和財富效應分別為 0.386 和 -0.051，而在此之後，擔保效應與財富效應分別增長了 0.231 與 0.034，這意味著中國房產的擔保效應與財富效應在 2004 年出現了結構性斷

點。另外，固定資產投資（INV）和勞動力投入（EMP）對經濟發展具有顯著的正向影響，這與前文的估計結果一致。

表 3-4　時間結構性差異

變量	(1) GDP	(2) GDP	(3) GDP	(4) GDP
L. GDP	−0.050	0.010	−0.030	−0.102
	(−1.440)	(0.260)	(−1.000)	(−1.660)
EHP	0.666***	0.462***	0.454***	0.386***
	(23.020)	(13.140)	(13.630)	(8.590)
EHPDUM		0.230***	0.231***	0.231***
		(11.150)	(11.280)	(11.230)
UEHP	−0.020***	−0.070***	−0.062***	−0.051***
	(−3.620)	(−5.870)	(−5.680)	(−4.560)
UEHPDUM		0.039***	0.032**	0.034**
		(2.940)	(2.340)	(2.380)
INV			0.045***	0.051***
			(3.480)	(3.870)
EMP				0.192***
				(5.280)
時間固定	有	有	有	有
省市固定	有	有	有	有
AR（2）	0.953	0.239	0.513	0.584
Sargan Test	0.976	0.999	1.000	1.000
N	496	465	496	496

3.2.4.4　金融市場自由化程度

表 3-5 給出了模型（3-10）的兩階段系統矩估計結果。從第（4）列的估計結果中可以發現，交叉項 EHPIDX 與 UEHPIDX 影響顯著為正，說明住房的擔保效應與財富效應均和金融市場自由化程度顯著正相關。在金融市場自由化程度較高、金融體系健全的地區，抵押借貸產品較多，居民能以較低的交易成本從金融市場上獲得住房權益增值抵押貸款和通過房屋租賃及交易來獲得房價變動所產生的資本利得，這對房產變動的擔保效應與財富效應有極大的促進作用。Aoki 等（2004）的研究表明發生在歐美國家的金融市場自由化改革明顯加大了房價變動對居民消費支出的影響力度。

表 3-5　財富效應、擔保效應與金融市場自由化程度

變量	(1) GDP	(2) GDP	(3) GDP	(4) GDP
L. GDP	-0.050 (-1.440)	-0.119*** (-3.340)	-0.100** (-2.350)	-0.117*** (-2.770)
EHP	0.666*** (23.020)	0.338*** (15.410)	0.350*** (12.260)	0.351*** (12.000)
EHPIDX		0.411*** (4.410)	0.464*** (5.030)	0.447*** (4.810)
UEHP	-0.020*** (-3.620)	-0.077*** (-5.350)	-0.076*** (-4.740)	-0.074*** (-4.060)
UEHPIDX		0.096*** (3.440)	0.087*** (2.800)	0.088*** (2.670)
INV			-0.035* (-1.910)	-0.029 (-1.220)
EMP				0.005 (0.160)
時間固定	有	有	有	有
省市固定	有	有	有	有
AR (2)	0.953	0.387	0.718	0.662
Sargan Test	0.976	0.849	0.896	0.906
N	496	465	496	496

3.2.4.5　家庭借貸約束

表 3-6 第（5）列匯報了模型（3-11）的估計結果，結果顯示，交叉項 EHPCR 顯著為負，說明當家庭面臨的借貸約束越弱時，住房的擔保效應減弱，這是因為只有借貸約束越緊的房產持有者才越有動機將住房作為借貸抵押品來獲取消費支出所需的流動性。另外，交叉項 UEHPCR 顯著為正，說明住房擔保率（CR）越高，房價變動的財富效應增強，這是因為住房擔保率越高，住宅財富占人力財富的比重越大（因為人力財富是未來收入的現值，而未來的收入又與現在的收入相關），因此住宅財富在家庭總財富中的比重越大，而同一比例的房價上漲幅度將會引起家庭總財富增長更多，從而帶動消費，使社會總需求（產出）增加。總而言之，表 3-6 的結果說明家庭借貸約束越弱，住房的擔保效應越弱，而財富效應越強。

表 3-6　財富效應、擔保效應與借貸約束

變量	(1) GDP	(2) GDP	(3) GDP	(4) GDP	(5) GDP
L. GDP	−0.050	−0.119***	−0.100**	−0.117***	−0.121***
	(−1.440)	(−3.340)	(−2.350)	(−2.770)	(−2.820)
EHP	0.666***	0.338***	0.350***	0.351***	0.339***
	(23.020)	(15.410)	(12.260)	(12.000)	(3.620)
EHPIDX		0.411***	0.464***	0.447***	0.439***
		(4.410)	(5.030)	(4.810)	(5.030)
EHPCR					−0.148***
					(3.340)
UEHP	−0.020***	−0.077***	−0.076***	−0.074***	−0.053***
	(−3.620)	(−5.350)	(−4.740)	(−4.060)	(−3.130)
UEHPIDX		0.096***	0.087***	0.088***	0.074***
		(3.440)	(2.800)	(2.670)	(2.570)
UEHPCR					0.033**
					(2.530)
INV			−0.035*	−0.029	−0.049
			(−1.910)	(−1.220)	(−1.050)
EMP				0.005	0.008
				(0.160)	(0.220)
時間固定	有	有	有	有	有
省市固定	有	有	有	有	有
AR (2)	0.953	0.387	0.718	0.662	0.753
Sargan Test	0.976	0.849	0.896	0.906	0.913
N	496	465	496	496	465

3.2.5　研究結論與政策建議

　　住房價格主要通過擔保效應和財富效應對經濟增長產生影響，但不同的影響渠道卻包含著截然不同的政策含義。例如，當房市出現低迷時，住房價格主要通過擔保效應引起經濟增長放慢，也就是說住房主要通過信貸渠道來影響宏觀經濟，那麼央行可以通過放鬆信貸來刺激經濟；相反，如果經濟的衰退是由房價的財富效應所引起的，也就是說居民感覺變得比以前更窮了，因而減少消費支出，那麼通過放鬆信貸對經濟的刺激作用則不大。

本書通過於樊綱與一個簡單的數理模型分析了住房價格通過擔保效應與財富效應影響經濟增長的理論機制：財富效應對居民消費的影響具有不確定性，主要受住房分布結構及擁有量等情況的影響；擔保效應對社會產出具有正向影響。在實證研究方面，本書以中國 31 個省（市）2000—2016 年的面板數據為研究樣本，通過建立動態面板模型發現：①房價變動影響經濟增長的擔保效應顯著為正，而財富效應顯著為負，擔保效應的絕對值顯著強於財富效應的絕對值，房價總體變動對經濟增長具有促進作用；②房價對經濟增長的影響作用具有時間結構性差異，在 2004 年之後，房價變動的擔保效應和財富效應均明顯增強；③在金融市場自由化程度越高的地區，房價變動的財富效應與擔保效應均有所增強；④當家庭面臨的借貸約束較弱時，住房的擔保效應變得更弱，而財富效應則會增強。

基於本書的研究結論，提出如下四點政策建議：第一，為有效發揮住房財富效應對經濟增長的促進作用，一方面，在房價上漲的同時，應保持居民收入與房價的同步提高，防止低收入群體的購房慾望對消費的擠出效應；另一方面，在中國城鎮居民住宅自有化程度已經較高的情況下，住房的貶值會惡化家庭的資產負債情況，導致消費支出減少，因此需要防止房價的大起大落。第二，積極推進住房抵押權益變現貸款產品的創新，逐漸放寬金融創新管制，為居民通過住房權益變現來為其提供流動性創造制度保障。第三，大力發展和完善住房租賃市場以及存量房交易市場，增加居民住房資產的流動性，降低住房市場交易成本，為居民通過住房資產租賃與交易來提高消費水準提供市場條件。第四，由於在中國房產影響經濟增長的擔保效應顯著強於財富效應，也就是說房價主要通過信貸渠道來影響宏觀經濟，那麼當房價的急遽下跌引起經濟增長放慢時，政府部門可以通過放寬信貸來刺激經濟增長；當住房價格急遽膨脹時，政府可以通過緊縮信貸來防止房價通過擔保效應造成的經濟過熱，從而達到穩定宏觀經濟的目的。

3.3 股價變動與經濟增長互動關係的理論分析與實證研究

在當前經濟形勢下，股票價格波動與宏觀經濟狀況的聯繫越來越緊密，股價包含了未來經濟變動的重要信息，通常被當作宏觀經濟走勢的「晴雨表」，而宏觀經濟狀況又是影響股票價格變動的重要因素之一。然而，從研究資產價格波動與宏觀經濟狀況關係的相關文獻中可以看出，對於股價變動與宏觀經濟

之間是否存在上述的邏輯關係還存在著一些爭議。

　　Fama（1981）以美國1953—1977年的相關數據研究了宏觀經濟真實變量與股票回報間的相互影響關係。一方面，他認為宏觀經濟中的真實變量決定著股票回報的高低；另一方面，他認為普通股回報與資本支出、資本回報率以及產出等真實變量正相關，更為確切地，股票回報可以理性地預測這些真實變量的變化。Canova和Gianni（1995）運用多國經濟週期模型，從一般均衡的角度研究了股票回報與真實經濟活動之間的關係。實證結果顯示國內產出與國內股票回報存在著顯著的正相關性，當把國外影響因素納入模型中，兩者的相關性更強。Aylward和Glen（2000）以23個國家為研究樣本，其中15個為發展中國家，研究了這些國家的股票市場價格對未來經濟（包括GDP、消費和投資）的預測能力。文章發現對於不同的國家而言，股票市場價格的預測能力有所不同，但總體來說，G7國家的股市對未來經濟的預測能力要顯著強於新興國家。Hassapis和Kalyvits（2002）對Turnovsky（1995）與George（1995）的理論模型進行改良後，從理論推導的角度得出股價變動與將來的經濟增長正相關，而現在的經濟增長與將來的股價負相關。然後文章以G7國家作為研究樣本，運用向量自迴歸技術（VAR）驗證了股價變動與產出增長的關係，實證結果與理論模型預測一致。

　　以上文獻均發現股價波動會對宏觀經濟造成影響，但也有學者認為股市發展與宏觀經濟不相關。Harris（1997）選擇49個國家（包括發達國家和發展中國家）作為研究樣本，發現股市波動性的提高降低了交易成本和促進了風險的分散，但與此同時也活躍了資產二級市場，因而將投資者的新增資本吸引到現有資產的購買，而不是促進新興資本的形成，這種儲蓄轉流便成為經濟增長的重要阻礙，因此，股市與經濟增長的關係不強且在統計上影響不顯著，這在欠發達國家中表現得更為突出。Binswanger（2000）參照Fama（1990）的迴歸方法，文章把整個樣本區間（1953—1995）劃分為（1953—1965）和（1984—1995）兩個子樣本區間，基於總樣本及第一個子樣本數據得到的研究結論認為目前的股票回報對將來的經濟增長具有解釋力。但文章同時發現股票與將來實際產出的正相關關係在1980年之後變得不再顯著，這是因為泡沫的存在使股票價格的變動脫離了將來實體經濟的變化。

　　以上文獻均是從實證研究的角度探討了股票市場變動與經濟增長之間的相關關係，但由於計量方法或樣本數據的選取不同，實證結論易出現偏差且缺乏理論解釋力。本書首先通過構建理論模型來分析股價變動與經濟增長之間的互動關係，然後基於中國的經濟數據，利用向量自迴歸模型（VAR）對理論模型

所得的結論進行實證檢驗，因此本書的實證研究結論具有較強的理論說服力。

3.3.1 理論模型

本小節參照 Turnovsky（1995）和 George（1995）的理論分析框架，通過構建理論模型來分析經濟增長與股票價格變動之間的關係。下面首先對整個經濟的主體行為進行描述，假設整個經濟中包括企業和家庭，家庭為企業提供勞動力從而獲得工資性收入，家庭同樣可以以股票分紅和債券利息的形式獲得其他收入，家庭的消費儲蓄決策決定了對公司所發行的債券的需求量。企業通過雇傭勞動力進行生產，企業在每一期決定生產利潤如何在擴大投資、股利發放和利息返還中進行分配，其中企業投資受調節成本的約束，同時投資所需的資金來源於股票與債券的發放。

經濟中有無數的家庭，其行為可以用一個典型的家庭來進行描述，假設家庭通過選擇消費與勞動力去實現無限跨期效用最大化，即：

$$\max_{c, l} \int_0^\infty e^{-\rho t} U(c, l) \, dt \qquad (3-12)$$

在式（3-12）中，ρ 為時間偏好。效用函數同時滿足如下假定：$u_c > 0$，$u_l < 0, u_{cc} < 0, u_{ll} < 0, u_{cl} < 0$。家庭所面臨的預算約束為 $\dot{b} + c + s\dot{E} = wl + rb + D + (s\dot{E})$，其中 b 表示公司債券，r 為真實利率，E 表示所發行的公司股票數，s 為股價，w 和 D 分別為真實工資和真實股利。從預算約束可以看出，家庭的收入來源於勞動收入、利息收入、股利以及由於股權資本價值變動所產生的資本利得，家庭支出則包括消費和以購買債券和股票進行儲蓄的行為。家庭預算約束可以簡化為如下形式：

$$\dot{b} + c = wl + rb + D + sE \qquad (3-13)$$

假設初始條件為 $b(0) = b_0$，$c(0) = c_0$，則一階條件可以表示為：

$$w = -\frac{u_c}{u_l} \qquad (3-14)$$

$$r = i + \frac{\dot{s}}{s} \qquad (3-15)$$

在式（3-15）中，$i = D/sE$，即股利與股權價值比。式（3-14）決定了勞動力供給的真實工資率，而式（3-15）說明債券的真實利率等於股利與股權價值比與資本利得之和，並將其定義為股權價格的變化。

接下來定義經濟中的供給方（企業）的生產行為，假設經濟中存在大量的競爭性企業，企業 i 的生產函數可表示為如下形式：

$$Y_i = Y(K_i, l_i) = AK_i^\alpha (hl_i)^{1-\alpha} \qquad (3-16)$$

在上式中，Y_i、K_i和l_i分別表示企業i的產出、資本與勞動力投入，A為固定的技術參數，並認為$A > 0$，h表示人均工人資本，而α和$1-\alpha$分別表示資本與勞動力投入的相對比重。如果把社會中的累計總資本量視為一個整體，那麼現存所有廠商的人均累計總資本參數$h = K/l$，並假設這一數值保持穩定。在給定總資本存量的前提下，由於$0 < \alpha < 1$，由式（3-16）可以看出，企業的資本回報明顯遞減。

$$\prod = Y(K, l) = wl \qquad (3-17)$$

式（3-17）定義為企業的毛利潤，它等於所發放的股利、債券利息與淨利潤之和，即$\prod = D + R + rb$，其中R定義為淨利潤。把企業的投資成本設定為二次函數式，即認為投資成本首先隨著投資量的增加而減少，當投資額大於現有生產要素的生產能力時，會造成投資成本上升，企業i的投資成本函數為$I[1 + \Phi I/2K]$，I表示私人投資量，而Φ為投資調節參數，並認為$\Phi > 0$。因此，企業的淨現金流可以表示為如下形式：

$$\prod{}' = Y(K, l) - wl - I\left[1 + \frac{\Phi}{2}\left(\frac{I}{K}\right)\right] \qquad (3-18)$$

企業的融資預算為淨利潤與發行新股和債券所得收益之和，並等於投資成本，即：

$$R + s\dot{E} + b = I\left[1 + \frac{\Phi}{2}\left(\frac{I}{K}\right)\right] \qquad (3-19)$$

定義企業所發行證券的市場價值為$V = sE + b$，對V求時間的導數，得到$\dot{V} = \dot{s}E + s\dot{E} + \dot{b}$，結合式（3-15）、式（3-19）及$\prod = D + R + rb$，可以得到：

$$\dot{V} = \left[r\frac{b}{v} + \left(i + \frac{\dot{s}}{s}\right)\frac{sE}{v}\right]V - \prod \qquad (3-20)$$

式（3-20）右端方括號內的第一項為公司債券的真實成本，而第二項為股權資本的真實成本，因此資本的真實成本為θ，即：

$$\theta = r\frac{b}{v} + \left(i + \frac{\dot{s}}{s}\right)\frac{sE}{v} \qquad (3-21)$$

從式（3-21）中可以發現，真實的資本成本獨立於企業的生產決策行為（投資與雇傭勞動力），這與Turnovsky（1995）的研究結論一致。

企業i的無限期問題是最大化淨現金流的折現值，而約束條件為生產函數和資本累計方程式，如下所示：

$$\sum_{l,I} \max \int_0^\infty e^{-\int_0^t \theta(\tau)d\tau} \left\{ F(K_i, l_i) - w_i l_i - \left[1 + \frac{\Phi}{2}\left(\frac{I_i}{K_i}\right)\right] I_i \right\} dt$$

s. t: $Y_i = Y(K_i, l_i) = AK_i^\alpha (hl_i)^{1-\alpha}$

$\dot{K}_i = I_i - \delta K_i$

通過對 h 進行替代並對企業進行加總，上述最佳化問題的一階條件為：

$$w = A(1-\alpha)\left(\frac{K}{l}\right) \quad (3-22)$$

$$\frac{I}{K} = \frac{q-1}{\Phi} \quad (3-23)$$

$$\theta = \frac{\dot{q}}{q} + \frac{A\alpha}{q} + \frac{(q-1)^2}{2q\varphi} - \delta \quad (3-24)$$

$$\lim_{t\to\infty}(qe^{-\int_0^t \theta(\tau)d\tau} K) = 0 \quad (3-25)$$

q 表示資本的影子價格。式（3-22）說明真實工資率等於邊際勞動產量。式（3-23）則說明私人投資量是資本影子價格的增函數，但和調節成本參數 Φ 呈反向變動關係。式（3-24）說明真實資本成本是資本影子價格、調節成本參數和折現率的函數。式（3-25）則給出了橫截性條件。

下面將接著證明企業資產的市場價格為企業所發證券的市場價值 V 與現存資本存量 K 之比。根據式（3-20）和資本真實成本的定義，可以得到 $\dot{V} = \theta V - \prod'$，然後把式（3-22）和式（3-23）代入到式（3-17），再結合式（3-17）和式（3-24），經過一系列整理可得：

$$\dot{V} = \left[\frac{\dot{q}}{q} + \frac{A\alpha}{q} + \frac{(q-1)^2}{2q\Phi} - \delta\right] V - \left[A\alpha - \frac{(q^2-1)}{2\Phi}\right] K \quad (3-26)$$

參考 Turnovsky（1995）的做法，定義 $v = V/qK$，該方程意味著 $\dot{v}/v = \dot{V}/V - \dot{q}/q - \dot{K}/K$，用 $\dot{V}$ 和式（3-23）對資本累計方程所產生的資本增長率進行替代，可以得到：

$$\frac{\dot{v}}{v} + \frac{q-1}{\Phi} = \left[\frac{A\alpha}{q} + \frac{(q-1)^2}{2q\Phi}\right] - \left[A\alpha + \frac{(q^2-1)}{2\Phi}\right](vq)^{-1} \quad (3-27)$$

求解 $\dot{v}$，可以得到：

$$\dot{v} = \left[\frac{A\alpha}{q} - \frac{(q^2-1)}{2q\Phi}\right] \quad (3-28)$$

當 $v = 1$ 時，式（3-28）具有唯一的穩定解，此時可得：$q = V/K$，即企業資產市場價值與資本存量之比，也就是單位資本存量所體現的市場價格，表現為該企業股票的市場價格，這與 Turnovsky(1995) 的結論一致。因此，本書證

明了企業資本的市場價格恰好等於該企業股票的價格。

根據企業生產函數式（3-16）可以看出，經濟成長率與資本的增長率相等，即：$\dot{Y}_t/Y_t = \dot{K}_t/K_t$。

用 g_k 來代表資本的增長率，再結合式（3-23）和資本累積方程式，可得：$g_Y = g_k = [(q-1)/\Phi] - \delta$，將此式代入到式（3-24）中便可求解出真實股票價格變動率：

$$\frac{\dot{q}}{q} = -\frac{A\alpha}{q} - \frac{\Phi(g_Y + \delta)^2}{2q} + (\delta + \theta) \qquad (3-29)$$

當把式（3-29）中的 $\dot{q}$ 設定為 0 時，便可以求解穩定狀態時經濟增長率 $\overline{g_Y}$ 與股票價格 $\bar{q}$ 之間的關係：

$$\bar{q} = \frac{A\alpha}{(\theta + \delta)} + \frac{(\overline{g_Y} + \delta)^2}{2(\theta + \delta)} \qquad (3-30)$$

從式（3-30）中可以得出如下結論：如果企業以追求利潤最大化為目標，在經濟達到穩定狀態時，股票價格與經濟增長正相關，即經濟增長率的提高有利於股價的提高，而股票市場的繁榮同樣也促進了經濟增長。

3.3.2 實證研究模型與數據情況

3.3.2.1 向量自迴歸模型（VAR）

由於傳統的計量方法不能對模型中各變量的動態關係進行嚴密的分析，而且變量的內生性問題使得傳統的結構性模型的估計與推斷變得相當困難，而向量自迴歸模型（VAR）的出現則避免了結構建模方法對具有相互關聯的變量間內生性問題解決的複雜性。VAR 模型將系統中的每個內生變量表示為自身和系統中其他內生變量滯後項的函數，並用於分析隨機擾動項對系統中所有變量的動態衝擊，從而解釋了各種經濟衝擊對系統中經濟變量的影響。自從西姆斯於 1980 年將 VAR 模型引入經濟學中，向量自迴歸模型就在經濟系統動態建模分析中得到了較為廣泛的運用。

由於股價與經濟增長之間可能存在著較強的相互影響關係以及一些共同的變動趨勢，因此單一線性方程會由於對變量間內生性問題處理不足，導致模型的估計精度和迴歸係數的顯著性有所降低。因此本書採用向量自迴歸模型（VAR）來建立一個包括股價與產出的兩變量 VAR 系統，從而分析股價與經濟增長的相互動態影響。兩變量的 VAR（2）模型設定如下：

$$Y_t = A_0 + \sum_{i=1}^{p} A_i Y_{t-i} + \mu t \qquad (3-31)$$

其中 Y_t 是包括股價與產出的 2×1 維內生變量，A_0 為 2×1 維截距向量，A_i 為 2×2 維係數矩陣，μ_t 為 2×1 維誤差項向量，P 為變量滯後階數。

3.3.2.2 數據說明

選取2001年第1季度至2016年第4季度中國的國內生產總值、上證指數數據來進行實證分析，相關數據的來源與具體處理過程如下：

經濟增長率（RGDP）：GDP季度累計數據來源於中經網統計數據庫，首先用本季度的累計數值減去上季度的累計值即可得到本季度的名義產出值。然後用季度CPI對名義GDP進行物價調整得到季度的實際GDP①。由於季度數據具有很強的季節性，故用X-11對其進行季節調整。為保證研究變量在量綱上的統一，筆者對原始數據進行對數化處理，將經濟增長率定義為國內生產總值的對數增長率。

股市收益率（RSP）：本書採用上證指數來衡量樣本區間內中國股市的發展情況，數據來源於CSMAR股票市場研究系列數據庫。首先用季度開盤價與收盤價的平均值來衡量季度股價水準，並利用同季度CPI指數進行物價調整得到真實股價，然後對實際股指取對數，將股市收益率定義為季度股價的對數增長率。

3.3.3 實證結果分析

3.3.3.1 單位根檢驗

在進行後文的實證分析之前，需要檢驗研究變量的平穩性，以防止出現偽迴歸現象。採用ADF進行單位根檢驗，檢驗方程式的形式根據各變量的時序圖來確定，而各變量的滯後階數用AIC準則來確定，ADF的檢驗結果如表3-7所示。ADF檢驗結果顯示，變量RGDP和RSP不存在單位根過程，均服從I(0)，因此可以進行後續分析。

表3-7 單位根檢驗結果

變量	ADF (c, t, k)	P值	結論
RGDP	-7.136 (1, 0, 0)	0.000	平穩
RSP	-2.502 (0, 0, 4)	0.014	平穩

註：表中 c 表示是否帶漂移項，t 表示是否帶趨勢項，k 表示滯後階數。

---

①首先，將CPI處理為以2001年1月為100的定基月度數據，然後再對月度CPI進行季度內平均得到CPI的季度數據，居民消費物價指數來源於中經網統計數據庫。

3.3.3.2 Granger 因果檢驗

此部分運用 Granger 因果檢驗來分析股票收益率與經濟增長率之間的因果關係，根據各種信息準則確定最佳的滯後階數為 4 階，表 3-8 給出了相應的 Granger 因果檢驗結果。結果顯示，Granger 檢驗原假設在 1% 水準上得到拒絕，說明上證指數收益率與經濟增長率之間互為 Granger 因果關係，即股市發展對經濟增長具有促進作用，而經濟增長能在股票市場上得以體現，這與 Gallinger (1994) 提出的股市發展與經濟增長相互影響的觀點相一致。

表 3-8　Granger 因果關係檢驗

原假設	觀測數	P 值	結論
RSP 不是 RGDP 的 Granger 原因	39	0.000	拒絕
RGDP 不是 RSP 的 Granger 原因	39	0.003	拒絕

3.3.3.3 脈衝響應函數

在利用脈衝響應函數來分析股票收益率（RSP）與經濟增長率（RGDP）之間的動態關係前，需要估計一個包括股票收益率（RSP）和經濟增長率（RGDP）的兩變量簡約型向量自迴歸（VAR）模型，根據各種資訊準則選擇變量滯後階數為 4 階①。首先，VAR 系統穩定性檢驗（見附錄 1 圖 1）結果顯示 VAR 所有單位根的模均位於單位圓以內，這說明 VAR 系統是穩定的。其次，基於殘差的 Jarque-Bera 檢驗、峰度和偏度檢驗（見附錄 1 表 1）均不能拒絕 VAR 的殘差服從正態分布的原假設。最後，基於殘差的序列相關檢驗（見附錄 1 表 2），認為殘差在滯後 5 期內均不存在序列相關。以上檢驗說明本書建立的 VAR 系統表現較好，可以用於後續的脈衝響應分析。

圖 3-2 給出了 VAR 系統中各變量對來自自身及其他變量衝擊的脈衝響應函數，縱軸表示脈衝響應強度，橫軸表示追蹤基數。

首先，分析經濟增長率對自身及股票收益率衝擊的反應。經濟增長率對來自自身的衝擊在第 1 期反應為正，在第 2 期減少為負並達到最低點 -0.003，然後逐漸上升，在第 5 期達到最大值 0.006，接著下降並在 0 標準線附近波動；經濟增長率對於來自股價的衝擊在前 6 期反應為正，並在第 2 期達到最大值 0.004，在第 6 期之後開始圍繞 0 標準線波動。

其次，分析股票收益率對自身及經濟增長衝擊的反應。股價對來自經濟增長率的衝擊在前 5 期內反應為正，並在第 4 期達到最大值 0.061，然後下降並

---

① 雙變量 VAR 模型的變量順序不會對脈衝響應函數特徵造成影響。

穩定在 0 標準線附近；股價對自身的一個標準差擾動在前 5 期反應為正，並在第 1 期便達到最大值 0.084，之後逐漸下降，在第 6 期達到最小值 -0.043，然後上升並在 0 標準線附近波動。

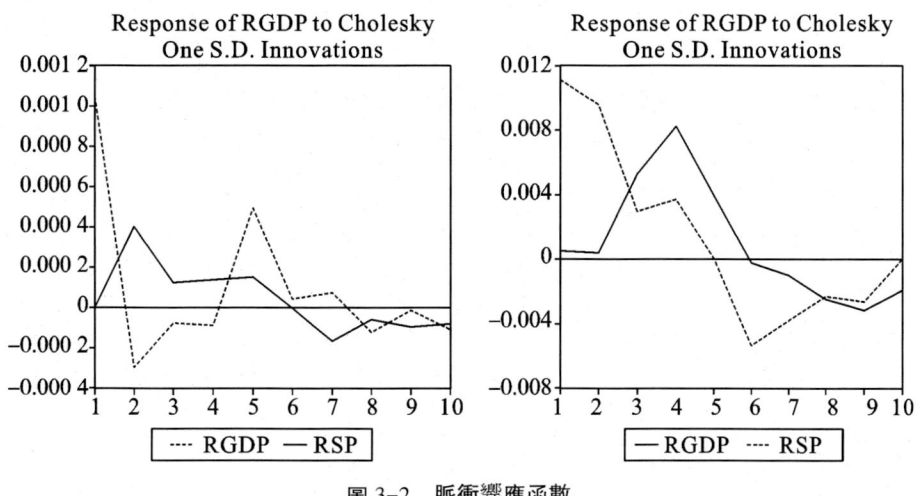

图 3-2 脈衝響應函數

图 3-3 給出了經濟增長率（股票收益率）對股票收益率（經濟增長率）衝擊的累計脈衝響應函數。可以發現，在整個觀察期內經濟增長率（股票收益率）對股票收益率（經濟增長率）衝擊的累計脈衝響應為正，但從回應強度來看，股票收益率對經濟增長率衝擊的回應強度要明顯大於經濟增長率對股票收益率衝擊的回應強度。

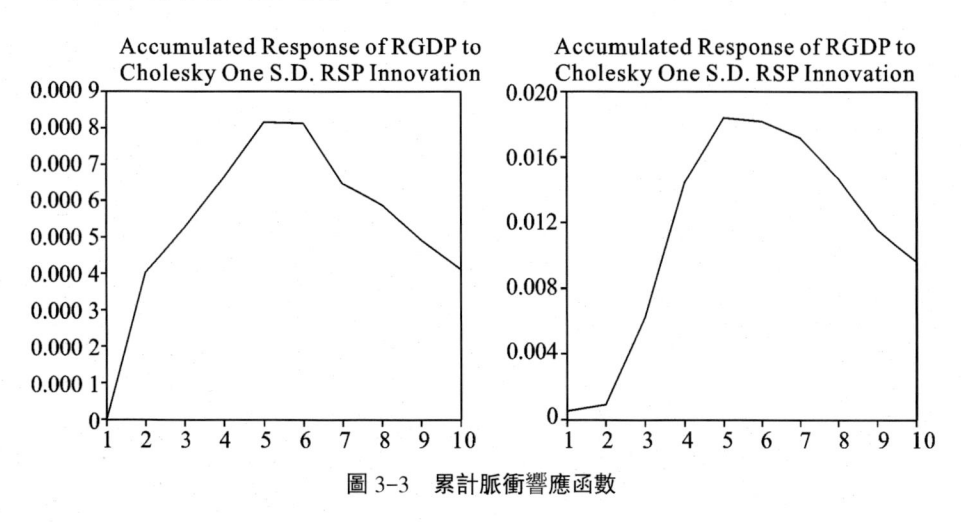

图 3-3 累計脈衝響應函數

綜合上述脈衝響應函數的相關信息，可以發現中國經濟增長率與股票收益率表現出較強的正向交互影響，並且經濟增長率對股票收益率的影響明顯大於股票收益率對經濟增長率的影響。

3.3.3.4 方差分解

方差分解描述了對 VAR 系統中各變量產生影響的各個隨機擾動的相對重要性信息。首先，經濟增長率在第 1 期僅表現為自身的變動，從第 2 期後經濟增長率自身的影響逐漸下降，並從第 5 期開始基本穩定在 85% 左右。從第 2 期開始，股票收益率對經濟增長率的影響逐步增強，在第 7 期之後股票收益率對經濟增長率的貢獻度基本保持在 15% 左右的水準。其次，股價收益率從第 1 期開始就受到自身及經濟增長率波動的影響。股價對自身的影響在第 4 期基本達到穩定，貢獻率維持在 66% 左右。經濟增長率對股市收益率的影響從第 1 期開始就逐步增強，並在第 4 期開始達到穩定，貢獻率維持在 33% 左右（見表 3-9）。綜合以上分析，可以看出相對於股票收益率對經濟增長率的影響強度而言，經濟增長率對股票收益率的影響力度更大。

表 3-9　方差分解結果

Period	經濟增長率方差分解 RGDP	RSP	股票收益率方差分解 RGDP	RSP
1	100	0	1.259,741	98.740,26
2	87.478,16	12.521,84	2.098,911	97.901,09
3	86.651,69	13.348,31	16.527,23	83.472,77
4	85.283,22	14.716,78	31.963,67	68.036,33
5	86.031,64	13.968,36	33.529,6	66.470,4
6	86.041,43	13.958,57	31.315,93	68.684,07
7	84.083,68	15.916,32	31.126,51	68.873,49
8	84.196,38	15.803,62	32.293,24	67.706,76
9	83.843,99	16.156,01	33.132,89	66.867,11
10	83.617,37	16.382,63	33.324,78	66.675,22

通過以上脈衝響應函數分析與方差分解分析可以發現，中國的股票收益率與經濟增長率存在較強的正向交互影響效應，這說明股價波動是中國經濟增長的「晴雨表」，而經濟增長率也有助於預測股價波動。這是因為，一方面經濟增長是股票收益率的關鍵決定因素，在國家經濟增長較快時，企業投資機會增多，企業經營績效提高，企業的股票收益率相對較高，由於資本天生的逐利性，大量社會資本湧入股市中，導致股票投資需求增加，股價上漲；相反，若

經濟處於衰退期，企業經營慘淡，企業股票收益率相對較低，投資者將會把資金從股市轉移到其他的保值性投資產品中，股票的投資需求減少將導致股價的下跌。另一方面，股票價格的上漲會通過財富效應、托賓Q效應與擔保效應對社會消費與投資產生促進作用，並由此拉動經濟增長。因此，股票收益率與經濟增長率存在正相關關係。另外，脈衝響應函數分析與方差分解分析還發現經濟增長率對股票收益率的影響強度明顯大於股票收益率對經濟增長率的影響強度。

3.3.4 研究結論

本節首先通過構建理論模型，從理論推導的角度分析了股票價格與經濟增長之間的關係，發現當經濟處於均衡狀態時，股價與經濟增長呈正相關關係。在實證研究方面，本書通過構建向量自迴歸模型（VAR），選取中國2001年第1季度至2016年第4季度的宏觀數據，試圖檢驗股票收益率與經濟增長率之間的相互動態影響。通過Granger因果關係檢驗發現股票收益率與經濟增長率之間存在著雙向的Granger因果關係，即股市發展對經濟增長具有帶動作用，而經濟增長率也有助於預測股價波動。基於脈衝響應函數與預測均方誤差分解分析發現，股票收益率與經濟增長率存在較為明顯的正向交互影響，而且經濟增長率對股票收益率的影響強度明顯大於股票收益率對經濟增長率的影響強度。

3.4 本章小結

本章首先介紹了資產價格影響產出的各種理論機制，包括財富效應、托賓Q效應以及擔保效應。其次，3.2節從房產的擔保效應與財富效應兩個角度解釋了住房價格變動對經濟增長的影響，特別地本書把房價總體變動分解為基本經濟面可解釋部分（以捕捉房產的擔保效應）與不可解釋部分（以捕捉房產的財富效應），定量地比較了這兩種效應的強弱，並對影響這兩種效應的一些潛在因素進行了實證檢驗。實證研究結果表明：在中國，房產影響經濟增長的擔保效應顯著為正，而財富效應顯著為負，擔保效應的絕對值顯著大於財富效應的絕對值，房價總體變動對經濟增長具有促進作用；房價變動對經濟增長的影響作用具有時間結構性差異，在2004年之後，房產的擔保效應和財富效應均明顯增強；在金融市場自由化程度越高的地區，房價變動的財富效應與擔保效應均有所增強；當家庭面臨的借貸約束較弱時，住房的擔保效應變得更弱，

而財富效應則會增強。最後，本章3.3節從理論推導和實證研究的角度分析了股價與經濟增長的交互動態關係。通過理論建模，本書發現在經濟達到穩定狀態時，股票價格與經濟增長存在正相關關係。在實證研究方面，通過 Granger 因果檢驗、VAR 脈衝響應函數分析與方差分解分析，得出了與理論模型推導一致的結論，即股票收益率與經濟增長率存在較為明顯的正向交互影響，而且經濟增長率對股票收益率的影響強度明顯大於股票收益率對經濟增長率的影響強度。

4 資產價格與通貨膨脹——基於中國金融狀況指數（FCI）的構建

從20世紀90年代開始，世界各國在運用貨幣政策工具調控通貨膨脹方面取得了顯著成效，使全球通貨膨脹多年來維持在一個較低的水準。但與此同時，資產價格在近年來出現了較大幅度的波動，資產價格的急速膨脹數次導致市場崩盤，誘發了系統性金融危機，給實體經濟帶來了極大創傷。在此背景下，中央銀行是否應該對資產價格進行干預已成為政府部門日益關注的熱點問題。

在2008年美國爆發次貸危機以前，主流經濟學界就貨幣政策是否應對資產價格做出回應存在著一個共識，即僅當資產價格的變動含有未來通貨膨脹壓力的預測性信息時，央行才應該調整貨幣政策對其做出回應（Filardo, 2001）。但事實上，資產價格是否包含通貨膨脹的相關資訊？如何度量資產價格對通貨膨脹的預測能力？能否利用股票價格與房產價格來構造貨幣政策的指示器，從而提高貨幣政策的操作效率？這就是本章所需要解決的問題。

本章包括四個部分的內容：4.1節從理論分析的角度探討了資產價格的貨幣政策指示器功能；4.2節基於中國的經濟數據構造了符合中國國情的金融狀況指數（FCI）；4.3節檢驗了FCI的通貨膨脹預測能力，以探討中國的資產價格是否包含未來通貨膨脹的相關信息；4.4節利用FCI分析了中國的貨幣政策立場，檢驗了中國的資本市場是不是有效率的貨幣政策傳導渠道。

4.1 資產價格指示器功能的理論分析

資產價格的指示器功能是指資產價格包含了未來產出與通貨膨脹的重要資

訊,能為中央銀行制定貨幣政策提供政策指示器作用。本小節借鑑了 Smets (1997) 的經濟結構模型來說明資產價格如何具有預測未來產出和通貨膨脹資訊的能力。Smets (1997) 用以下四個方程式來對整個經濟進行描述:

$$p_t = E_{t-1}p_t + \gamma(y_t - \varepsilon_t^s) \qquad (4-1)$$

$$y_t = -\alpha\gamma_t + \beta f_t + \varepsilon_t^d \qquad (4-2)$$

$$f_t = \rho E_t f_{t+1} + (1-\rho)E_t d_{t+1} = \gamma_t + \varepsilon_t^f \qquad (4-3)$$

$$r_t = R_t - E_t(p_{t+1} - p_t) = R_t - \pi^e \qquad (4-4)$$

在以上方程組中,對除利率以外的所有變量均取對數形式,各方程式的常數項均被標準化為0。方程式(4-1)是一條簡單的 Phillips 曲線,它表示 t 期的價格取決於上一期對當期價格的預期及產出缺口($y_t - \varepsilon_t$),ε_t 為供給衝擊。方程式(4-2)為總需求曲線,其中 t 期利率對 t 期產出具有負向影響,而 t 期資產價格對 t 期產出具有正向影響,ε_t^d 為需求衝擊。方程式(4-3)為對數線性化的套利方程式,它說明資產的實際收益(包括資產的預期分紅收益與資產的預期資本利得收益)等於無風險利率 γ_t 與風險溢價 ε_t^f 之和。方程式(4-4)說明 t 期的實際利率等於名義利率與預期通貨膨脹率之差。最後,Smets 假定需求衝擊、供給衝擊和金融衝擊分別服從以下過程,$\varepsilon_t^s = \varepsilon_{t-1}^s + \zeta_t^s$,$\varepsilon_t^d = \delta\varepsilon_{t-1}^d$,$\varepsilon_t^f = \zeta_t^f$,且以上衝擊不存在相關性。根據以上四個方程式,可以推導出如下的利率反應函數:

$$R_t = \pi^e + \frac{\beta}{\alpha}f_t + \frac{1}{\alpha}(\varepsilon_t^d - \varepsilon_t^s) - \frac{1}{\alpha\gamma}(E_t p_{t+1} - p_t) \qquad (4-5)$$

Smets 在推導最優利率反應函數時,假定預期價格等於目標值,這時經濟主體預期的通貨膨脹值也應該等於0,在此條件下的利率反應函數可以進一步簡化為如下形式:

$$R_t = \frac{\beta}{\alpha}f_t + \frac{1}{\alpha}E_t(\varepsilon_t^d - \varepsilon_t^s) = \frac{\beta}{\alpha}f_t + \frac{1}{\alpha}(\delta\varepsilon_{t-1}^d - \varepsilon_{t-1}^s) + \frac{1}{\alpha}E_t(\zeta_t^d - \zeta_t^s) \qquad (4-6)$$

從式(4-6)中可以發現,中央銀行的利率政策調整受三個部分的影響,其中,第一項 $\beta f_t/\alpha$ 反應了資產價格會通過各種渠道對總需求進而對通貨膨脹造成影響,資產價格影響產出和通貨膨脹的傳導機制(見圖4-1)在第3章3.1節中已有詳細介紹,在此不再贅述;第二項 $(\delta\varepsilon_{t-1}^d - \varepsilon_{t-1}^s)/\alpha$ 表示 $t-1$ 期的需求衝擊與供給衝擊的相關資訊,這些資訊在 t 期是已知的;第三項 $E_t(\zeta_t^d - \zeta_t^s)/\alpha$ 涉及第 t 期的需求衝擊與供給衝擊的相關資訊。Smets 認為資產市場的參與者對此擁有比央行更多的資訊來源,他的理由是資產市場的參與者有金融動機去獲得這些資訊,因為他們的經濟利益取決於對當期及未來回報的預測。例如,股票市場分析師有足夠強的動機去收集公司層面的資訊以預測公司未來的贏利

能力。由於資產價格的調整較一般商品價格的調整相對容易，投資者所收集的相關資訊可以迅速地反應在資產價格上，從而使資產價格包含了未來宏觀經濟的重要資訊。

綜上所述，資產價格具有的對未來產出和通貨膨脹的指示器作用取決於以下兩點原因：一是資產價格會通過各種渠道對總需求進而對通貨膨脹造成影響；二是當前資產價格會受到資產未來預期收益的影響，但資產的預期收益又與未來的產出和通貨膨脹相關，這就使得資產價格包含了未來經濟的重要資訊。中央銀行可以利用資產價格所包含的未來產出和通貨膨脹的相關資訊來提高貨幣政策的操作效率。

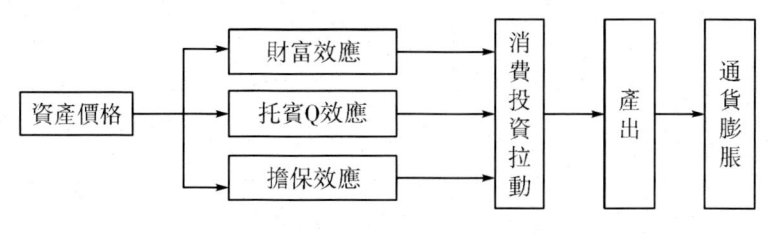

圖 4-1　資產價格對通貨膨脹的影響機制

4.2　資產價格指示器功能的實證檢驗——基於金融狀況指數（FCI）的構建

上一節已經從理論分析的角度探討了資產價格對未來通貨膨脹的預測功能，那麼在實證研究方面，資產價格的貨幣政策指示器作用又如何呢？大量的經驗研究已經涉及對房產、股票、利率、匯率等單一資產價格的通貨膨脹預測能力的檢驗（Filardo，2000；Ray et al.，2000；Goodhart et al.，2000；Stock et al.，2001），這些研究發現單一資產價格對通貨膨脹的預測作用還不穩定，在不同的國家和不同的時段，資產價格的預測作用會發生變化。雖然大家對資產價格與未來通貨膨脹的關係還沒有達成較一致的觀點，但是不可否認的是一些資產價格的變動確實可能含有未來經濟活動和通貨膨脹的相關資訊，那麼如何利用資產價格來更好地度量這種影響，從而為貨幣政策提供一個良好的通貨壓力指示器呢？隨著計量經濟技術的發展，通過構建各種資產價格的加權平均指數（即金融狀況指數，FCI）來衡量資產價格對未來通貨膨脹的預測表現逐漸成為一種比較有效的做法。

本節將對金融狀況指數（FCI）作詳細介紹，並利用中國的經濟數據，通過縮減式總需求模型和 VAR 廣義脈衝響應函數這兩種方法來構造中國的金融狀況指數(FCI)。具體而言：首先，在估計縮減型總需求方程式時，將對實體經濟具有顯著影響的資產價格滯後項納入金融狀況指數來反應各資產對實體經濟的動態影響，以構建出動態金融狀況指數，從而克服傳統 FCI 缺乏動態性的缺陷；其次，構建狀態空間模型，利用卡爾曼濾波來考慮各資產價格在 FCI 中的權重是否具有時變性，從而解決 FCI 參數非時變的問題；最後，由於單一方程無法克服模型中變量內生性的問題以及模型的依賴性問題Ｖ，因此本書還利用 AR 廣義脈衝響應函數來構造金融狀況指數。

4.2.1 金融狀況指數（FCI）理論介紹

4.2.1.1 貨幣狀況指數（MCI）和金融狀況指數（FCI）

在 20 世紀 80 年代晚期，眾多工業化國家（如紐西蘭、加拿大、英國、芬蘭、澳洲、西班牙等）的央行把通貨膨脹目標作為貨幣政策的關注焦點。貨幣政策的通貨膨脹目標制通常假設貨幣政策通過以下兩個渠道來影響經濟系統特別是通貨膨脹：一是利率，利率調整會影響支出和投資水準；二是匯率，匯率會影響進口產品的價格，最終影響通貨膨脹水準。從這一角度來講，持續的匯率下跌（上升）需要伴隨利率的上調（下調）以達到維持目標通貨膨脹率的目的。

由於利率和匯率都是貨幣政策影響經濟活動與通貨膨脹率的重要渠道，結合利率與匯率來構造一個單一的政策指示器，即貨幣狀況指數（MCI），可以對整個政策狀況起到更好的指示作用（Montagnoli et al., 2005）。因此很多工業化國家的中央銀行非常重視對 MCI 的構造，並把貨幣狀況指數（MCI）用於既定期間貨幣政策鬆緊狀況的分析中。MCI 包含了利率與匯率變化的相關信息，可以幫助貨幣當局對整個貨幣狀況做出更好的評估，這是因為 MCI 刻畫了貨幣政策對經濟特別是對通貨膨脹施加的壓力。

通常，MCI 提供了當前貨幣狀況相對於某個基期貨幣狀況鬆緊程度的一個描述，它捕捉了貨幣政策通過利率與匯率對經濟造成的影響。然而，利率和匯率的變化會使各國央行對特定時期的貨幣狀況鬆緊程度的判斷變得更加困難，進而難以判斷對通貨膨脹可能造成的影響，特別是在利率上升（下跌）而匯率下跌（上升）這一情況下。因此，為了對金融系統流動性和央行貨幣政策狀況做出全面有效的評估，要求貨幣當局同時考慮利率與匯率的變動情況。MCI 被定義為利率與匯率變動（當前利率與匯率水準相對於基期水準的變動）

的加權之和，如式（4-7）所示：

$$\mathrm{MCI} = \omega_r(r_t - r_b) + \omega_e(e_t - e_b) \qquad (4\text{-}7)$$

在式（4-7）中，r_t 和 e_t 分別是 t 期的利率與匯率水準，而 r_b 和 e_b 分別是基期的利率與匯率水準，ω_r 和 ω_e 分別表示利率和匯率在 MCI 中的權重水準，反應了各變量對目標宏觀變量的相對影響力，權重可以通過計量經濟模型計算得出，在下文將詳細介紹。

傳統的貨幣政策傳導機制通常從利率和匯率兩個渠道來進行解釋，而近年來的文獻研究認為房產和股票價格也會通過財富效應和信貸渠道在貨幣政策傳導機制中扮演重要角色。當資產價格的變動影響到個體的金融財富，進而對個體的消費支出決策產生影響時，資產的財富效應發揮作用。資產的借貸效應是指資產價格的上漲增加了資產的抵押價值，從而增加了個體和企業的借貸總量，最終將對消費及社會總需求產生影響。

為了捕捉資產價格對實體經濟可能造成的影響，許多作者和機構將房價和股票價格納入了傳統的 MCI 中，以構造一個能更加廣泛地評判貨幣政策狀況的指示器，即金融狀況指數（FCI）。金融狀況指數（FCI）通常包括對利率、匯率、房價與股價波動的衡量，許多研究認為 FCI 比傳統的 MCI 表現更好（Goodhart et al., 2002；Lack, 2002）。FCI 的完整表達形式如下：

$$\mathrm{FCI} = \omega_r(r_t - r_b) + \omega_e(e_t - e_b) + \omega_h(h_t - h_b) + \omega_s(s_t - s_b) \qquad (4\text{-}8)$$

在式（4-8）中，h_t 和 s_t 分別是 t 期的房價與股價水準，而 h_b 和 s_b 分別是基期的房價與股價水準，ω_h 和 ω_s 分別表示房價和股價在 FCI 中的權重水準。其他變量的定義如前文所述。在式（4-8）中各權重可以通過計量經濟模型計算得出，在下文將詳細介紹。

4.2.1.2　FCI 的構造方法

從式（4-8）中可以發現，構建 FCI 最為關鍵的環節在於確定各變量在 FCI 中的相對權重，而現有文獻關於 FCI 權重的估計大致包括以下三種方法：一是大型宏觀經濟模型，二是縮減式總需求方程，三是向量自迴歸模型（VAR）脈衝響應函數。

大型宏觀經濟模型多用於分析經濟的結構性特徵以及考慮所有變量的交叉影響，因此用大型宏觀經濟模型所得到的權重比縮減式總需求方程與 VAR 脈衝反應函數更加合理，宏觀經濟專家常用這種方法來為美國構建 FCI。然而在現實中，股票和其他資產的價格在央行所採用的大型宏觀經濟模型中只能起到有限的作用，一部分原因是在理論文獻中缺乏關於資產價格影響總需求和通貨膨脹的一致觀點。然而，縮減式總需求方程式和 VAR 脈衝響應函數能從實證數

據出發來估計資產價格對總需求和通貨膨脹的影響，因而成為第一種方法的有效替代。

一個有代表性的縮減式模型包括 IS 方程與 Phillips 曲線，IS 方程的自變量為產出缺口，因變量為產出缺口以及 FCI 構成變量的滯後項；Phillips 曲線將通貨膨脹表示為自身與產出缺口滯後項的相關函數。通常，根據計量模型中的 AIC 等準則對解釋變量進行取捨，而模型估計的參數則用於計算每個變量在 FCI 中的權重。通過縮減式總需求方程式來獲得 FCI 權重的方法在當前運用得極為廣泛。然而，縮減式總需求方程式中關於所有資產價格嚴格外生的假設條件可能會導致估計偏誤。

VAR 脈衝響應函數的估計方法，是將相關的變量納入一個縮減式的 VAR 模型中，通過計算產出（通貨膨脹）對一單位資產價格的累計平均脈衝反應函數（通常是 8~12 期）來獲得相關內生變量的相對權重。相對於縮減式總需求方程的方法，VAR 脈衝響應函數的方法不需要過多的經濟理論支持，同時它允許變量間相互影響關係的存在，這可以解決縮減式總需求方程中資產價格內生性的問題。

4.2.1.3 FCI 的運用

國外私人機構通常把他們所構造的 FCI 與提前數季度的產出增長聯繫起來，並根據 FCI 當前所處的水準來評估未來的貨幣政策。外部機構常運用 FCI 去預測貨幣政策行動，而對於中央銀行而言，FCI 的運用也非常多樣化。正如 Mayes 和 Viren（2001）所分析的，FCI 對中央銀行可以起到兩個方面的作用：一是當出現經濟衝擊時，FCI 的變化對市場衝擊及未來貨幣政策預期的理解具有指示作用；二是中央銀行可以獲得市場狀況和市場預期對未來經濟前景影響的重要信息。

對於 FCI 更為極端的用途則是通過利率調整來推導政策規則。Goodhart 和 Hofmann（2002）認為最優的貨幣政策反應函數是利率不僅應該對當前和滯後的 CPI 通貨膨脹和產出缺口做出反應，同樣還應該對真實匯率、真實房價、真實股價以及世界油價的變化做出反應。這和 Ball（1998）提出的基於 MCI 的規則類似，即匯率目標在貨幣政策的制定中具有重要作用。然而，FCI 或 MCI 的這種極端用途也備受爭議，持反對觀點的人包括 Bernanke 和 Gertler（2000，2001）與 Gertler 等（1998）。Goodhart 和 Hofmann（2002）也指責貨幣政策對資產價格的機械性反應，同時建議政策制定者在理解資產價格中所包含的資訊時應保持警惕。

4.2.1.4 對 FCI 的一些批評

雖然一些文獻認為 FCI 相較於 MCI 已具有長足的進步，但是 FCI 仍然面臨

著一些批評。特別地，很多FCI不能有效地解決以下技術問題：

首先，模型依賴性。與MCI類似，FCI的權重通常是從IS曲線或大型宏觀經濟模型中推導出來的，因此，FCI捕捉金融變量影響總需求的能力依賴於理論模型的潛在假設。特別是在FCI的構造中，資產價格（尤其是房產價格）在很多宏觀經濟模型中並未占據重要作用（Goodhart et al., 2001）。

其次，缺乏動態性。FCI中所包含的變量對產出和通貨膨脹的影響速度是不一樣的，例如，短期利率的上調會對未來6~8個季度的通貨膨脹產生下行壓力，而房價的變動則可能會對通貨膨脹產生同期影響。因此，簡單地觀察特定時期的FCI組成部分容易忽視這些變量對產出或通貨膨脹的動態影響。解決這一問題的通常做法是在用於推導FCI權重的IS曲線或經濟模型中加入變量的適當滯後結構，FCI組成部分的即期影響值可通過將各顯著滯後項的參數加總來取得，但Batini和Turnball（2002）認為這種做法過於簡單。

再次，參數非時變。通常FCI是利用過去二三十年的數據進行實證估計而得到的，在如此長的樣本期間內可能會出現經濟體制的改變或其他的經濟結構性斷點。目前相關文獻均未考慮FCI組成部分的參數的時變性問題，僅僅涉及對一些結構性斷點進行簡單的驗證。

最後，迴歸因子非外生。在用於推導FCI權重的模型與方程式中，FCI所包含的變量通常被假定為嚴格外生，然而在現實中，這些變量很有可能會受到來自被解釋變量（產出或通貨膨脹）的聯立性影響，因而可能會出現聯立性偏誤。另外，房產和股票的價格通常也被當作前瞻性變量進行處理，因為這些變量可能會受到未來產出或通貨膨脹預期的影響。因此，即使利用向量自迴歸的方法，使所有變量受其自身和其他變量滯後項的聯立影響，對一些變量的參數也仍然難以進行解釋。

4.2.1.5 FCI的研究現狀

在國外研究方面，Goodhart和Hofmann（2001）分別用總需求方程縮減式模型和脈衝響應函數來構建包括利率、匯率、房價與股價變量的金融狀況指數，研究發現金融狀況指數包含了未來通貨膨脹壓力的重要信息。Gauthier等（2004）分別運用總需求方程縮減式、VAR脈衝響應函數和因素分析法構造了加拿大的金融狀況指數，研究發現基於總需求方程縮減式所構造的FCI在短期（1年）內對產出和通貨膨脹有較強的預測力，而基於VAR脈衝響應函數所構造的FCI在長期（1—2年）內的預測能力則更強。Montagnoli和Napolitano（2005）用總需求方程縮減式構造了美國、歐盟、加拿大和英國的金融狀況指數，研究發現美國、加拿大和英國央行的利率調整和FCI的變動顯著正相關，

說明這些國家把 FCI 作為重要的短期貨幣政策指示器。

在國內研究方面，王玉寶（2005），封北麟、王貴民（2006），王彬（2009）運用 VAR 脈衝響應函數構造了中國的金融狀況指數，實證結果均發現 FCI 對通貨膨脹有較強的預測能力。不同的是，王玉寶（2005）所構造的金融狀況指數只包括股價、房價、短期利率與匯率四個變量，而後兩篇文章還加入了基礎貨幣供應量。另外，封北麟、王貴民（2006），王彬（2009）還分別將 FCI 納入擴展後的泰勒規則和麥克勒姆規則中來檢驗中國的利率和基礎貨幣供應量是否會對資產價格的變動做出反應。結果表明，中國的貨幣政策對資產價格的變動關注不足，認為這可能會造成宏觀經濟不穩定。陸軍、梁靜瑜（2007）和李強（2009）通過總需求縮減模型將房價、股價、短期利率與匯率納入了金融狀況指數中，經過 Granger 因果檢驗與動態相關性分析，文章發現 FCI 與物價水準的走勢較為吻合，FCI 對通貨膨脹有較強的預測能力，因此認為可以將金融狀況指數作為中國的貨幣政策指示器。

然而，現有的相關研究仍然無法解決 FCI 所存在的模型依賴性、缺乏動態性、參數非時變和迴歸因子非外生等問題，因此試圖運用一些新的方法或技術以克服上述現有研究的某些不足是本書的主要任務。

本書分別利用縮減式總需求模型和 VAR 模型兩種方法來構造中國的金融狀況指數。具體而言：首先，在估計縮減式總需求方程式時，將對實體經濟具有顯著影響的資產價格滯後項納入金融狀況指數來反應各資產對實體經濟的動態影響，以構建出動態金融狀況指數，從而解決傳統 FCI 缺乏動態性的問題；其次，構建狀態空間模型，利用卡爾曼濾波來考慮各資產價格在 FCI 中的權重是否具有時變性，從而解決 FCI 參數非時變的問題；最後，由於單一方程式無法克服模型中變量內生性以及模型依賴性的問題，因此本書還利用 VAR 廣義脈衝響應函數來構造金融狀況指數。

4.2.2 中國金融狀況指數（FCI）的構建

4.2.2.1 計量模型

（1）縮減式總需求方程

運用縮減式總需求方程來推導 FCI 的做法十分普遍，即使一些研究對此模型假設條件的合理性存在質疑，但從結構模型中推導出來的 FCI 能夠較好地識別各種潛在傳導渠道對實體經濟的影響。一個有代表性的縮減式模型包括 IS 方程式與 Phillips 曲線，IS 方程式的自變量為產出缺口，因變量為產出缺口以及 FCI 構成變量的滯後項；Phillips 曲線將通貨膨脹表示為自身與產出缺口滯後項

的相關函數。參考 Goodhart 和 Hofmann（2001）的做法，本書的縮減式模型包括一條後顧型的IS曲線與一條後顧型的 Phillips 曲線。這兩個方程式的表達式如下：

$$\text{gdpgap}_t = \alpha_0 + \sum_{k=1}^{n_1} \alpha_k \text{gdpgap}_{t-k} + \sum_{i=1}^{n_2} \alpha_i \text{hpidgap}_{t-i} + \sum_{j=1}^{n_3} \alpha_j \text{exgap}_{t-j} +$$
$$\sum_{\gamma=1}^{n_4} \alpha_\gamma \text{irgap}_{t-\gamma} + \sum_{\lambda=1}^{n_5} \alpha_\lambda \text{spgap}_{t-\lambda} + \varepsilon_1 \qquad (4-9)$$

$$\pi_t = \alpha_0 + \sum_{\tau=1}^{m_1} \beta_\tau \pi_{t-\tau} + \sum_{v=1}^{m_2} \beta_v \text{gdpgap}_{t-v} + \varepsilon_2 \qquad (4-10)$$

式（4-9）是總需求曲線，gdpgap、hpidgap、exgap、irgap 及 spgap 分別為實際產出缺口、實際房價缺口、實際匯率缺口、實際短期利率缺口和實際股價缺口，缺口值定義為各變量真實值與其長期均衡值的差額。在總需求方程式中之所以考慮了房價、股價、利率與匯率四種資產價格，一是因為利率與匯率是貨幣政策影響產出的傳統渠道，二是隨著房產和股票在中國經濟主體財富中占有比重的增大，近來一些關於貨幣政策傳導渠道的理論和實證研究認為股票和房產通過財富效應和擔保效應也可對中國實體經濟產生影響。因此，總需求方程式用於捕捉這四種資產價格對中國產出的影響效應。式（4-10）為 Phillips 曲線，它將通貨膨脹表示為自身與產出缺口滯後項的相關函數，其中 π 為通貨膨脹率。

各資產變量在金融狀況指數中的權重可根據總需求方程式的估計結果計算得出。現有文獻大多對 IS 方程式中某資產價格的不同滯後項係數進行簡單加總以確定該種資產價格在當期金融狀況指數中的權重，這種做法過於理想化，因為這並不能反應出各資產價格滯後項對當期金融狀況指數的動態影響。為克服這一弊端，本書參照 Gauthier 等（2004）的做法來構建基於 IS 曲線的動態金融狀況指數。為考慮每種資產價格對當期金融狀況指數的動態影響，首先需要在 IS 曲線中加入各變量足夠多的滯後項，然後再結合模型的擬合程度和 AIC 等準則來對解釋變量進行取捨，最後根據各變量的係數來確定其對當期金融狀況指數的貢獻。資產 i 第 $t-j$ 期的權重 $\omega_{i,\,t-j}$ 為此資產價格在 $t-j$ 期的係數除以所有對產出缺口具有顯著影響的資產價格係數的絕對值之和。具體計算方式如下：

$$\omega_{i,\,t-j} = \frac{\beta_{ij}}{\sum_i \sum_j |\beta_{ij}|} \qquad (4-11)$$

基於此權重構造的動態金融狀況指數（FCIIS）為：

$$\text{FCIIS}_t = \sum_i \sum_j \omega_{i,\,t-j}(A_{i,\,t-j} - \overline{A_{i,\,t-j}}) \qquad (4-12)$$

在上式中，A 為資產的價格，而 $\bar{A}$ 為資產的長期均衡價格。

(2) 狀態空間模型

式 (4-12) 所示的動態金融狀況指數雖然考慮了各資產對實體經濟的動態影響，但是基於式 (4-11) 所得到的各資產價格的權重仍然是非時變的。由於資產價格對經濟的影響可能會隨著時間的推移而發生變化，因此本書建立了狀態空間模型來驗證各種資產價格的權重是否在樣本區間內存在結構性斷點。

狀態空間模型是將不可觀測的變量納入可觀測模型中並利用卡爾曼濾波 (Kalman Filter) 迭代法來獲得估計結果。狀態空間模型包括測量方程式和狀態方程式。

測量方程式定義如下：

$$y_t = Z_t \alpha_t + \gamma_t, \quad \gamma_t \sim N(0, H_t) \quad (4-13)$$

在上式中，y_t 是 $k \times 1$ 維可觀測變量，α_t 是 $m \times 1$ 維狀態向量，Z_t 是 $k \times m$ 維矩陣，γ_t 是均值為 0 而協方差矩陣為 H_t 的擾動項。

狀態方程式定義如下：

$$\alpha_t = T_t \alpha_{t-1} + v_t, \quad v_t \sim N(0, Q_t) \quad (4-14)$$

在上式中，T_t 是 $m \times m$ 維矩陣，v_t 是均值為 0 而協方差矩陣為 Q_t 的擾動項。

利用狀態空間變量就可以觀察各種資產價格在樣本區間內對產出缺口的影響是否發生了結構性突變，因此，下面採用時變參數來描述總需求曲線：

$$\text{gdpgap}_t = \alpha_t + c\text{gdpgap}_{t-k} + sv_{1t}\text{hpidgap}_{t-i} + sv_{2t}\text{exgap}_{t-j} + sv_{3t}\text{irgap}_{t-\gamma} + sv_{4t}\text{spgap}_{t-\lambda} + \varepsilon_t \quad (4-15)$$

上式中，sv_{1t}，sv_{2t}，sv_{3t} 和 sv_{4t} 是時變參數，允許它們隨時間而變動。本書的狀態方程定義如下：

$$\begin{bmatrix} sv_{1t} \\ sv_{2t} \\ sv_{3t} \\ sv_{4t} \end{bmatrix} = \begin{bmatrix} 1 & 0 & 0 & 0 \\ 0 & 1 & 0 & 0 \\ 0 & 0 & 1 & 0 \\ 0 & 0 & 0 & 1 \end{bmatrix} \begin{bmatrix} sv_{1t-1} \\ sv_{2t-1} \\ sv_{3t-1} \\ sv_{4t-1} \end{bmatrix} + \begin{bmatrix} v_{1t} \\ v_{2t} \\ v_{3t} \\ v_{4t} \end{bmatrix}$$

如果狀態方程式中的 $v_{1t} = v_{2t} = v_{3t} = v_{4t} = 0$，則意味著測量方程式中資產價格的參數是非時變的，採用 OLS 估計結果即可；如果拒絕原假設，則說明資產價格的參數是隨時間而變動的，採用狀態空間模型估計的結果較為可信。

為驗證參數的時變性，Montagnoli 和 Napolitano (2005) 構造了一個似然比統計量，並將其定義為受約束狀態空間模型的對數似然值與非受約束狀態空間模型的對數似然值之比。具體形式如下：

$$LR = \lambda = L(\beta_0)/L(\beta_{ML}) \qquad (4-16)$$

在上式中，$-2\ln(\lambda)$ 服從於自由度為 q 的卡方分布，其中 q 表示對狀態空間模型實施的約束個數。如果 $-2\ln(\lambda)$ 的值足夠大，則拒絕原假設，說明模型中參數具有時變性，否則參數不具有時變性。

(3) VAR 脈衝響應函數

在縮減式 IS-PC 分析框架下所推導出的金融狀況指數面臨的是 FCI 包含變量內生性以及模型依賴性的問題。解決這一問題更為直觀的方法是利用 VAR 脈衝響應函數來計算 FCI 變量的相對權重，而傳統的 VAR 依賴 Cholesky 分解來獲得正交化的衝擊，那麼正交化的脈衝響應函數的特徵則取決於各變量在模型中出現的先後次序。如果 FCI 中包括的金融變量均會對經濟衝擊做出即時反應，那麼將很難確定變量間影響關係的前提性假設。更為有效的解決辦法是根據廣義脈衝響應函數來確定 FCI 的權重，因為廣義脈衝響應函數的效果不會根據變量在 VAR 系統中出現順序的不同而有所不同，廣義脈衝響應函數是唯一的並且充分考慮了各種衝擊間的歷史相關性 FCI 的權重取決於變量對未來 18～24 個月的產出的平均影響，在此期間內貨幣政策對產出和通貨膨脹的影響可得到充分發揮（Gauthier et al., 2004）。

下面將對廣義脈衝響應函數做簡單的介紹，首先考慮如下形式的向量自迴歸（VAR）模型：

$$X_t = \sum_{i=1}^{p} \Phi X_{t-i} + \varepsilon_t, \quad t = 1, 2, \cdots, T \qquad (4-17)$$

在上式中，$X_t = (x_{1t}, x_{2t}, \cdots, x_{mt})'$ 為 $m \times 1$ 維向量，Φ_i 是 $m \times m$ 維係數矩陣。在殘差滿足標準假設的前提下，式 4-17 可以轉化為如下的無限移動平均形式：

$$X_t = \sum_{i=0}^{\infty} A_i \varepsilon_{t-i}, \quad t = 1, 2, \cdots, T \qquad (4-18)$$

在式（4-18）中，$A_0 = I_m$，且當 $i < 0$ 時，$A_i = 0$。

脈衝響應函數可用於衡量特定時點不同衝擊對系統變量未來（預期）值的動態影響。如果用資訊集 Ω_{t-1} 來代表 $t-1$ 期以前的歷史資訊，且 Ω_{t-1} 是非遞減性的，那麼 X_t 在時間範圍 n 的廣義脈衝響應函數則可被定義為如下形式：

$$GI_X(n, \delta, \Omega_{t-1}) = E(X_{t+n} | \varepsilon_t = \delta, \Omega_{t-1}) - E(X_{t+n} | \Omega_{t-1}) \qquad (4-19)$$

在式（4-19）中，$\delta = (\delta_1, \delta_2, \cdots, \delta_m)'$ 為 $m \times 1$ 維向量。將式（4-18）代入式（4-19）便可得 $GI_X(n, \delta, \Omega_{t-1}) = A_n \delta$，它獨立於資訊集 Ω_{t-1}，但取決於衝擊向量 δ。

很明顯，衝擊向量 δ 的選擇是否適當對脈衝響應函數的特徵至關重要。解

決衝擊向量 δ 選擇問題的傳統方法是由 Sim（1980）提出的，即對殘差方差協方差矩陣進行 Cholesky 分解：

$$PP' = \Sigma \qquad (4-20)$$

在上式中，Σ 為殘差的方差協方差矩陣，P 為 $m \times m$ 維的下三角矩陣。方程 j 的一個單位衝擊對 X_{t+n} 的正交化脈衝響應函數表示為 $OI_X(n, e_j, \Omega_{t-1}) = A_n Pe_j$，$e_j$ 是第 j 個元素取值為 1 而其他元素取值為 0 的 $m \times 1$ 維向量。正如前文所提及的那樣，正交化的脈衝響應函數會隨變量順序的改變而發生相應的變化。

作為對 Cholesky 分解的一種有效替代，本書直接運用公式（4-18），並不對 ε_t 的所有元素進行衝擊，而是只選擇對 ε_t 的其中一個元素（如第 j 個元素）進行衝擊，並利用歷史可觀察到的殘差分布整合其他衝擊的影響。在此情況下，方程式 j 在 t 期的一個標準差衝擊對 $t+n$ 期 X 的預期值的影響可被描述為：

$$GI_X(n, \delta, \Omega_{t-1}) = \sqrt{\sigma_{jj}} A_n \sum e_j \qquad (4-21)$$

在上式中，$\delta = E(\varepsilon_t \mid \varepsilon_{jt} = \sqrt{\sigma_{jj}})$。

4.2.2.2 數據情況

本節選取了中國國內生產總值、消費者價格指數、匯率、短期利率、房價和股價作為研究變量，樣本區間為 2001 年第 1 季度至 2016 年第 4 季度，共 64 組數據。對各變量的定義及數據處理方式如下：

（1）消費者價格指數（CPI）與通貨膨脹率（tz）

消費者價格指數來源於中經網統計數據庫。首先將 CPI 處理為以 2000 年 1 月為基期的定基月度數據，然後再對月度 CPI 進行簡單的季度內平均得到 CPI 季度數據。本書的通貨膨脹率為每四季度通貨膨脹率，定義為 ln（CPI_t）-ln（CPI_{t-4}），之所以採用每四季度通貨膨脹率是因為 Goodhart 和 Hofmann（2001）認為每季度通貨膨脹率包含大量的噪音，而通過四階差分可以把這些噪音去掉。

（2）短期利率缺口（irgap）

本書選取市場化程度較高的銀行間 7 日內同業拆借利率作為名義短期利率，銀行間 7 日同業拆借利率數據來源於中經網統計數據庫。將月度數據進行簡單的季度內平均得到季度的名義短期利率，用名義利率減去通貨膨脹率得到真實的季度短期利率。參照封北麟、王貴民（2006）的做法，將實際利率在樣本區間內的均值作為短期利率的長期均衡值，用當期值減去長期均衡值便可得到短期利率缺口。

(3) 實際有效匯率缺口（exgap）

實際有效匯率來源於國際清算銀行計算的寬口徑匯率指數，指數上漲代表人民幣增值。由於此指數已經剔除了物價因素的影響，因此不再對此序列進行 CPI 調整。用 HP 濾波可以得到實際匯率的長期趨勢，而匯率當期值與長期趨勢之差便是實際有效匯率缺口。

(4) 房價缺口（hpidgap）

將全國房地產銷售價格指數作為房價的代理變量，數據來源於中經網統計數據庫。對月度名義房地產銷售價格指數進行簡單的季度內平均可以得到季度房價指數。對季度房價指數進行 CPI 調整得到實際房價指數，由於此指數具有較強的季節性，故採用 X-11 進行季節調整。對經季節調整後的房價指數取對數形式，然後經 HP 濾波可得到房價指數的長期趨勢，房價缺口定義為當期房價指數與長期趨勢的差額。

(5) 股價缺口（spgap）

本書用上證指數來衡量樣本區間內中國股市的發展情況，數據來源於 CSMAR 股票市場研究系列數據庫。用季度開盤價與收盤價的平均值來衡量季度股價水準，利用季度 CPI 指數對季度股價水準進行調整以得到真實股價，然後對實際股指取對數形式。根據傳統的資產定價理論，當前的股票價格是未來股利現金流的折現，因為股利與實體經濟的發展程度相關，因此可以認為股價的波動也具有長期趨勢。同樣，利用 HP 濾波可以得到股價的長期趨勢，股價缺口定義為當期股價與長期趨勢的差額。

(6) 真實產出缺口（gdpgap）

GDP 季度累計數據來源於中經網統計數據庫，用本季度的累計值減去上季度的累計值即可得到本季度的名義產出值。用季度 CPI 對名義 GDP 進行調整以得到季度的實際 GDP。由於季度數據具有很強的季節性，故用 X-11 對其進行季節調整，然後再取對數形式。潛在的產出水準可以通過 HP 濾波得到，真實產出缺口定義為當期 GDP 與潛在產出水準之差。

4.2.2.3 實證結果

(1) 基於縮減式總需求方程式的金融狀況指數（FCIIS）

由於式(4-9)是一個後顧型的總需求方程式,因此用簡單的最小二乘法（OLS）來對其進行估計即可。首先將各資產價格滯後 8 期引入總需求方程，然後結合模型的擬合程度和 AIC 等準則來篩選一個較為精簡的模型。OLS 的估計結果見於表 4-1。

表 4-1　縮減式總需求方程估計結果

檢驗標準 \ 估計結果	gdpgap$_t$ = 0.350gdpgap$_{t-1}$ + 0.419gdpgap$_{t-4}$ + 0.149hpidgap$_{t-3}$ − （0.019）　　　（0.012）　　　（0.009） 0.134exgap$_{t-3}$ − 0.006irgap$_{t-5}$ + 0.022spgap$_{t-1}$ （0.046）　　　（0.112）　　　（0.015）
調整擬合度	$R^2 = 0.705$
聯合顯著性	$F = 4.462$，$P = 0.002$
殘差 5 階自相關 Q 檢驗	$Q = 3.865$，$P = 0.179$
White 異方差檢驗	$F = 0.065$，$P = 0.556$
RESET 檢驗	$F = 0.618$，$P = 0.403$

註：表中括號報告的是 P 值。

OLS 的迴歸結果顯示，滯後 3 期的房價缺口、滯後 1 期的股價缺口與當期的產出缺口顯著正相關，這和經濟理論相一致，說明股價與房價通過財富效應或投資效應對實體經濟產生重要的影響。短期利率缺口的滯後 5 期值和實際匯率缺口的滯後 3 期值與當期的產出缺口負相關，說明當滯後 5 期的短期利率與滯後 3 期的有效匯率高於長期均衡值時，當期的國內生產總值將低於其長期均衡水準。模型的擬合程度較好，所有變量的聯合顯著性檢驗以及 RESET 檢驗說明估計結果處於可接受的範圍。除了短期利率缺口滯後 5 期相對不太顯著外，其餘各解釋變量均在 5% 水準內顯著。另外，White 異方差檢驗表明模型不存在異方差問題。最後，對模型殘差是否存在序列相關性進行檢驗，檢驗結果表明殘差在 5 階範圍內不存在序列相關性。

上文估計了參數非時變的總需求方程式，接下來將通過建立狀態空間模型來檢驗參數是否具有時變性。狀態空間模型包括測量方程和狀態方程式，如式（4-22），第一條為定義的測量方程式，後四條為定義的狀態方程式。

$$\text{gdpgap} = c(1) \times \text{lgdpgap} + c(2) \times l_4\text{gdpgap} + sv_1 \times l_5\text{irgap} + sv_2 \times l_3\text{hpidgap} +$$
$$sv_3 \times l_3\text{exgap} + sv_4 \times \text{lspgap} + [\text{var} = \exp(c(3))]$$
$$sv_1 = sv_1(-1) + [\text{var} = \exp(c(4))]$$
$$sv_2 = sv_2(-1) + [\text{var} = \exp(c(5))]$$
$$sv_3 = sv_3(-1) + [\text{var} = \exp(c(6))]$$
$$sv_4 = sv_4(-1) + [\text{var} = \exp(c(7))] \tag{4-22}$$

稱上面所定義的狀態空間模型為非受約束的狀態空間模型。為檢驗參數是否具有時變性，需要對式（4-22）的狀態方程式施加 4 個約束條件，即令上述

4 個狀態方程式的方差為零。為保持測量方程式形式不變,對受約束的狀態空間模型具體定義如下:

$$gdpgap = c(1) \times lgdpgap + c(2) \times l_4 gdpgap + sv_1 \times l_5 irgap + sv_2 \times l_3 hpidgap + sv_3 \times l_3 exgap + sv_4 \times lspgap + [\text{var} = \exp(c(3))]$$

$$sv_1 = sv_1(-1)$$
$$sv_2 = sv_2(-1)$$
$$sv_3 = sv_3(-1)$$
$$sv_4 = sv_4(-1) \tag{4-23}$$

利用卡爾曼濾波來估計非受約束和受約束的狀態空間模型,估計結果見於表 4-2,記錄估計結果中的對數似然值以構造似然卡方統計量。本書的似然卡方統計量 $\lambda = 84.495/86.054 = 0.982$,而 $-2\ln(\lambda) = 0.037$,小於 $\lambda^2(4) = 9.488$,說明不能拒絕原假設,因此認為各變量在研究樣本區間內沒有發生結構性突變,這可能是由於本書所選取的數據樣本區間較短的緣故,採用非時變參數模型的 OLS 估計結果即可。

表 4-2　卡爾曼濾波估計結果

系數	非受約束狀態空間模型 Coefficient	受約束狀態空間模型 Coefficient
C (1)	0.299,0	0.358,6
C (2)	0.460,8	0.409,7
C (3)	-9.665,7	-9.379,8
C (4)	-10.729,4	
C (5)	-79.814,2	
C (6)	-405.081,3	
C (7)	-119.382,0	
狀態變量	Final State	Final State
SV_1	0.002,2	-0.004,8
SV_2	0.117,7	0.153,0
SV_3	-0.101,9	-0.141,1
SV_4	0.020,9	0.021,9
對數似然值	86.053,8	84.495,3
參數	7	3
AIC	-4.054,0	-4.179,2

下面利用表 4-1 的 OLS 估計結果來構造動態金融狀況指數的權重。參照公式（4-11）可以獲得房價缺口滯後 3 期、有效匯率缺口滯後 3 期、實際短期利率缺口滯後 5 期和股價缺口滯後 1 期在 FCI 中的權重分別為 0.479、-0.431、-0.019 和 0.071。再根據公式（4-12）便可以得到基於縮減式總需求方程所構造的動態金融狀況指數（FCIIS）：

$$\text{FCIIS}_t = 0.479 \times \text{hpidgap}_{t-3} - 0.431 \times \text{exgap}_{t-3} - 0.019 \times \text{irgap}_{t-5} + 0.071 \times \text{spgap}_{t-1}$$

從上式中可以看出，FCIIS 給予房價最大的權重，說明近年來房價對中國實體經濟的影響之深刻。由於歷史等原因，中國一向重視進出口，因此匯率的貨幣傳導作用很強，匯率所占的權重較大。同時，中國的利率尚未完全市場化，實體經濟對短期利率的反應還不是特別敏感，所以給予其較小的權重。股價在 FCIIS 中所占的權重較小，這與封北麟、王貴民（2006）和王彬（2009）的研究結果相一致。這可能是因為中國股票市場存在的制度缺陷妨礙了其更好地發揮財富效應或擔保效應。從各資產系數的符號可以看出，股價和房價的上升將使金融狀況指數升高，表現出較為寬鬆的金融形勢；相反，短期利率和有效匯率的上升則會使金融狀況指數下跌，表現出較為緊縮的金融形勢。

（2）基於 VAR 廣義脈衝響應函數的金融狀況指數（FCIVAR）

上一部分通過估計簡約型的總需求方程來獲得動態金融狀況指數的權重，但是單方程估計難以保證模型中各解釋變量嚴格外生的假設，這會導致估計結果出現較大的偏誤。此小節將基於一個簡化式的向量自迴歸模型（VAR），通過產出缺口對各資產價格的累積脈衝響應函數來獲得金融狀況指數的權重，由於 VAR 模型將系統中的各變量平等地視為內生，因此還可以用來分析變量之間的相互影響關係。

在建立正式的向量自迴歸模型之前，需要對將要納入 VAR 模型中的相關變量進行單位根檢驗，表 4-3 報告了相關變量的 ADF 檢驗結果。ADF 檢驗結果表明，產出缺口、四季度通貨膨脹率、實際有效匯率缺口、房價缺口、實際短期利率缺口和股價缺口均不存在單位根過程，即認為以上時間序列是平穩的，可以進行 VAR 相關分析。

表 4-3　平穩性檢驗

變量	ADF (c, t, k)	P 值	結論
GDPGAP	(0, 0, 0)	0.006,2	平穩
TZ	(0, 0, 1)	0.030,2	平穩
EXGAP	(0, 0, 1)	0.000,9	平穩

表4-3(續)

變量	ADF (c, t, k)	P 值	結論
HPIDGAP	(0, 0, 1)	0.000,2	平穩
IRGAP	(0, 0, 1)	0.007,8	平穩
SPGAP	(0, 0, 5)	0.008,2	平穩

註：表中 c 表示是否帶漂移項，t 表示是否帶趨勢項，k 表示滯後階數，根據 SIC 確定滯後階數。

本節擬建立一個包括產出缺口、四季度通貨膨脹率、實際有效匯率缺口、房價缺口、實際短期利率缺口和股價缺口的6變量 VAR 模型。根據各種資訊準則確定 VAR（6）中各變量的滯後階數為3階，VAR 系統穩定性檢驗（見附錄2 圖1）結果表明 VAR 所有單位根的模均位於單位圓以內，說明 VAR 系統是穩定的。另外，基於殘差的 Jarque-Bera 檢驗、峰度和偏度檢驗（見附錄2 表1）均不能拒絕 VAR 的殘差服從正態分布的原假設。最後，基於殘差的序列相關性檢驗（見附錄2 表2），認為殘差在滯後5期內均不存在序列相關性。以上檢驗說明本書建立的 VAR 系統表現較好，可以用於後續的脈衝響應分析。

由於基於 Cholesky 分解的正交化脈衝響應函數的特徵會隨變量順序的改變而發生相應的變化，因此本節採用廣義脈衝響應函數來分析 VAR 模型在受到外生衝擊時對系統的動態影響。圖4-2給出了產出缺口和通貨膨脹率對各資產價格衝擊的廣義脈衝響應函數。①有效匯率的衝擊效應。給匯率一個單位的標準正向衝擊會導致產出缺口和通貨膨脹率下降，這是因為匯率的上升使一國出口產品的競爭力降低，減少了國內總需求，最終導致物價水準的下降。產出缺口在第2期跌到最低值，而通貨膨脹在第3期以後達到最低點，這說明貨幣政策的匯率傳導機制先作用於產出，然後再由產出作用於通貨膨脹，這和傳統的經濟理論相一致。②房價的衝擊效應。給房價一個單位的標準正向衝擊會提高產出缺口和通貨膨脹率，與匯率相比，房價對實體經濟的影響力度較弱。另外，房價對通貨膨脹的影響強度大於對產出缺口的影響強度，這表明房價除了通過產出對通貨膨脹產生間接影響外，還存在其他渠道直接作用於通貨膨脹，其實不難解釋，因為房價本身也是影響 CPI 指數的一個重要因素。③短期利率的衝擊效應。短期利率的提高會增加企業的融資成本，降低投資規模，使總需求和通貨膨脹率下降，同時，高利率會引導儲蓄行為，降低居民的消費水準，從而對總需求和通貨膨脹率起到抑制作用。④股價的衝擊效應。從圖中可以看出，給股價一個單位的標準正向衝擊會引起產出缺口和通貨膨脹率的顯著反應，8季度內對產出和通貨膨脹率的累計影響分別為2.4%和3.2%。

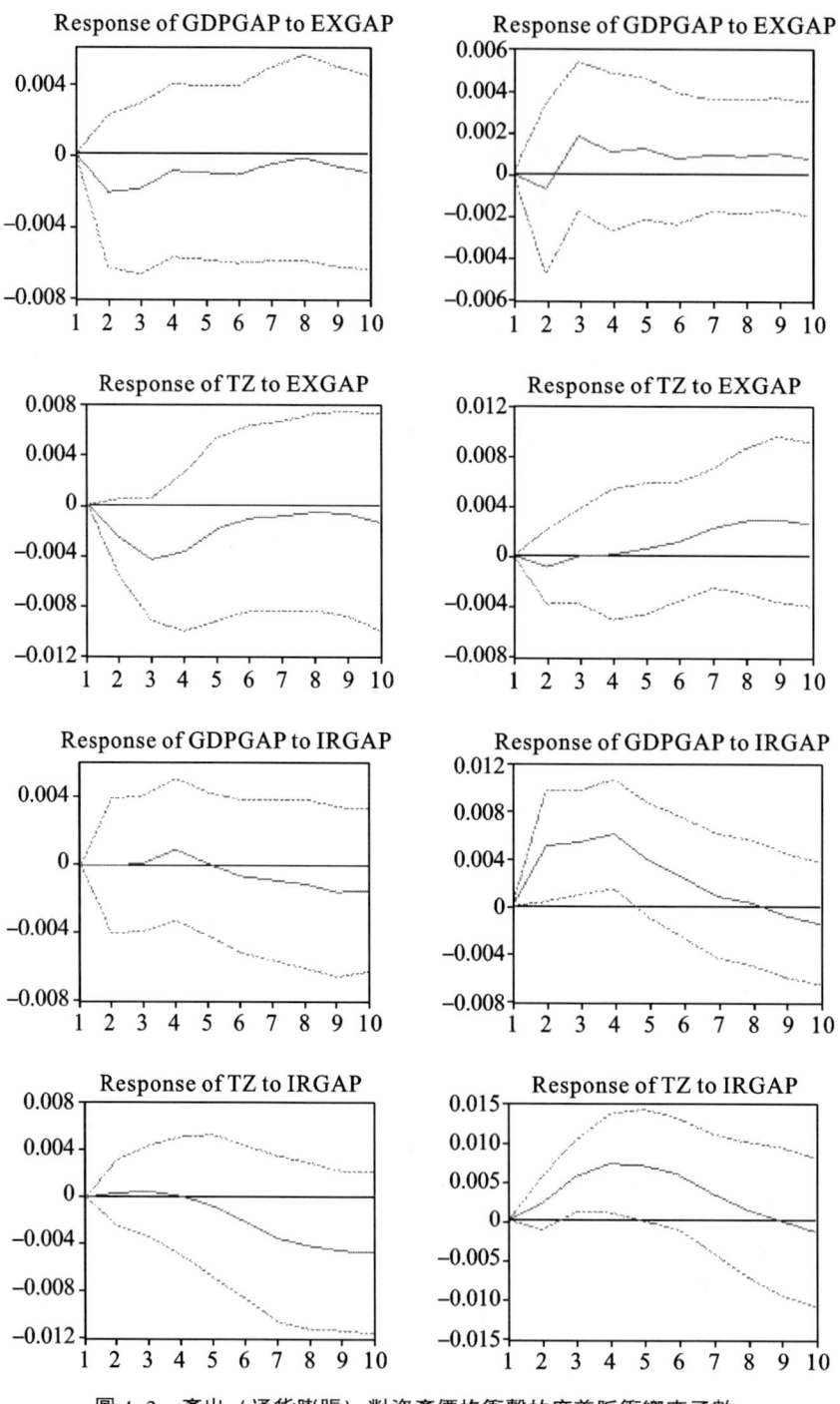

圖 4-2 產出（通貨膨脹）對資產價格衝擊的廣義脈衝響應函數

表 4-4 進一步給出了產出缺口對各資產價格標準衝擊的累積平均影響，參照 Gauthier 等（2004）的研究方法，本節將基於 VAR 廣義脈衝響應函數所構造的金融狀況指數（FCIVAR）的權重定義為產出缺口對各資產價格衝擊在 8 季度內的累計平均脈衝響應，因此基於 VAR 廣義脈衝響應函數所構造的金融狀況指數（FCIVAR）如下：

FCIVAR=0.005,8×hpidgap−0.007,9×exgap−0.001,2×irgap+0.024,0×spgap

上式表明，房價和股價的上漲（利率與匯率的下跌）會引起金融狀況指數（FCIVAR）的上升，這表明金融形勢趨於寬鬆；反之，則表明金融形勢趨於緊縮。

表 4-4 累計脈衝響應強度

Period	HPIDGAP	EXGAP	IRGAP	SPGAP
1	0.000,000	0.000,000	0.000,000	0.000,000
	(0.000,00)	(0.000,00)	(0.000,00)	(0.000,00)
2	−0.000,717	−0.002,11	−5.28E−05	0.005,076
	(0.002,05)	(0.002,13)	(0.001,98)	(0.002,33)
3	0.001,090	−0.004,052	5.69E−05	0.010,461
	(0.003,07)	(0.003,88)	(0.003,19)	(0.003,71)
4	0.002,143	−0.004,979	0.000,969	0.016,554
	(0.004,58)	(0.005,47)	(0.004,43)	(0.005,25)
5	0.003,365	−0.006,005	0.001,034	0.020,436
	(0.005,75)	(0.007,12)	(0.006,03)	(0.006,88)
6	0.004,096	−0.007,151	0.000,387	0.022,874
	(0.006,90)	(0.009,04)	(0.007,90)	(0.008,79)
7	0.004,999	−0.007,705	−0.000,487	0.023,722
	(0.007,76)	(0.011,17)	(0.009,84)	(0.010,77)
8	0.005,842	−0.007,891	−0.001,587	0.024,030
	(0.008,48)	(0.013,45)	(0.011,89)	(0.012,69)

4.3 金融狀況指數（FCI）與通貨膨脹預測

上文分別通過簡約型的總需求方程和 VAR 廣義脈衝響應函數兩種方法來構造中國的金融狀況指數。但它們是否具有預測未來通貨膨脹的能力？基於哪種方法所構造的金融狀況指數的預測能力更強？這還需要利用一些標準來進行檢驗。

4.3.1 FCI對通貨膨脹率拐點的預測

此部分通過考察兩個金融狀況指數對真實通貨膨脹率拐點的預測能力來評估兩者預測未來通貨膨脹走勢的表現。由於FCIIS的數據始點為2002年第2季度，因此以此為始點來分析真實通貨膨脹率拐點的情況。對於通貨膨脹率2004年第3季度由高走低的拐點，FCIIS做出同期預測，而FCIVAR提前兩季度做出正確預測；對於通貨膨脹率2006年第1季度由低走高的拐點，FCIIS提前兩期做出預測，而FCIVAR在同期出現相應的拐點；對於通貨膨脹率2008年第1季度由高走低的拐點，FCIIS與FCIVAR均提前一期出現對應的拐點；對於通貨膨脹率2009年第2季度由低走高的拐點，FCIIS提前一期做出預測，而FCIVAR提前兩期做出預測；通貨膨脹率最近的一次拐點出現在2011年第3季度，FCIIS提前5期出現相應的拐點，而FCIVAR提前6期出現對應的拐點。基於對拐點預測能力的分析，我們認為兩個金融狀況指數均能對真實通貨膨脹率的拐點在當期或提前幾期做出正確預測，說明FCI確實包含了未來經濟的重要信息，但根據對真實通貨膨脹率拐點的預測並不能判斷出兩個金融狀況指數的優劣情況。

4.3.2 FCI與通貨膨脹動態相關性分析

表4-5給出了兩種金融狀況指數與未來通貨膨脹的動態相關係數。基於IS曲線構建的金融狀況指數（FCIIS）與通貨膨脹率當期至未來4季度的值顯著正相關，動態相關係數在領先2期時達到最大值0.840,7，之後逐漸減弱。基於VAR的金融狀況指數（FCIVAR）與通貨膨脹率未來1至4季度的值顯著正相關，但對未來2個季度的通貨膨脹率的解釋力度最大，相關係數達到0.537,8。通過以上分析，本書認為基於兩種不同方法構造的金融狀況指數均是通貨膨脹率未來4季度內變動的顯著領先指標，而且都在領先2期時相關係數達到最大化，但FCIIS與通貨膨脹的動態相關係數在各期均大於FCIVAR與通貨膨脹的動態相關係數，因此，基於對金融狀況指數與通貨膨脹動態相關性的分析認為FCIIS對未來通貨膨脹變動的預測能力更強。

表4-5 動態相關性分析

領先期數	0	1	2	3	4	5
FCIVAR	0.209,4	0.456,7*	0.537,8*	0.424,1*	0.456,7*	-0.089
FCIIS	0.528,5*	0.775,8*	0.840,7*	0.709,1*	0.474,7*	0.170,6

註：表中*表示在5%水準上顯著。

4.3.3 Granger 因果關係檢驗

Granger 因果關係檢驗結果對變量滯後階數的選擇相當敏感，各種資訊準則對滯後階數的選擇存在差異（分布在 2 階至 4 階之間），表 4-6 給出了 FCIIS、FCIVAR 與 TZ 的兩兩因果關係的檢驗結果。Granger 因果關係檢驗結果表明，兩個金融狀況指數在滯後 2 階至 4 階上均顯著為通貨膨脹的 Granger 原因，說明資產價格變動確實包含了通貨膨脹變動的相關資訊，金融狀況指數對未來通貨膨脹走勢具有很好的解釋力。

表 4-6　Granger 因果檢驗結果

滯後階數	2	3	4
FCIIS to TZ（P 值）	0.000	0.029	0.001
FCIVAR to TZ（P 值）	0.004	0.000	0.000

4.3.4　簡單迴歸分析

通過使用當期的通貨膨脹率對金融狀況指數的滯後期進行簡單的 OLS 線性回歸來驗證金融狀況指數在樣本區間內對通貨膨脹的預測能力，若滯後期的金融狀況指數在估計結果中影響顯著，則說明金融狀況指數能對未來的通貨膨脹率做出提前反應。簡單的 OLS 模型設定如下：

$$TZ_t = \alpha + \beta FCI_{i,t-k} + \varepsilon \tag{4-24}$$

在式（4-24）中，i 代表兩種不同的金融狀況指數（即 FCIIS 和 FCIVAR），k 代表金融狀況指數對實際通膨的領先期數，本書 k 取 1～5，迴歸結果見於表 4-7。

表 4-7　簡單迴歸分析結果

領先期數	0	1	2	3	4	5
FCIVAR 參數	0.892	1.961**	2.325**	1.831**	0.810	-0.372
RMSE	0.025	0.023	0.022	0.024	0.026	0.026
FCIIS 參數	0.419**	0.603**	0.636**	0.521**	0.344**	0.122
RMSE	0.260	0.016	0.014	0.018	0.022	0.024

註：表中 ** 表示在 1% 水準上顯著。

從表 4-7 的迴歸結果中可以看出，兩個金融狀況指數的迴歸係數隨滯後期數的增加先變大，之後逐漸減少，但 RMSE（預測的平均平方誤差）則隨滯

後期的增加先減小而後變大。FCIIS 與 FCIVAR 在 $k=2$ 時迴歸係數達到最大值，分別為 0.636 和 2.325，同時 RMSE 達到最小值，分別為 0.014 和 0.022，說明金融狀況指數對未來 2 個季度的通貨膨脹具有較強的預測作用。基於 RMSE 的比較，認為 FCIIS 的預測能力強於 FCIVAR 的預測能力。

4.3.5 通貨膨脹對 FCI 的脈衝響應函數

通過分別估計 TZ 與 FCIIS、FCIVAR 的兩兩變量 VAR 模型（根據各種資訊準則確定最佳的滯後階數分別為 2 階和 4 階）可以得到通貨膨脹率對金融狀況指數衝擊的脈衝響應函數。從圖 4-3 可以看出，給金融狀況指數一個單位的標準衝擊，通貨膨脹均會做出強而顯著的正向回應。

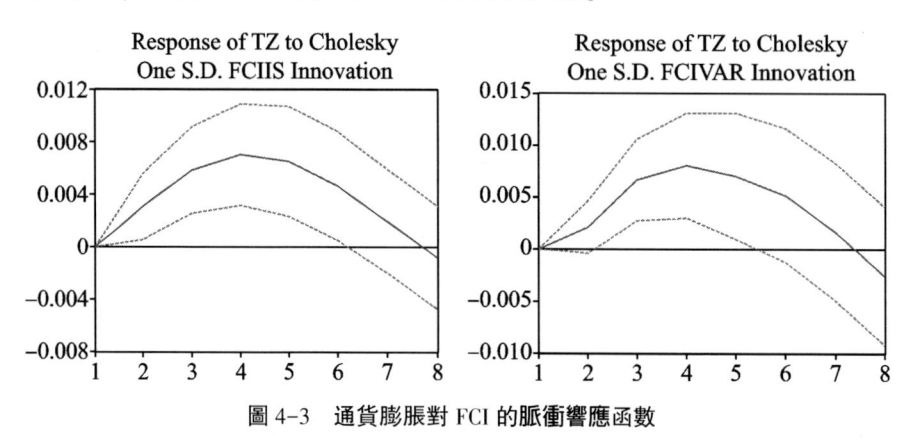

圖 4-3　通貨膨脹對 FCI 的脈衝響應函數

總而言之，經過上述系列通貨膨脹預測能力檢驗標準發現，基於總需求縮減方程式和 VAR 廣義脈衝響應函數所構造的 FCI 均對中國未來通貨膨脹具有較強的預測能力，說明中國的資產價格包含了未來經濟的重要資訊，資產價格具有通貨膨脹指示器的作用，貨幣當局應該利用這些資訊提前進行貨幣政策調控，從而維持經濟的平穩運行。與此同時，上述動態相關性分析和簡單迴歸分析認為 FCIIS 對未來通貨膨脹走勢的預測效果更佳，因此下文將利用 FCIIS 來分析中國的貨幣政策立場。

4.4　金融狀況指數（FCI）與中國貨幣政策立場

貨幣政策立場是否在金融市場上得到相應的體現，一方面關係到金融市場能否作為貨幣政策的有效傳導渠道，另一方面也關係到貨幣政策的執行效果。

如果貨幣政策的鬆緊與金融市場的鬆緊保持較高的一致性，則可以說明金融市場對國家貨幣政策反應靈敏，同時也認為貨幣政策得到了有效實施。

根據本書所構造的金融狀況指數的組成形式可知，金融狀況指數的上升表明較為寬鬆的金融狀況，反之則表明金融狀況的緊縮。上節的相關檢驗認為FCIIS對未來通貨膨脹走勢的預測效果更佳，因此這裡利用FCIIS來分析中國的貨幣政策立場（見圖4-4）。

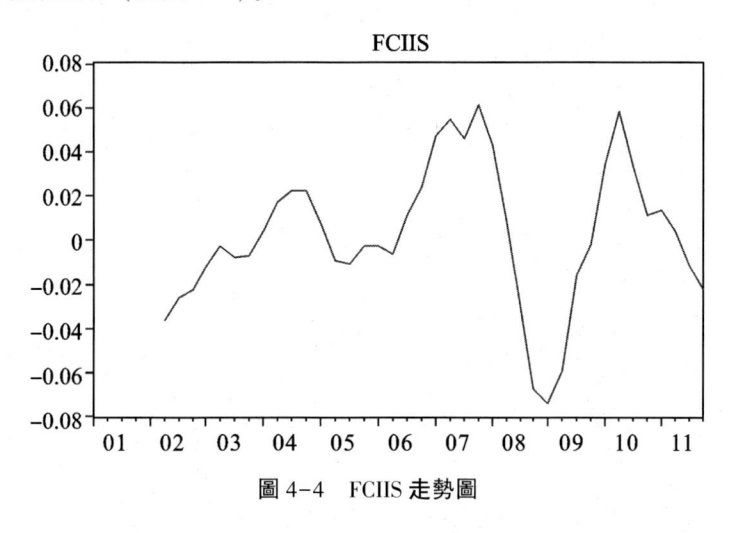

圖4-4　FCIIS走勢圖

在2002年至2004年期間，央行為防止經濟過熱，曾兩次提高存款基準利率和貸款基準利率，這表明貨幣政策趨緊，但從上圖可以發現，金融狀況指數在2002年第2季度到2004年第3季度期間卻呈現上升趨勢，表明較為寬鬆的金融情形，出現這種貨幣執行偏差的原因在於中國消費者物價指數在此期間快速上升使得實際利率反而下降，加之此期間內人民幣實際有效匯率的下跌，使得淨出口增加，從而導致金融狀況指數在此期間一路上升。2004年至2005年，貨幣政策總體穩定，但由於中國股市和房市在此期間均處於低迷狀態，因此金融狀況指數表現為趨緊。在2006年到2007年的兩年時間內，央行曾8次提高存款基準利率和貸款基準利率，表明貨幣政策縮緊。但通貨膨脹反而使實際利率有所下降，加之在此期間股市表現出新一輪的上漲趨勢，到2007年10月上證指數達到6,124點，這反應了金融狀況指數從2006年第1季度至2007年第4季度的上升態勢。從2008年第1季度開始，中國連續5次提高存款準備金率，這表明貨幣政策較為緊縮。金融狀況指數在此期間同樣出現較為緊縮的情形，這是由於受2008年國際金融危機的影響，中國股市在年末出現大幅度下跌，加之2008年房市的不景氣，所以金融狀況指數表現出下降態勢。2009年

繼續實施始於 2008 年年底的較為寬鬆的貨幣政策，金融狀況指數在 2009 年第 2 季度至 2010 年第 2 季度期間保持上升態勢，表明金融狀況指數與貨幣政策的一致性。這一時期金融形勢的寬鬆主要取決於短期利率與匯率的下跌和房地產市場的復甦。從 2010 年到 2011 年年底，央行曾 7 次提高銀行存款準備金率，這表明貨幣政策較為緊縮。在此期間由於房價的過快上漲得到有效控制，加之股市的低迷與人民幣的快速增值，因此金融狀況指數從 2010 年第 3 季度開始便一路下跌，金融狀況指數與貨幣政策再次保持較為一致的同步性。

上述分析認為金融狀況指數與中國的貨幣政策保持了較高的一致性，即貨幣政策的變動可以體現為金融狀況指數的上升或下降，這說明資產市場（股票市場和房地產市場）是有效的貨幣政策傳導渠道，因此央行在實施貨幣政策時應該關注資產價格的變動情況，以防止實施效果出現較大的偏差。

4.5　本章小結

首先，本章借助 Smets（1997）的經濟結構模型從理論推導的角度說明資產價格如何具有預測未來產出和通貨膨脹資訊的能力。其次，基於中國的實體經濟數據，分別利用縮減式總需求方程和 VAR 廣義脈衝響應函數兩種不同的方法構造了符合中國國情的金融狀況指數。具體而言：首先，在估計縮減型總需求方程時，將對實體經濟具有顯著影響的資產價格滯後項納入金融狀況指數來反應各資產價格對實體經濟的動態影響，以構建出動態金融狀況指數，從而解決傳統 FCI 缺乏動態性的問題；然後，構建狀態空間模型，利用卡爾曼濾波來考慮各資產價格在 FCI 中的權重是否具有時變性，從而解決 FCI 參數非時變性的問題；最後，由於單一方程式無法克服模型中變量內生性以及模型依賴性的問題，因此本書還利用 VAR 廣義脈衝響應函數來構造金融狀況指數。再次，利用一系列標準來檢驗金融狀況指數對未來通貨膨脹走勢的預測功能，總體而言，本章所構造的金融狀況指數均包含了未來通貨膨脹的重要信息（FCIIS 對未來通貨膨脹走勢的預測效果較 FCIVAR 更佳），說明資產價格確實具有通貨膨脹指示器的作用。貨幣當局應該利用這些信息來優化其貨幣政策調控，提升貨幣政策的運行效果。最後，文章還發現金融狀況指數 FCIIS 與中國的貨幣政策保持了較高的一致性，即貨幣政策的變動可以體現為金融狀況指數的上升或下降，這一方面說明金融市場是有效率的貨幣政策傳導渠道，另一方面說明中國的貨幣政策得到了有效的實施。因此，央行在實施貨幣政策時應該關注資產價格的變動情況，以防止實施效果出現較大的偏差。

5 資產價格與貨幣政策

前文第 3 章與第 4 章從理論和實證研究的角度探討了資產價格對中國產出和通貨膨脹的影響機制與影響程度，發現資產價格包含了未來產出和通貨膨脹的相關資訊，並提出貨幣當局應該利用這些資訊來優化其貨幣政策調控，以提高貨幣政策的運行效果。那麼，在資本市場與貨幣市場聯繫日益緊密的背景下，以促進經濟增長和維持物價穩定為最終貨幣政策目標的央行是否應對資產價格波動做出適當回應以及如何回應？特別是在股價和房價對宏觀經濟具有顯著影響的情況下，如何構建考慮資產價格情況下的中國最優貨幣政策反應函數？央行在制定最優貨幣政策反應函數時若忽視資產價格是否會對央行貨幣政策的最終目標產生影響？在現實中，中國的貨幣政策又是否已經對資產價格做出了回應？這些都是本章需要進行深入研究的問題。

本章包括三個部分的內容：5.1 節介紹了貨幣政策對資產價格產生影響的理論機制以及貨幣政策對資產價格的反應理論；5.2 節基於中國的經濟數據，分別估計一個包含和忽視股價與房價情況下的後顧型 IS-Phillips 曲線，並通過求解央行損失函數最小化問題，進而推導出包含和忽視資產價格情況下的央行最優利率反應函數，並基於此對經濟進行數據模擬，分析將資產價格納入最優利率反應函數是否能減小產出缺口與通貨膨脹的波動性，最終解決了央行貨幣政策是否需要回應資產價格以及如何回應的問題；5.3 節在結構向量自迴歸模型（SVAR）的分析框架下研究了資產價格衝擊對貨幣政策變量的影響，特別地利用了最新的「有向無環圖」技術來確定 SVAR 系統中變量之間的同期關係，並在此基礎上利用脈衝響應函數和方差分解來研究資產價格對貨幣政策變量的影響，最後得出了較為客觀的研究結論。

5.1 貨幣政策與資產價格的理論分析框架

5.1.1 貨幣政策對資產價格產生影響的理論機制

貨幣當局通常通過對利率和貨幣供應量進行調整，從而達到干涉資產價格的目的，但是兩種不同的貨幣政策工具對資產價格的作用方式有所不同。

5.1.1.1 以貨幣供應量調整為特徵的貨幣政策對資產價格的影響

首先，根據傳統的貨幣數量理論可知，當保持貨幣的流通速度不變時，貨幣供應量的增加會導致一般商品價格的上漲。由於金融市場的不斷發展以及金融資產在整個國民經濟中比重的提高，新增的貨幣供應量除了流向傳統的商品與服務部門外，還流入到以股市和房市為代表的資產市場。相對於固定收益的貨幣而言，資產的淨收益具有較高的未來不確定性，而高風險通常伴隨著高收益，由於貨幣天生的逐利性，新增加的那部分貨幣供應更加傾向於流向資產市場，因此貨幣供應量的調整對資產價格的影響力度大於對一般商品和服務價格的影響力度。

再者，根據托賓的資產組合理論，投資者手中持有的資產通常包括無風險資產（貨幣，通常又被稱為安全資產）和風險資產（本書主要是指股票與房產）兩部分。如果貨幣供應量的增加導致安全資產在投資者的投資組合中的比重過大，那麼為了爭取風險資產所帶來的高收益，投資者會將一部分貨幣轉化為風險資產，假如風險資產供應量不變，風險資產需求量的增長將直接導致資產價格的上漲；相反，如果貨幣供應量的減少降低了安全資產在資產組合中的比重，出於安全性的考慮，投資者會出售一部分風險資產轉而增加貨幣的持有量，風險資產的拋售將會導致風險資產價格的下降。

5.1.1.2 以利率調整為特徵的貨幣政策對資產價格的影響

首先，凱恩斯的流動性偏好理論中的投機需求指出人們所持有的貨幣主要用於從事投機資產交易。一般情況下，投機資產的價格與利率的變動呈反向變動關係，即利率下降，資產價格上漲；利率上升，資產價格下跌。正是由於投機資產價格與利率的反向變動關係，利率對用於投機交易的貨幣需求具有決定性影響。凱恩斯進一步指出，如果利率調整使得現實的利率高於公眾對利率的預期標準，則會有更多的人相信利率將會在未來下降，在這種情況下，人們會用所持的貨幣購買更多的投機資產，這會導致資產價格的上升；相反，如果利率調整使得現實的利率低於公眾對利率的預期標準，則人們相信利率在未來將

會上升，在這種情況下，人們會拋售手中所持的投機資產轉而回籠貨幣，這會導致資產價格的下跌。

其次，由托賓等人提出的資產選擇理論還解釋了利率工具影響資產價格波動的「財富累積效應」與「替代效應」。「財富累積效應」是指當利息率下降時，投資者會減少無息貨幣的持有量而購進更多的高收益風險資產，以達到增加投資者總財富的目標，這會導致資產價格的上漲。「替代效應」是指風險資產與無風險資產之間存在一定的替代關係，當利率下降導致貨幣的利息收入減少時，投資者會增加對風險資產的購買，這會引起風險資產價格的上漲。

最後，利率作為重要的宏觀經濟形勢指示器，利率的調整會影響公眾對未來宏觀經濟運行態勢的判斷，進而會影響公眾對資產價格波動方向的預期。例如，利率上調，表明貨幣政策緊縮，實體投資的增長速度會受到影響，未來經濟增長放慢，公眾對資產的未來收益持悲觀態度，從第 2 章資產價格的貼現值模型（見第 2 章 2.2.1 節）來理解，即 $P_{(\Phi_{t+1})}$ 和 $D_{(\Phi_{t+1})}$ 的下降及 $\lambda_{(\Phi_{t+1})}$ 的上升，必然會伴隨著資產價格的下跌。進一步地，如果資產的未來收益下降，則會降低資產的抵押品價值，社會經濟活動主體以資產作為抵押品向銀行申請的貸款額度也會受到限制，社會中的貨幣存量減少，促使資產的市場價格進一步下跌。相反，若利率下降，則會刺激社會投資的增長速度，由於公眾對未來宏觀經濟形勢看好，因此會高估資產的未來收益狀況，使資產的市場價格上升。

5.1.2 貨幣政策對資產價格的反應理論

貨幣當局對資產價格的反應可分為事前反應與事後反應兩種策略。事前反應策略是指央行如何利用貨幣政策來防止資產價格過度膨脹給實體經濟帶來的各種損害；而事後反應策略則是指面對已經發生的資產價格泡沫，貨幣當局如何利用貨幣政策來對受損的實體經濟進行修復。目前，學術界關於貨幣政策對資產價格的事前反應策略主要包括「無為論」與「有為論」兩種觀點，而央行對資產價格的事後反應策略則分為「積極反應型」貨幣政策與「防禦反應型」貨幣政策。

5.1.2.1 貨幣政策對資產價格的事前反應

「無為論」以 Bernanke 和 Gertler 為代表。他們主張央行的貨幣政策只應將物價水準作為關注目標，而對資產價格的波動不需要做出額外的貨幣政策調整。持「無為論」觀點的理由主要包括：貨幣當局並不能有效地區分資產價格泡沫是由理性層面還是由非理性層面所引起的，錯誤的判斷會導致事與願違的結果；即使資產價格泡沫是可以識別的，但是由於政策具有時滯性，可能會

導致實際結果與預期目標有所偏離；通貨膨脹目標制可以有效地維持宏觀經濟以及金融系統的穩定，即在資產價格出現泡沫時，利率會自動進行調整，從而減少潛在金融恐慌的出現；央行不應利用貨幣政策對資產價格做出額外反應，除非資產價格波動會對中央銀行的預期通貨膨脹產生影響。

「有為論」以 Cecchetti 等（2000）、Filardo（2001）、Bordo 和 Jeanne（2002）為代表。他們認為在資產價格的膨脹與崩潰的循環中潛伏著金融危機對實體經濟的巨大威脅，因此貨幣當局在堅持傳統通貨膨脹目標制的同時，應將資產價格納入央行貨幣政策反應函數之中。他們提出貨幣政策對資產價格做出反應需具備一系列的前提條件：首先，應該區分資產價格泡沫的形成原因，如果資產價格膨脹是由理性經濟層面所引起的，則貨幣政策不應做出反應；其次，資產價格對未來通貨膨脹具有較強的「指示器」作用；再次，貨幣當局需要有充分的資訊來判斷資產價格泡沫的演化路徑；最後，通過貨幣政策工具主動刺破泡沫可以避免金融恐慌的出現。

5.1.2.2 貨幣政策對資產價格的事後反應

當較為嚴重的資產價格膨脹或資產價格泡沫已經發生時，貨幣當局應該如何應付受損的實體經濟？根據 Filardo（2004）提出的貨幣政策校準模型，可以把央行對資產價格的事後反應策略分為「積極反應型」貨幣政策與「防禦反應型」貨幣政策。

雖然貨幣政策對資產價格的事前反應需要央行對資產泡沫的成分進行識別，但是當已經出現資產泡沫或泡沫破滅後，不管泡沫是由理性層面還是由非理性層面所引起的，各國貨幣政策對此所持的態度是一致的，即對資產價格泡沫進行積極反應。根據 Filardo（2004）的貨幣政策校準模型，即使貨幣當局不能有效地區分資產價格波動中的基本層面部分和泡沫部分，對此進行積極的反應也仍然是最優的策略。另外，Filardo（2001）認為當資產價格包含了通貨膨脹和產出的可靠資訊時，貨幣當局需要對資產價格泡沫做出反應。即使貨幣當局不能有效地區分資產價格波動的基本層面部分和泡沫部分，這一結論也同樣成立。Bordo 和 Jeanne（2002）認為不管資產價格的泡沫是由基本層面引起的還是由非理性因素導致的，資產價格的反轉下跌均會給宏觀經濟的穩定造成巨大影響，因此貨幣當局需要對資產泡沫做出積極反應。

但在現實中，一些國家在資產泡沫破滅後實施的事後貨幣政策的效果並不理想，例如 20 世紀 90 年代日本房地產泡沫破滅以後，日本政府為挽救持續低迷的國內經濟，曾一度實施「零利率」貨幣政策，但因為營救措施的不及時以及政策實施不徹底，日本難以走出經濟危機的陰影，因此人們把 90 年代視

為日本「失落的十年」。

「防禦反應型」貨幣政策，即當資產價格出現泡沫時，央行應該將利率提到足夠高的水準以主動刺破資產泡沫，以避免泡沫持續擴大後破滅而給實體經濟造成更大的損失。但由於這種事後反應策略蘊含著極大的風險，因此在實踐中較少地被各國所採用，Filardo（2004）把「防禦反應型」貨幣政策稱為「挑戰死亡的行為」。

5.2 資產價格與最優貨幣政策反應函數

5.2.1 引言

隨著各國金融資產總量與結構的變遷，以及各國資本市場的發展，近年來主要資產價格的劇烈波動不僅顯著地改變著貨幣政策影響實體經濟的傳導機制，而且還對傳統的央行貨幣政策構成了挑戰。這不僅是因為資產價格會通過各種效應造成實體經濟不穩定，而且資產價格泡沫的膨脹與破滅通常還伴隨著系統性的金融風險。2008年由房價急速下跌所引起的美國次貸危機更加充分地顯示了資產價格波動對實體經濟的摧毀性影響。在資本市場與貨幣市場聯繫日益緊密的時代背景下，以促進經濟增長和維持物價穩定為最終貨幣政策目標的央行是否應對資產價格波動做出適當回應以及如何回應？特別是在股價和房價對宏觀經濟具有顯著影響的背景下，如何構建考慮資產價格情況下的中國最優貨幣政策反應函數？央行在制定最優貨幣政策反應函數時若忽視資產價格是否會對央行貨幣政策的最終目標產生影響？這是本節所關注的問題。

關於貨幣政策是否應對資產價格變動做出積極回應，目前學術界存在兩種截然不同的觀點。第一種觀點即「有為論」，以 Cecchetti 等（2000）、Filardo（2001）、Bordo 和 Jeanne（2002）為代表。他們認為在資產價格的膨脹與崩潰的循環中潛伏著金融危機對實體經濟的巨大威脅，因此貨幣當局在堅持傳統通貨膨脹目標制的同時，還應該關注資產價格的變動，在發現資產價格中存在泡沫成分時，應主動刺破泡沫以避免泡沫繼續發展繼而破滅後給經濟發展帶來損害。第二種觀點即「無為論」，以 Bernanke 和 Gertler 為代表。他們認為貨幣當局並不能有效地區分資產價格泡沫是由理性層面還是由非理性層面所引起的，錯誤的判斷會導致事與願違的結果。另外，在通貨膨脹目標制下，利率會根據資產價格的波動情況自動做出調整，因此他們堅持央行的貨幣政策只應將物價水準作為關注目標，而對資產價格的波動不需要做出額外的貨幣政策調整。

然而,「有為論」與「無為論」均是基於人為設定的不同利率規則對經濟進行模擬而得到的結論和判斷,數據模擬的最大缺陷在於對利率規則的設定過於主觀,因為並不一定存在最優的利率規則,而且有可能都是次優級的,這可能會導致模擬結果有所差異,最佳的解決辦法應該是從模型出發,根據貨幣政策目標函數來推導出最優的利率反應規則。

近年來,一些學者開始考察資產價格對最優貨幣政策反應函數的設計與選擇的作用。Kontonikas 和 Montagnoli（2006）將一個包含資產價格的後顧型 IS-Phillips 模型作為約束條件來求解央行目標函數最小化問題（目標函數表示為對產出和通貨膨脹波動進行懲罰的二次函數貼現）,從而推導出最優的利率反應函數。但文章只將資產價格而非資產價格缺口納入 IS 曲線的做法欠妥,因為在長期均衡中,所有的市場出清,資產價格基本面不會對產出缺口產生影響。Castro（2008）把線性的泰勒規則發展成一個非對稱的泰勒規則來檢驗各國央行的貨幣政策反應函數對金融狀況指數的回應情況。文章發現只有歐洲央行將金融狀況指數作為貨幣政策控制目標,而英格蘭央行和美聯準並沒有盯住資產價格。貨幣政策對金融狀況指數的忽視使英格蘭和美國在最近的信用危機困境前顯得比歐洲更為脆弱。

雖然國內有關貨幣政策反應規則設計的文獻開始不斷湧現,如劉斌（2003）和卞志村（2006）,但是把資產價格考慮進來對貨幣政策反應規則進行選擇的文獻還相當罕見。趙進文、高輝（2009）首先將股價和房價納入給定的前瞻型利率反應規則中,基於中國的數據進行實證估計,然後利用模型的擬合值與真實利率進行比對,發現將資產價格作為內生變量的貨幣政策比未考慮資產價格的利率反應規則的模擬效果更好。陳偉忠、黃炎龍（2011）首先構造了動態性的金融狀況指數,然後將其納入前瞻型利率反應規則中,研究發現金融狀況指數在利率反應函數中影響顯著,認為資產價格的波動已經影響到貨幣政策的有效性,因此建議央行在遵循通貨膨脹目標制的同時,還需要考慮到資產價格的變化。這兩篇文章所考慮的利率反應規則均是人為給定的,而非從相關的理論模型出發推導所得,正如前文所述,人為設定的利率規則可能是次優級的,從而使研究結論頗具爭議性。

有鑒於此,本書基於中國的經濟數據,分別估計了包含和忽視股價與房價情況下的後顧型 IS-Phillips 曲線,通過求解央行損失函數最小化問題,進而推導出包含和忽視資產價格情況下的央行最優利率反應函數,並基於此對經濟數據進行模擬,以分析將資產價格納入最優利率反應函數是否能減少產出缺口與通貨膨脹的波動性,最終解決了央行貨幣政策是否需要回應資產價格以及如何回

應的問題。需要說明的是，本書是在 IS-Phillips 框架下來推導最優的貨幣政策反應函數，即本書實際上是將利率作為貨幣政策的仲介目標，因此本書所指的貨幣政策反應函數即為利率反應函數。雖然長期以來中國主要實行以貨幣供應量為主導的貨幣政策機制，但是隨著中國資本市場的發展逐漸趨於成熟，以貨幣供應量為主導的貨幣政策機制對資本市場的影響力度減弱，因此將利率作為中國貨幣政策操作的仲介目標具有可行性（中國人民銀行研究局課題組，2002；孫華妤 等，2003）。

本節結構安排如下：5.2.2 節為考慮資產價格情況下的最優貨幣政策反應函數理論推導；5.2.3 節基於中國的經濟數據，通過估計一個包含和忽視資產價格情況下的後顧型 IS-Phillips 模型，來求解央行損失函數最小化問題，推導出不同情況下的最優貨幣政策反應函數，並基於此對經濟進行模擬分析；5.2.4 節為本部分的研究結論與政策建議。

5.2.2　考慮資產價格情況下的最優貨幣政策反應函數理論推導

為從理論模型上推導出最優的貨幣政策反應函數，需要解決受約束條件下的央行目標損失函數最小化問題。下面首先對央行目標函數進行設定，然後再引入約束條件 IS-Phillips 模型。從社會福利角度來講，央行貨幣政策應該是以追求全社會的福利最大化為目標。而在現實中，央行貨幣政策的目標通常是一種追求產出缺口和通貨膨脹相對於各自目標值波動最小化的混合目標（Kontonikas et al.，2006；朱孟楠 等，2011）。本書將央行目標函數設定如下：

$$F = \sum_{t=0}^{\infty} \delta^t F_t(y_t, \pi_t), \quad F_t = \frac{1}{2}[(\pi_t - \pi^*)^2 + \lambda(y_t - y^*)^2] \quad (5-1)$$

在式（5-1）中，F 為福利損失函數，δ 為福利貼現因子（$0 < \delta < 1$），π^* 和 y^* 分別是通貨膨脹與產出缺口的目標值，而 λ 為損失函數中產出相對於通貨膨脹率的權重。Woodford(1999) 在其工作論文中已經證明，($-F$) 即上述損失函數的相反數在二階範圍內與社會福利目標函數近似，因此在二階近似範圍內上述損失函數最小化也就實現了社會福利目標函數的最大化。Woodford(1999) 進一步指出，既然社會福利函數與央行損失函數相一致，那麼損失函數中通貨膨脹與產出缺口的目標值也應該和社會福利目標函數中通貨膨脹與產出缺口的目標值相一致。由於在長期均衡狀態下，通貨膨脹與產出缺口會逐漸趨近於零，因此通貨膨脹與產出缺口的目標值也應該為零。但是在現實中，考慮到央行的政治壓力、價格剛性、數據誤差以及操作性約束等因素的影響，央行並非將通貨膨脹目標值 π^* 簡單地設定為零，而是將其設定為某一正值。損失函數

中權重λ的選擇將取決於央行的偏好，但儘管如此，權重的選擇應該盡量使損失函數實現最小化，從而實現社會福利目標最大化。因此，式（5-1）可以簡化為如下形式：

$$F = \sum_{t=0}^{\infty} \delta^t F_t(y_t, \pi_t), \quad F_t = \frac{1}{2}[(\pi_t - \pi^*)^2 + \lambda y_t^2] \quad (5-2)$$

求解央行損失函數最小化問題，必然需要引入相應的約束條件。本書在傳統IS-Phillips模型的基礎上，將資產價格納入IS曲線，以構建一個包括資產價格的後顧型IS-Phillips理論模型①，從而作為央行目標損失函數的約束條件。擴展後的IS-Phillips模型具體設定如下：

$$\pi_{t+1} = \pi_t + \alpha_1 y_t + v_{t+1} \quad (5-3)$$
$$y_{t+1} = \beta_1 y_t + \beta_2 r_t + \beta_3 p_t + \varepsilon_{t+1} \quad (5-4)$$

在上述模型中，各變量均表示其真實水準與其潛在水準（長期均衡水準）的差額，即變量缺口。其中，π為經濟處於長期均衡狀態下的通貨膨脹水準，y為社會產出缺口，r為利率缺口，而p為真實資產價格缺口。模型中並未包含截距項，這是因為截距項在取各變量與其長期均衡水準的偏差的過程中被消除了。另外，v和ε均為隨機擾動項，它們服從獨立同分布，即$v \sim (0, \delta_v^2)$，$\varepsilon \sim (0, \delta_\varepsilon^2)$。

為簡化理論推導過程，將上述加入資產價格的IS-Phillips理論模型中各變量的滯後期設定為1。式（5-3）為Phillips曲線，國內外諸多學者的研究證實Phillips曲線在長期內是垂直的（Goodhart et al., 2001; Batini et al., 2002; 劉斌，2003），因此將通貨膨脹一階滯後項的係數設定為1。式（5-4）為IS曲線，除了將產出缺口和利率缺口的一階滯後項納入IS曲線外，還考慮到了資產價格缺口對產出缺口的影響，因為國內外諸多研究（Gallinger, 1994; 王子龍 等，2008; Miller et al., 2011）已經證實資產價格會通過各種渠道對社會總需求產生影響。根據本書第4章4.2.2節的研究可以預期，α_1、β_1、β_3均大於零，而β_2則小於零。

據此，利率反應函數的理論推導就是在受式（5-3）和式（5-4）的約束條件下求解式（5-2）的損失函數最小化問題。因此，本書的理論模型可以表

---

①本書之所以沒有採用較為複雜的前向型或混合型IS-Phillips模型，是因為本書的目的並不是制定精確的貨幣政策控制目標，而是從包括資產價格的IS-Phillips模型和不包括資產價格的IS-Phillips模型中推導出相應的利率反應函數，並據此通過數據模擬來分析對央行損失的影響，從理論推導簡化性的角度考慮，簡單的後顧型IS-Phillips模型足以達到本研究的目的。另外，後顧型IS-Phillips模型也在國內外的相關研究中得到了普遍運用（Goodhart et al., 2001; 唐齊鳴 等，2009）。

示為：

$$\min \sum_{t=0}^{\infty} \delta^t F_t(y_t, \pi_t), \quad F_t = \frac{1}{2}[(\pi_t - \pi^*)^2 + \lambda y_t^2]$$

$$s.t. \quad \pi_{t+1} = \pi_t + \alpha_1 y_t + \upsilon_{t+1}$$

$$y_{t+1} = \beta_1 y_t + \beta_2 r_t + \beta_3 p_t + \varepsilon_{t+1} \tag{5-5}$$

為得到式（5-5）的一階條件，參照 Kontonikas 和 Montagnoli（2006）的做法，將損失函數轉化為如下形式：

$$V(\pi_t) = \min y_t \left\{ \frac{1}{2}[(\pi_t - \pi^*)^2 + \lambda y_t^2] + \delta E_t V(\pi_{t-1}) \right\} \tag{5-6}$$

從式（5-6）中可看出，$V(\pi_t)$ 的控制變量為 y_t。另外，$V(\pi_t)$ 是二次線性函數，因此可以將其改寫成：$V(\pi_t) = k_0 + \frac{1}{2}k_1(\pi_t - \pi^*)^2$，其中 k_0 和 k_1 為未知參數。

式（5-6）的一階條件為：

$$\lambda y_t + \delta E_t V_{\pi_{t+1}}(\pi_{t+1}) \frac{\partial \pi_{t+1}}{\partial y_t} = 0$$

又因為 $V(\pi_t) = k_0 + \frac{1}{2}k_1(\pi_t - \pi^*)^2$ 及 $\pi_{t+1} = \pi_t + \alpha_1 y_t + \upsilon_{t+1}$，故可以把一階條件簡化為：

$$\lambda y_t + \delta \alpha_1 k_1 (\pi_{t+1|t} - \pi^*) = 0 \tag{5-7}$$

對式（5-7）進行適當的轉換可得：$\pi_{t+1|t} - \pi^* = -\frac{\lambda y_t}{\delta \alpha_1 k_1}$，又因為 $\pi_{t+1|t} - \pi^* = \pi_t + \alpha_1 y_t - \pi^*$，因此，$y_t = -\frac{\delta \alpha_1 k_1}{\lambda + \alpha_1^2 k_1}(\pi_t - \pi^*)$。

對損失函數 $V(\pi_t)$ 求 π_t 的導數：

$$\frac{\partial v(\pi_t)}{\partial \pi_t} = k_1(\pi_t - \pi^*) = (\pi_t - \pi^*) + \delta V_{\pi_{t+1}}(\pi_{t+1}) \frac{\partial \pi_{t+1}}{\partial \pi_t} = (\pi_t - \pi^*) + \delta k_1 \times$$

$$(\pi_{t+1|t} - \pi^*) = (\pi_t - \pi^*) + \delta_1 \left(-\frac{\lambda y_t}{\delta \alpha_1 k_1} \right) = (\pi_t - \pi^*) + \delta k_1 \times$$

$$\left(-\frac{\lambda}{\delta \alpha_1 k_1} \right) \left(-\frac{\delta \alpha_1 k_1}{\lambda + \alpha_1^2 \delta k_1} \right)(\pi_t - \pi^*) = (\pi_t - \pi^*) \left(1 + \frac{\delta \lambda k_1}{\lambda + \alpha_1^2 \delta k_1} \right)$$

因此，$lk_1 = 1 + \frac{\delta \lambda k_1}{\lambda + \alpha_1^2 \delta k_1}$，由此便可求解出 k_1：

$$k_1 = \frac{1}{2}\left(1 - \frac{\lambda(1-\delta)}{\delta\alpha_1^2}\right) + \sqrt{\left[1 - \frac{\lambda(1-\delta)}{\delta\alpha_1^2}\right]^2 + \frac{4\lambda}{\delta\alpha_1^2}} \geqslant 1$$

從 IS – Phillips 模型中可以發現，第 t 期的利率缺口影響第 $t+1$ 期的產出缺口，進而影響到第 $t+2$ 期的通貨膨脹率，因此可以從第 $t+1$ 期開始來考慮各期的損失。將央行損失函數最小化問題改寫為如下形式：

$$V(\pi_{t+1|t}) = \min_{y_{t+1|t}}\left\{\frac{1}{2}\left[(\pi_{t+1|t} - \pi^*)^2 + \lambda y_{t+1|t}^2\right] + \delta E_t V(\pi_{t+2|t+1})\right\}$$

s.t $\qquad\qquad\qquad \pi_{t+2|t+1} = \pi_{t+1} + \alpha_1 y_{t+1}$ \hfill (5-8)

式（5-8）的一階條件為：

$$\lambda y_{t+1|t} + \delta E_t V_{\pi_{t+2}}(\pi_{t+2|t+1})\frac{\partial \pi_{t+2|t+1}}{\partial y_{t+1|t}} = \lambda y_{t+1|t} + \delta\alpha_1 k_1(\pi_{t+2|t} - \pi^*) = 0 \quad (5-9)$$

將 $y_{t+1|t} = \beta_1 y_t + \beta_2 r_t + \beta_3 p_t$ 及 $\pi_{t+2|t} = \pi_t + \alpha_1(1+\beta_1)y_t + \alpha_1\beta_2 r_t + \alpha_1\beta_3 p_t$ 代入（式 5-9），便可以得到最優利率反應函數：

$$r_t = f_\pi(\pi_t - \pi^*) + f_y y_t + f_p p_t \qquad (5-10)$$

在式 (5-10) 中，$f_\pi = -\dfrac{\delta\alpha_1 k_1}{(\lambda + \delta\alpha_1^2 k_1)\beta_2} > 0$，$f_y = -\dfrac{\delta\alpha_1^2 k_1(1+\beta_1) + \lambda\beta_1}{(\lambda + \delta\alpha_1^2 k_1)\beta_2} > 0$，

$f_p = -\dfrac{\beta_3}{\beta_2} > 0$。

式（5-10）表明，當通貨膨脹率的現實值超過設定的目標值或者社會產出水準超過其潛在水準時，中央銀行應該提高實際利率水準，反之亦然。另外，資產價格進入最優利率反應函數，並不意味著貨幣政策應緊盯資產價格波動並將其納入調控目標使其在合理範圍內波動，而是因為資產價格包含了未來社會產出和通貨膨脹的相關資訊（第 4 章的研究已經證實資產價格可以作為未來產出和通貨膨脹的先行指標）。貨幣政策的根本目的是保持實體經濟的平穩發展，因此貨幣政策只能根據資產價格對實體經濟的影響來做出相應調整，即中央銀行在設定利率函數時需結合資產價格對未來通貨膨脹的影響情況來做出調整。具體而言，當資產價格發生膨脹，以致預期通貨膨脹水準超出目標值時，央行需提高實際利率水準以使預期通貨膨脹和產出水準降低至目標範圍內的合理水準，反之亦然。

5.2.3　基於中國最優利率反應函數的經濟模擬

本節將利用中國的實際經濟數據，來分別估計包含資產價格和忽略資產價格的 IS-Phillips 模型，進而推導出兩種情況下的利率反應函數，並以此為基礎

進行經濟模擬，以比較兩種不同利率反應函數下央行福利損失的大小，從而解決中國央行在制定貨幣政策時是否需要考慮資產價格的問題。

5.2.3.1 實證模型與數據說明

在5.2.2節的理論模型中，出於對理論推導的簡便性考慮，將IS-Phillips模型的解釋變量的滯後期統一設定為1，但在現實經濟中，產出缺口和通貨膨脹率的當期值會受其不同滯後期值的影響（第4章在估計動態金融狀況指數FCIIS的過程中已經證實），所以應該利用自迴歸分布滯後模型來估計IS-Phillips模型。另外，由於在現實中我們無法準確地得知各經濟變量的長期均衡值，因此用於實證研究的IS-Phillips模型還需要包括截距項。最後，本節所考慮的資產價格以房價和股價作為代表。用於推導中國最優利率反應函數的實證模型設定如下：

$$\pi_t = \beta_0 + \sum_\tau^{m_1} \beta_\tau \pi_{t-\tau} + \sum_v^{m_2} \beta_v Y_{t-v} + \varepsilon_1 \qquad (5-11)$$

$$Y_t = \alpha_0 + \sum_{k=1}^{n_1} \alpha_k Y_{t-k} + \sum_{i=1}^{n_2} \alpha_i \text{IR}_{t-i} + \sum_{j=1}^{n_3} \alpha_j \text{HP}_{t-j} + \sum_\gamma^{n_4} \alpha_\gamma \text{SP}_{t-\gamma} + \varepsilon_2 \quad (5-12)$$

其中，π 為通貨膨脹率，Y 表示真實產出缺口，IR表示利率缺口，HP表示房價缺口，SP表示股價缺口，ε_1 和 ε_2 為隨機擾動項，分別表示總供給衝擊與總需求衝擊。

本書選取中國國內生產總值、消費者價格指數、短期利率、房價和股價作為研究變量，樣本區間為2006年第1季度至2016年第4季度，共44組數據。數據來源與各變量的定義如下：

消費者價格指數（CPI）與通貨膨脹率（π）：消費者價格指數（CPI）來源於中經網統計數據庫。首先將CPI處理為以2000年1月為基期的定基月度數據，然後再對月度CPI進行季度內平均得到CPI的季度數據。本書的通貨膨脹率（π）為每四季度通貨膨脹率，定義為 $\ln(\text{CPI}_t) - \ln(\text{CPI}_{t-4})$，之所以採用每四季度通貨膨脹率是因為Goodhart和Hofmann（2001）認為每季度通貨膨脹率包含大量的噪音，而通過四階差分可以把這些噪音去掉。

產出缺口（Y）：國內生產總值（GDP）季度累計數據來源於中經網統計數據庫。用本季度的累計值減去上季度的累計值便可得到本季度的名義產出值。用季度CPI對名義GDP進行調整可得到季度的實際GDP。由於季度數據具有很強的季節性，故用X-11對其進行季節調整，然後再取對數。潛在的產出水準通過HP濾波可以得到，真實產出缺口（Y）定義為當期GDP與潛在產出水準之差。

利率缺口（IR）：選取市場化程度較高的銀行間7日內同業拆借利率作為

名義短期利率，將月度數據進行季度內平均得到季度的名義短期利率。銀行間7日內同業拆借利率數據來源於中經網統計數據庫。用名義利率減去通貨膨脹率可得到真實的季度短期利率。參照封北麟、王貴民（2006）的做法，將實際利率在樣本區間內的均值作為短期利率的長期均衡值，用當期值減去長期均衡值便可得到短期利率缺口（IR）。

房價缺口（HP）：將全國房地產銷售價格指數作為房價的代理變量，數據來源於中經網統計數據庫。對月度名義房地產銷售價格指數進行簡單的季度內平均可以得到季度房價指數。對季度房價指數進行 CPI 調整得到實際房價指數，由於此指數具有較強的季節性，故採用 X-11 進行季節調整。對經季節調整後的房價指數取對數，然後經 HP 濾波得到房價指數的長期趨勢，房價缺口（HP）定義為當期房價指數與其長期趨勢的差額。

股價缺口（SP）：本書採用上證指數來衡量樣本區間內中國股市的發展情況，數據來源於 CSMAR 股票市場研究系列數據庫。將季度開盤價與收盤價的平均值作為季度股價水準的代理，利用同季度 CPI 指數進行調整以得到真實股價，然後對實際股價指數取對數。根據傳統的資產定價理論，當前的股票價格是未來股利現金流的折現，因為股利與實體經濟的發展程度相關，因此可以認為股價的波動也是具有長期趨勢的。同樣，利用 HP 濾波可以得到股價的長期趨勢，股價缺口（SP）定義為當期股價與其長期趨勢的差額。

5.2.3.2 最優利率反應函數

由於式（5-11）和式（5-12）中均不包含前瞻型變量，加之兩式中的隨機擾動項 ε_1 和 ε_2 相互獨立，因此採用最小二乘法（OLS）對兩個方程進行單獨估計即可。設定每個方程中變量的最長滯後期為 4，結合模型的擬合程度及 AIC 等準則來對解釋變量進行取捨，最終得到較為精簡的 IS-Phillips 曲線。

在估計 IS-Phillips 曲線之前，需要對各研究變量進行平穩性檢驗，相關變量的 ADF 檢驗結果見於表 5-1。

表 5-1 平穩性檢驗

變量	ADF (c, t, k)	P 值	結論
Y	(0, 0, 0)	0.006,2	平穩
π	(0, 0, 1)	0.030,2	平穩
IR	(0, 0, 1)	0.007,8	平穩
HP	(0, 0, 1)	0.000,2	平穩
SP	(0, 0, 5)	0.008,2	平穩

註：表中 c 表示是否帶漂移項，t 表示是否帶趨勢項，k 表示滯後階數，根據 SIC 確定滯後階數。

單位根檢驗結果表明，各變量均是平穩的，因此可以對 IS-Phillips 曲線進行OLS 估計，估計結果見於表 5-2。從表 5-2 中可知，兩方程式的擬合度較好，迴歸殘差在 5 階範圍內不存在序列自相關且殘差通過了 White 異方差檢驗。另外，聯合顯著性檢驗與 RESET 檢驗表明模型設定較為合理。以上檢驗指標說明 IS-Phillips 曲線的估計效果較好，可以展開對其在相關經濟意義上的分析。

表 5-2　包含資產價格的 IS-Phillips 曲線

檢驗標準 \ 估計結果	(Ⅰ) $\pi_t = 0.963\pi_{t-1} + 0.348Y_{t-1}$ $T = (16.319)\ (2.191)$	(Ⅱ) $Y_t = 0.413Y_{t-1} + 0.535Y_{t-4} - 0.484\text{IR}_{t-2}$ $T = (3.099)\quad (3.695)\quad (1.873)$ $+0.060\text{HP}_{t-3} + 0.046\text{SP}_{t-3} - 0.067\text{SP}_{t-4}$ $(1.469)\quad (3.027)\quad (-4.600)$
$\beta_1 = 1$ 的 Wald 檢驗	$F = 0.751,\ P = 0.391$	
調整擬合度	$R^2 = 0.896$	$R^2 = 0.694$
聯合顯著性	$F = 151.110,\ P = 0.000$	$F = 14.491,\ P = 0.000$
殘差 5 階自相關 Q 檢驗	$Q = 6.315,\ P = 0.158$	$Q = 6.186,\ P = 0.289$
White 異方差檢驗	$F = 1.792,\ P = 0.165$	$F = 0.646,\ P = 0.832$
RESET 檢驗	$F = 1.256,\ P = 0.267$	$F = 0.748,\ P = 0.393$

對於 IS 曲線而言，真實產出缺口的當期值除了受自身滯後 1 期和滯後 4 期的正向影響之外，還受到利率缺口滯後 2 期的負向影響和房價缺口滯後 3 期的正向影響，而股價缺口對產出缺口的影響較為複雜，其中股價缺口滯後 3 期的影響為正，而股價缺口滯後 4 期的影響則為負。在 Phillips 曲線中，筆者對 $\beta_1 = 1$ 進行了 Wald 檢驗，結果不能拒絕原假設，說明在中國，Phillips 曲線在長期內呈現垂直狀態，這和劉斌（2003）的研究結論相一致。另外，產出缺口的滯後 1 期對當期的通貨膨脹率具有顯著的正向影響。

前文估計了包含資產價格的 IS-Phillips 曲線，但為比較包含和忽視資產價格情況下的貨幣政策對央行福利損失的影響，還需要估計一個不考慮資產價格情況下的 IS-Phillips 曲線，由於 Phillips 曲線不受資產價格的影響，因此只需要對 IS 曲線進行重新估計即可，估計結果見於表 5-3。從表 5-3 的迴歸結果中可以發現，在剔除掉資產價格後，式（Ⅲ）中變量的顯著性及模型的擬合度均有所下降，但總體而言，估計結果還是處於可接受的範圍之內。

表 5-3　忽視資產價格的 IS-Phillips 曲線

檢驗標準 \ 估計結果	(I) $\pi_t = 0.963\pi_{t-1} + 0.348Y_{t-1}$ $T = (16.319) \quad (2.191)$	(III) $Y_t = 0.694Y_{t-1} + 0.094Y_{t-4} - 0.464IR_{t-2}$ $T = (5.289) \quad (2.337) \quad (1.626)$
$\beta_1 = 1$ 的 Wald 檢驗	$F = 0.751, \ P = 0.391$	
調整擬合度	$R^2 = 0.896$	$R^2 = 0.469$
聯合顯著性	$F = 151.110, \ P = 0.000$	$F = 11.170, \ P = 0.000$
殘差 5 階自相關 Q 檢驗	$Q = 6.315, \ P = 0.158$	$Q = 3.578, \ P = 0.612$
White 異方差檢驗	$F = 1.792, \ P = 0.165$	$F = 0.427, \ P = 0.855$
RESET 檢驗	$F = 1.256, \ P = 0.267$	$F = 1.306, \ P = 0.261$

通過求解在式（I）和式（II）約束條件下的央行損失最小化問題，便可推導出考慮資產價格情況下的最優利率反應函數；同理，通過求解在式（I）和式（III）約束條件下的央行損失最小化問題，便可推導出忽視資產價格情況下的最優利率反應函數。為不失一般性，本書把福利貼現因子 δ 設定為 1，並且假設目標通貨膨脹率為 0。參照理論推導部分的做法，考慮權重 λ 取 0、1、2 值時央行的最優利率反應函數[1]，具體過程如下：

第一種情況：當 $\lambda = 0$，即央行僅關注通貨膨脹，而不關注產出的波動。
考慮資產價格情況下的利率反應函數：

$$R_t = 5.303\pi_t + 3.091Y_t + 1.106Y_{t-2} + 1.521Y_{t-3} - 1.376R_{t-1} + 0.124HP_{t-1} + \\ 0.171HP_{t-2} + 0.095SP_{t-1} - 0.008SP_{t-2} - 0.191SP_{t-3} \quad (5-13)$$

忽視資產價格情況下的利率反應函數：

$$R_t = 5.533\pi_t + 4.479, 1Y_t + 0.203Y_{t-2} + 0.336Y_{t-3} - 1.657R_{t-1} \quad (5-14)$$

第二種情況：當 $\lambda = 1$，即央行對通貨膨脹和產出波動給予相同的關注。
考慮資產價格情況下的利率反應函數：

$$R_t = 1.441\pi_t + 1.096Y_t + 1.106Y_{t-2} + 0.746Y_{t-3} - 0.675R_{t-1} + 0.124HP_{t-1} + \\ 0.084HP_{t-2} + 0.095SP_{t-1} - 0.074SP_{t-2} - 0.093SP_{t-3} \quad (5-15)$$

忽視資產價格情況下的利率反應函數：

$$R_t = 1.503\pi_t + 1.973Y_t + 0.203Y_{t-2} + 0.194Y_{t-3} - 0.956R_{t-1} \quad (5-16)$$

第三種情況：當 $\lambda = 2$，即相對於通貨膨脹而言，央行更加關注產出波動。
考慮資產價格情況下的利率反應函數：

---

[1] 具體的推導過程見附錄 3。

$$R_t = 1.026\pi_t + 0.882Y_t + 1.106Y_{t-2} + 0.663Y_{t-3} - 0.599R_{t-1} + 0.124\text{HP}_{t-1} +$$
$$0.074\text{HP}_{t-2} + 0.095SP_{t-1} - 0.081SP_{t-2} - 0.083SP_{t-3} \qquad (5-17)$$

忽視資產價格情況下的利率反應函數：

$$R_t = 1.071\pi_t + 1.704Y_t + 0.203Y_{t-2} + 0.178Y_{t-3} - 0.880R_{t-1} \qquad (5-18)$$

5.2.3.3 模擬分析

根據式（5-13）至式（5-18），可以模擬出權重 λ 取不同值時，考慮和忽視資產價格情況下的央行利率反應函數對社會產出缺口和通貨膨脹率的不同影響。模擬結果如圖 5-1 至圖 5-6 所示①：

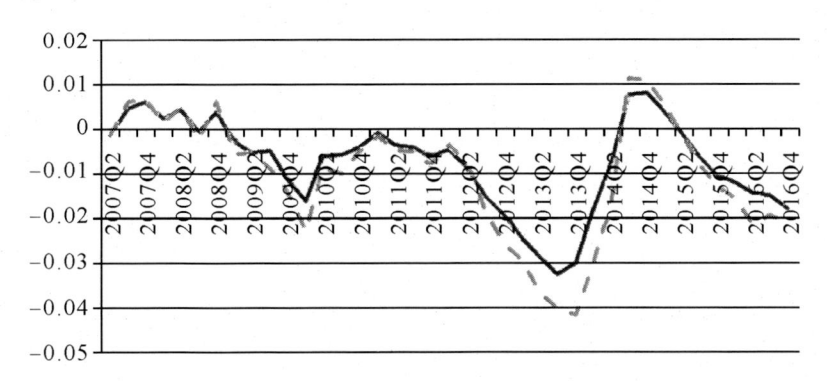

圖 5-1　λ=0 時的產出缺口

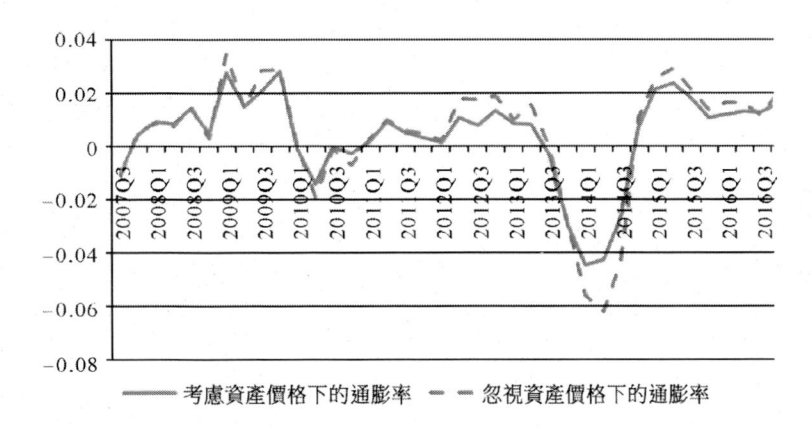

圖 5-2　λ=0 時的通貨膨脹率

---

①產出缺口模擬數值的樣本區間為 2007 年第 2 季度至 2016 年第 4 季度，通貨膨脹率模擬數值的樣本區間為 2007 年第 3 季度至 2016 年第 4 季度。

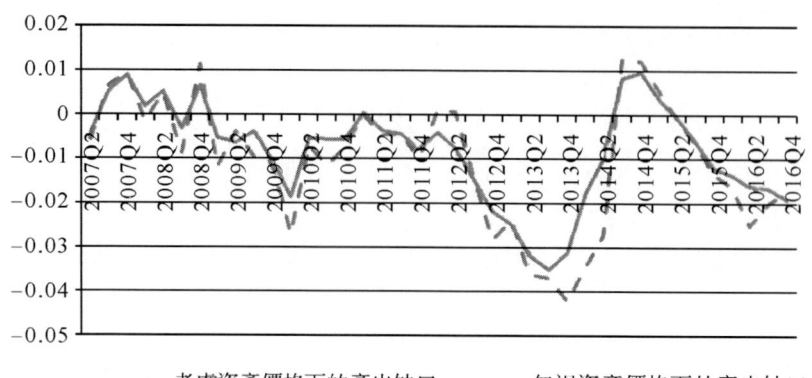

圖 5-3　λ=1 時的產出缺口

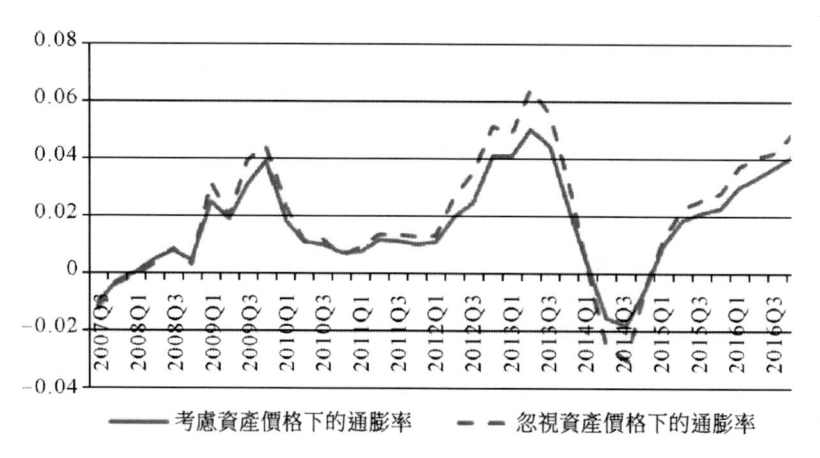

圖 5-4　λ=1 時的通貨膨脹率

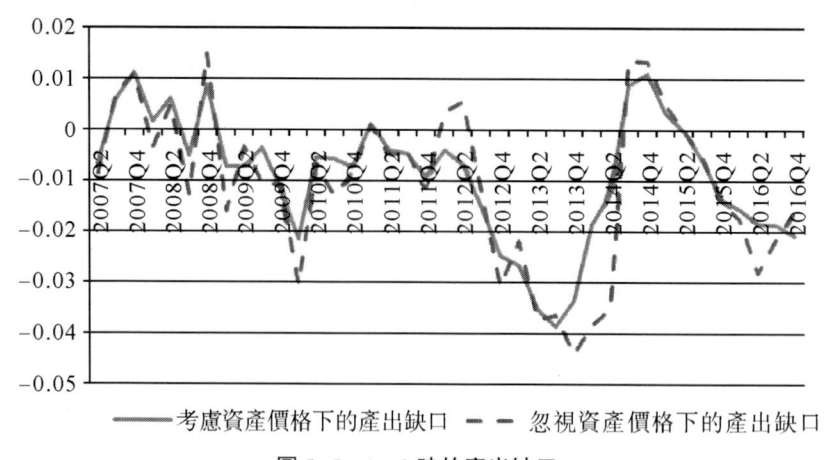

圖 5-5　λ=2 時的產出缺口

图 5-6　λ = 2 时的通货膨胀率

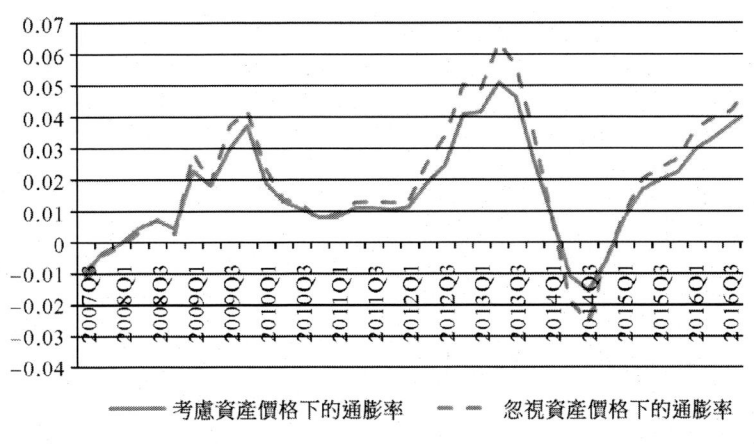

从图 5-1 至图 5-6 中可以发现，无论权重 λ 取何值，相较于利率反应函数忽视资产价格的情况而言，利率反应函数包含资产价格情况下的产出缺口与通货膨胀率的波动性更小。这意味着，央行在制定货币政策时，若考虑了资产价格的变动情况，则有助于减小未来产出缺口和通货膨胀率的波动性。

为了比较模拟数据与真实数据的波动性大小，通过计算模拟数据与实际数据的标准差（表 5-4）可知，不管是否考虑资产价格，模拟数据的标准差比真实数据稍小，这说明如果央行执行通货膨胀盯住制，则可以降低现实货币政策操作的产出缺口与通货膨胀率的波动性。

表 5-4　产出缺口与通货膨胀率的标准差

	产出缺口（标准差）		通货膨胀率（标准差）	
	考虑资产价格	忽视资产价格	考虑资产价格	忽视资产价格
λ = 0	0.014	0.016	0.017	0.020
λ = 1	0.011	0.014	0.017	0.022
λ = 2	0.010	0.014	0.018	0.023
真实数据	0.016		0.025	

通过进一步计算不同情况下的利率反应函数所导致的央行损失大小（表 5-5）可知，如果央行在制定货币政策时考虑了资产价格，则会使央行的福利损失变小，这也充分说明资产价格在央行货币政策制定过程中所起的重要作用。

表 5-5　央行福利損失

權重 \ 央行損失	$\sum_{t=1}^{38}(\pi_t^2 + \lambda y_t^2)$	
	考慮資產價格	忽視資產價格
$\lambda = 0$	0.019	0.023
$\lambda = 1$	0.038	0.045
$\lambda = 2$	0.053	0.065

5.2.4　研究結論及政策建議

本節分別通過估計一個考慮和忽視資產價格（股價與房價）的後顧型 IS-Phillips 模型，來求解央行的福利損失最小化問題，從而推導出考慮和忽視資產價格情況下的最優貨幣政策反應函數，並基於此通過數據模擬，來分析考慮和忽視資產價格情況下的貨幣政策對社會產出缺口、通貨膨脹和央行福利損失的影響。通過對中國 2006 年第 1 季度至 2016 年第 4 季度的數據的模擬分析發現，若央行在制定貨幣政策時考慮了資產價格的相關情況，則會對產出缺口和通貨膨脹的波動起到穩定的作用，同時也會減少央行的福利損失。基於本節的研究結論，為更好地促進經濟增長與維持物價穩定，央行應做好以下幾個方面的工作：

第一，重視資產價格在貨幣政策制定中的作用。資產價格可以通過各種渠道對實體經濟造成影響，應該利用資產價格所包含的未來通貨膨脹的相關資訊對利率操作目標進行相應的調整。當資產價格膨脹導致預期的通貨膨脹超過目標值時，央行應提高實際利率水準，促使預期通貨膨脹降低至目標值；當資產價格下跌導致預期的通貨膨脹低於目標值時，應對實際利率進行反向操作。

第二，加快中國的利率市場化進程，疏通利率傳導渠道，逐步實現中國的貨幣政策仲介目標由貨幣供應量向利率轉換。長期以來，中國對利率進行了嚴格的管制，主要實行以貨幣供應量為主導的貨幣政策機制，而較少地考慮到資本市場發展的現實情況。隨著中國資本市場的發展逐漸趨於成熟，以貨幣供應量為主導的貨幣政策機制對資本市場的影響力度減弱，因此應將利率作為中國貨幣政策操作的仲介目標。

第三，加強對資產價格的監管，降低利率政策的調整頻率。雖然可以通過調整實際利率來影響市場主體的通貨膨脹預期，但是若因此造成利率的過度波動，則會影響到央行貨幣政策的穩定性和權威性，因此應該對股市與房市的發

展狀況進行嚴格的監控與管理，減少股價與房價的異常波動，從而降低利率反應函數的操作負擔。

5.3 貨幣政策對資產價格回應的實證檢驗——基於有向無環圖（DAG）技術的 SVAR 分析框架

5.3.1 問題提出與文獻評述

5.2 節通過數據模擬發現央行在制定貨幣政策時若考慮了資產價格的相關情況，則會對產出缺口和通貨膨脹的波動起到穩定的作用，同時也會減少央行的福利損失。那麼，在現實的貨幣政策操作層面，資產價格的波動是否已引起央行貨幣政策的足夠重視？目前國內外學者就貨幣政策是否已經開始關注資產價格進行了大量的經驗研究，並得到了一些頗有價值的研究成果，按照研究方法的不同可以把現有文獻大致歸納為以下兩個方面：

一是將資產價格納入各種形式的泰勒規則中，檢驗利率是否會根據資產價格的波動做出相應的調整。Montagnoli 和 Napolitano（2005）將其構造的金融狀況指數納入一個前瞻型的利率反應函數中，估計結果表明金融狀況指數的當期值在美國、英國和加拿大的利率設定中都具有顯著的正向作用，而在歐元區的利率設定中作用則不顯著。Semmler 和 Zhang（2007）基於歐元區 1979 年第 1 季度至 2005 年第 4 季度的數據估計了歐元區的利率反應函數。實證結果發現，當期的股價泡沫和基於 t 期資訊預期的 $t+1$ 期和 $t+2$ 期的股票價格泡沫在利率反應函數中影響顯著，因此文章認為歐元區利率的設定很有可能是考慮了股票價格的情況。國內學者彭潔、劉衛江（2004）將滬市本益比作為資本市場因素分別納入了靜態和動態的泰勒規則中，基於中國 1994 年第 1 季度至 2001 年第 4 季度的數據的實證研究發現，在擴展的靜態泰勒規則中本益比對利率的影響顯著為負，而在擴展的動態泰勒規則中本益比對利率的影響為正但不顯著，說明央行並沒有對股市泡沫進行關注，甚至容忍了泡沫的存在。封北麟、王貴民（2006）將他們構造的中國金融狀況指數納入泰勒規則中，並運用廣義矩估計進行分析，實證結果表明利率對金融狀況指數、通貨膨脹和產出缺口的變動做出了正向的反應，但反應力度不足。袁靖（2007）基於中國 1992 年至 2005 年的數據，估計了考慮股票價格泡沫的泰勒規則，實證結果發現中國的利率操作規則對產出缺口和通貨膨脹較為關注，而對股市波動較為不重視。

二是構建包括貨幣政策變量與資產價格變量的向量自迴歸模型（VAR），通過脈衝響應函數來評估貨幣政策變量對資產價格衝擊的反應強度。Bjornland 和 Jacobsen（2010）基於挪威、瑞典、英國的數據，運用結構向量自迴歸模型（SVAR）檢驗了房價在貨幣政策傳導途徑中的作用，文章發現利率會對房價波動做出顯著的反應，但反應的時滯與強度在每個國家又是不一樣的，這可能是由房價在每個國家的貨幣政策制定中所起的作用不同而引起的。李強（2009）通過構建包括貨幣供應量、房價、股價、產出和通貨膨脹的5變量結構向量自迴歸模型（SVAR）來評估中國的貨幣政策對通貨膨脹與資產價格衝擊的反應。文章基於中國2000年1月至2007年12月的月度數據，發現無論是將基礎貨幣供應量還是將廣義貨幣供應量作為貨幣政策指標，貨幣政策均會對通貨膨脹的衝擊做出顯著且持久的反應，但沒有對房價和股價衝擊做出明顯的負向反應，表明資產價格並沒有影響到中國的貨幣政策操作。寇明婷、盧新生（2011）通過構建結構向量自迴歸模型（SVAR）來研究中國貨幣政策與股價波動的動態關係。基於中國1998年至2010年的月度數據，通過脈衝響應函數和方差分解分析，文章發現利率對股價衝擊的反應明顯且持久，股價對貨幣政策方差的貢獻度也表明中國的貨幣政策應該關注資產價格。

　　通過對以上文獻的回顧發現，現有相關文獻的研究方法仍以迴歸分析為主，即通過估計一個包含資產價格的泰勒規則來判斷資產價格在貨幣政策制定中的有效性。但迴歸分析方法尚存在諸多缺陷，例如：宏觀經濟變量與貨幣政策變量通常存在單位根過程，直接利用這些變量進行分析容易出現偽迴歸現象；貨幣政策變量與資產價格變量之間存在雙向影響關係（余元全 等，2007；李強，2009），在估計包含資產價格的泰勒規則時，資產價格變量的內生性問題會使迴歸結果出現有偏；迴歸模型設定的精度容易受到變量滯後結構和樣本時間段的影響。

　　雖然基於變量間動態關係的研究方法——向量自迴歸模型（VAR）將系統中所有變量作為內生變量同等對待，從而解決了變量間內生性問題，在一定程度上彌補了迴歸分析方法的不足，但是 VAR 常用的 Cholesky 分解並不能識別結構性衝擊，鑒於貨幣政策與資產價格存在同期因果關係，這會使 VAR 方法的運用受到極大的限制。1986年 Bernanke 分解（Bernanke，1986）的提出雖然可以避免對擾動項間遞歸同期關係的強制性假定，從而使研究者可以對擾動項間同期因果關係的設定變得更為靈活，但是結構向量自迴歸模型（SVAR）的運用仍然需要依據相關的經濟理論對擾動項的同期關係施加約束條件，這就使得 SVAR 結構的設定存在較為嚴重的主觀判斷。最近由 Swanson

和 Granger（1997）、Spirtes 等（2000）提出的「有向無環圖（DAG）」則可以有效地解決 SVAR 擾動項結構的關係設定的難題。這種基於數據的分析方法通過分析擾動項的相關係數為 SVAR 模型的正確設定提供了客觀依據，因而在研究經濟變量動態關係的文獻中得到了廣泛應用（楊子暉，2008；Afonso et al.，2011；Polito et al.，2012）。

由於本書的研究目的是量化貨幣政策對資產價格衝擊的反應，而不在於估計其結構參數，因此採用 VAR 的研究方法較為合適。鑒於目前的文獻大多採用 Cholesky 分解等傳統的研究方法，對貨幣政策、宏觀變量與資產價格的同期因果關係尚不明確，因此有待進一步考察。

本書在現有研究成果的基礎上，首先構建包括利率、產出、通貨膨脹、股價和房價的 5 變量簡化式 VAR 模型，其次結合最新的「有向無環圖」技術對估計出的殘差進行相關係數分析，從而得到變量之間的同期關係，然後再建立這 5 個變量的 SVAR，並在此基礎上利用脈衝響應函數和方差分解來研究資產價格對貨幣政策變量的影響，最後得出較為客觀的研究結論。

本節的結構安排如下：5.3.2 節介紹實證研究的計量方法與數據情況；5.3.3 節為實證結果與分析；5.3.4 節給出研究結論。

5.3.2　計量方法與數據情況

5.3.2.1　結構向量自迴歸模型（SVAR）與識別問題

標準的向量自迴歸模型（VAR）將經濟系統中的各變量表示為其他變量滯後值的函數，從而把單方程的自迴歸模型拓展為多方程的向量自迴歸模型。自從 Sims 於 1980 年將 VAR 方法引入經濟學的研究中，向量自迴歸模型就在研究隨機擾動對變量系統的動態衝擊方面得到了越來越廣泛的運用。一個 K 維、滯後階數為 P 的標準 VAR 系統可以被刻畫為如下形式：

$$y_t = A_1 y_{t-1} + \cdots + A_p y_{t-p} + \varepsilon_t \tag{5-19}$$

或將式（5-19）寫成滯後算子的形式：

$$A(L) y_t = \varepsilon_t \tag{5-20}$$

其中，y_t 是 K 維向量，P 為滯後階數，ε_t 為 K 維隨機擾動項，通常被稱為新息向量，$A_1 \cdots A_p$ 為 $K \times K$ 維繫數矩陣。$A(L) = I_K - A_1 L - A_2 L^2 - \cdots - A_p L^p$，如果式（5-20）滿足平穩性條件，則可以將其寫成 $VAM(\infty)$ 形式：

$$y_t = C(L) \varepsilon_t \tag{5-21}$$

其中，$C(L) = A(L)^{-1}$，$C(L) = C_0 + C_1 L + C_2 L^2 + \cdots$，$C_0 = I_k$。

從式（5-19）中可以看出，VAR 模型並沒有考慮到變量間同期的影響關

係，而通常預期宏觀經濟變量、貨幣政策變量與資產價格變量存在同期的相關關係，因此採用結構向量自迴歸模型（SVAR）來刻畫本書所研究的經濟系統較為適宜。一個 K 維、滯後階數為 P 的 SVAR 系統可以被表達為如下形式：

$$B_0 y_t = T_1 y_{t-1} + T_2 y_{t-2} + \cdots + T_p y_{t-p} + u_t, \quad t = 1, 2, \cdots, T \quad (5-22)$$

其中：

$$B_0 = \begin{bmatrix} 1 & \cdots & -b_{1k} \\ \vdots & \ddots & \vdots \\ -b_{k1} & \cdots & 1 \end{bmatrix}, \quad T_i = \begin{bmatrix} \gamma^i_{11} & \cdots & \gamma^i_{1k} \\ \vdots & \ddots & \vdots \\ \gamma^i_{k1} & \cdots & \gamma^i_{kk} \end{bmatrix}, \quad i = 1, 2, \cdots, p, \quad u_t = \begin{bmatrix} u_{1t} \\ u_{2t} \\ \vdots \\ y_{kt} \end{bmatrix}$$

可以將式（5-22）改寫為如下形式：

$$B(L) y_t = u_t, \quad E(u_t u'_t) = I_k \quad (5-23)$$

其中，$B(L) = B_0 - T_1 L - T_2 L^2 - \cdots - T_p L^p$，類似地，如果 $B(L)$ 可逆，則可以將式（5-23）寫為 $VAM(\infty)$ 形式：

$$y_T = D(L) u_t \quad (5-24)$$

在上式中，$D(L) = B(L)^{-1}$，$D(L) = D_0 + D_1 L + D_2 L^2 + \cdots$，$D_0 = B_0^{-1}$，再結合式（5-21），可以得到：

$$C(L) \varepsilon_t = D(L) u_t \quad (5-25)$$

由於 $C_0 = I_k$，因此可得：

$$\varepsilon_t = D_0 u_t = B_0^{-1} u_t \quad (5-26)$$

$$B_0 \varepsilon_t = u_t \quad (5-27)$$

由於 u_t 是不可以直接觀測到的，但簡化式（5-19）的誤差項 ε_t 是可以估計出來的，而且兩者存在如式（5-27）所表示的關係。在向量自迴歸簡化式與結構式相互轉化的過程中，通常需要考慮如何將簡化式的估計參數轉化為結構式的估計參數，這就是所謂的 VAR 識別問題。

在一個包含 K 個變量、變量滯後階數為 P 的簡化式 VAR 模型中，待估計參數的個數為 $k^2 p + (k + k^2)/2$。而在一個包含 K 個變量、變量滯後階數為 P 的 SVAR 模型中，待估計的參數個數為 $k^2 p + k^2$。因此為估計出 SVAR 模型的參數，需要對結構式 B_0 施加 $k(k-1)/2$ 個約束條件（高鐵梅，2006）。

為解決 SVAR 的識別問題，目前通常用 Cholesky 分解和相關經濟理論（先驗資訊）來對 B_0 施加約束，但 Cholesky 分解的擾動項遞歸同期關係強制性假定缺乏相關的經濟含義，而通過先驗資訊來施加約束條件的方法又存在較為嚴重的主觀判斷性。近年來，一種基於數據分析發展起來的用於確定擾動項同期因果關係的有向無環圖技術（DAG），則為 SVAR 的識別問題提供了一種有效

的解決辦法，下一小節將對有向無環圖技術進行簡要的介紹。

5.3.2.2 有向無環圖（DAG）技術

傳統的檢驗變量因果關係的 Granger 因果檢驗只是刻畫了變量因果關係中的「時間次序非對稱性」（即「原因」總是先於「結果」出現，但「結果」不會在「原因」之前產生），但這種基於變量時間次序上的先後關係並非真正意義上的因果關係（楊子暉，2008）。而 DAG 技術的基本思想則是考察變量因果關係中的「非時間次序的非對稱性」，即考慮與時間次序無關的變量間的因果關係，因此 DAG 技術代表了因果關係分析的最近進展，在相關實證研究文獻中得到了廣泛應用。

有向無環圖以圖形的形式來描述變量間的同期因果關係指向，由一系列的「節點」和「有向邊」組成。圖中的「節點」代表了變量，而連接這些「節點」的「有向邊」則是通過計算擾動項的條件相關係數與無條件相關係數來確定的。有向無環圖中不存在「指向環」，即從一個「節點」出發，不可能通過一條指向性的路徑而重新返回到原「節點」。

為說明 DAG 技術的基本原理，假定存在 X、P 和 Q 三個經濟變量。在第一種情況下，假設 X 是導致 P 和 Q 的共同「原因」，描述為 $P \leftarrow X \rightarrow Q$。共同「原因」$X$ 的存在意味著 P 和 Q 的無條件相關係數不為 0，但在給定共同「原因」X 的先驗資訊下，P 和 Q 的條件相關係數為 0，這就意味著共同「原因」屏蔽掉了「結果」間的聯繫。相反，在第二種情況下，X 和 Q 是導致 P 的「原因」，描述為 $X \rightarrow P \leftarrow Q$，那麼 X 和 Q 的無條件相關係數為 0，但在給定共同「結果」P 的作用下，X 和 Q 的條件相關係數不為 0，這就意味著共同「結果」不會屏蔽掉「原因」間的聯繫。

在實際運用中，Spirtes 等（2000）提出可通過 PC 算法來構建有向無環圖。PC 算法是指通過一系列的檢驗步驟去除變量間的「有向邊」，從而來決定變量間是否存在因果指向性。具體而言，PC 算法的起點為「無向圖」，在「無向圖」中每一個變量都與其他變量相連接。之後 PC 算法便開始了「消除」與「定向」兩個步驟。在「消除」階段，PC 算法根據一對變量間的無條件相關係數和條件相關係數來去掉「無向圖」中的「連線」：第一步，如果「連線」兩端的變量的無條件相關係數為 0，則去掉「連線」；第二步，檢驗保留「連線」兩端的變量的一階偏相關係數是否為 0，如果為 0，則繼續去掉此「連線」；第三步，繼續對保留「連線」兩端的變量進行二階偏相關、三階偏相關檢驗……對於具有 N 個變量的情況，算法將要繼續進行到 $N-2$ 階偏相關檢驗。在運用中，Fisher 的 Z 統計量可用於檢驗條件相關係數是否顯著異於 0，

Fisher 的 Z 統計量的表達式如下：

$$z(\rho(i,j\mid k),n) = \left[\frac{1}{2}\sqrt{n-|k|-3}\right]\ln\left\{\frac{1+\rho(i,j\mid k)}{1-\rho(i,j\mid k)}\right\}$$

在上式中，$\rho(i,j\mid k)$ 是以 k 為條件的 i 與 j 的總體相關係數（去除 k 對 i 和 j 的影響），$|k|$ 是條件變量個數，n 是用於估計相關係數的觀測數。如果 i、j 和 k 均服從正態分布，而 $r(i,j\mid k)$ 是以 k 為條件的 i 與 j 的樣本條件相關係數，那麼 $z(\rho(i,j\mid k),n) - z(r(i,j\mid k),n)$ 服從標準的正態分布。

當「消除」階段完成後，PC 算法將進入「定向」階段。「隔離集」將用於確定經條件相關係數檢驗後仍然保持關聯的變量間的同期因果關係，而「隔離集」的含義是使兩變量間的偏相關係數為 0 的條件變量的集合。如果 X、Y 和 Z 三個變量間存在著關係：X-Y-Z，即變量 Y 分別與變量 X、Z 相鄰，而 X 和 Z 不相鄰，如果 Y 不是 X 和 Z 的「隔離集」，那麼三者的關係將被確定為 X→Y←Z。如果 X 會引起 Y，即 X→Y，而 Y 和 Z 又是相鄰的，但 X 和 Z 不相鄰，如果不存在指向 Y 的「有向邊」，則可以推導出 Y 與 Z 的關係為：Y→Z。

PC 算法會在「有向邊」存在性和「有向邊」指向性方面犯第Ⅰ類和第Ⅱ類錯誤。第Ⅰ類錯誤是指當兩變量本應存在「有向邊」時，但實際上沒有包含「有向邊」；當「有向邊」的箭頭應該指向節點 A 時，但實際上箭頭並沒有指向節點 A。第Ⅱ類錯誤是指當兩變量間原本不存在「有向邊」時，但實際上卻包含了「有向邊」；當有向邊的箭頭不應該指向節點 A 時，但實際上箭頭卻指向了節點 A。Spirtes 等（2000）基於數據模擬分析發現，PC 算法在「有向邊」存在性上犯第Ⅱ類錯誤的可能性極小，但當樣本量較小（通常小於 200 個觀測數）時，PC 算法則有相當大的可能性在「有向邊」存在性上犯第Ⅱ類錯誤。另外，PC 算法在「有向邊」指向性上犯第Ⅱ類錯誤的可能性要大於在「有向邊」存在性上犯第Ⅱ類錯誤的可能性。為了使 PC 算法做出正確決定的概率趨近於 1，Spirtes 等（2000）指出當樣本量增大時，顯著水準系數應該降低；當樣本量較小時，可以通過提高顯著水準系數來增強 PC 算法的效果（當樣本量少於 100 時，顯著水準採用 0.2；當樣本量介於 100～300 時，顯著水準採用 0.1）。

以上討論的 PC 算法通常在程序 TETRAD 中運行，這會在後面的實證分析部分用到，關於 DAG 技術更為詳盡的介紹和具體運用可以參考相關研究（Spirtes et al., 2000; Pearl, 2000）。

5.3.2.3 數據說明

本節需要構建包括產出（GDP）、通貨膨脹率（TZ）、房價（HP）、利率

(IR)與股價（SP）的 5 變量 SVAR 系統，研究數據的樣本區間為 2000 年第 1 季度至 2016 年第 4 季度，共 68 組數據。消費者價格指數與通貨膨脹率的數據預處理方式與數據來源情況與第 4 章 4.2.2 節相同。產出季度累計數據來源於中經網統計數據庫，用本季度的累計值減去上季度的累計值即可得到本季度的名義產出值，用季度消費者價格指數對名義 GDP 進行調整可得到季度的實際產出。將全國房地產銷售價格指數作為房價的代理變量，數據來源於中經網統計數據庫。對月度名義房地產銷售價格指數進行簡單的季度內平均可以得到季度房價指數，對季度房價指數進行消費者價格指數調整便可得到實際房價指數。選取市場化程度較高的銀行間 7 日內同業拆借利率作為名義短期利率，銀行間 7 日同業拆借利率數據來源於中經網統計數據庫。將月度數據進行季度內平均可得到季度的名義短期利率，用名義利率減去通貨膨脹率可得到真實的季度短期利率。將上證指數作為股價的代理變量，數據來源於 CSMAR 股票市場研究系列數據庫。用季度開盤價與收盤價的平均值來代表季度內的股價水準，利用同季度消費者價格指數進行物價調整以得到真實股價。對上述 5 個變量進行樣本自相關分析，可發現產出與股價存在較強的季節性趨勢，因此可利用 X-11 對這兩個序列進行季節性調整。

5.3.3　實證結果及分析

5.3.3.1　單位根檢驗

在運用 DAG 技術對 SVAR 系統進行建模之前，需要對數據的平穩性進行檢驗。從表 5-6 的 ADF 檢驗結果可以看出除了 TZ 與 IR 序列外，其他序列均存在單位根。若強行對所有變量進行一階差分，則會造成對 TZ 和 IR 序列的過度差分，使其丟失掉過多的數據信息。為保證數據的平穩性，同時也不失數據的經濟含義，本書對所有變量取其增長率形式（在變量名前加前綴 D 表示增長率形式）。檢驗結果顯著拒絕存在單位根的原假設，可以判斷經對數差分轉換後的所有變量均為平穩。

表 5-6　平穩性檢驗

變量	ADF (c, t, k)	P 值	結論
GDP	$(c, t, 0)$	0.450,4	非平穩
DGDP	$(c, 0, 0)$	0.000,0	平穩
TZ	$(0, 0, 1)$	0.030,2	平穩
DTZ	$(0, 0, 0)$	0.000,0	平穩

表5-6(續)

變量	ADF (c, t, k)	P值	結論
HP	$(c, t, 1)$	0.123,1	非平穩
DHP	$(0, 0, 0)$	0.000,2	平穩
IR	$(c, 0, 1)$	0.088,6	平穩
DIR	$(0, 0, 0)$	0.000,0	平穩
SP	$(c, 0, 5)$	0.322,7	非平穩
DSP	$(0, 0, 4)$	0.012,3	平穩

註：表中 c 表示是否帶漂移項，t 表示是否帶趨勢項，k 表示滯後階數，根據 SIC 確定滯後階數。

5.3.3.2 基於 DAG 的 SVAR 同期因果關係識別

有向無環圖技術是在對變量間的同期相關係數進行分析的基礎之上進行的，為了得到「擾動相關係數矩陣」，需要事先估計一個包含 DGDP、DTZ、DHP、DIR 和 DSP 的簡化式 VAR 模型。各種滯後準則確定變量的滯後階數為3階，所得到的「擾動相關係數矩陣」如表5-7所示：

表5-7 擾動相關係數矩陣

Corr	DGDP	DTZ	DHP	DIR	DSP
DGDP	1.000				
DTZ	-0.234	1.000			
DHP	-0.252	-0.112	1.000		
DIR	0.092	0.321	0.075	1.000	
DSP	-0.032	0.105	0.153	-0.094	1.000

得到「擾動相關係數矩陣」後，PC 算法根據變量間的無條件相關係數與偏相關係數來確定變量間的同期因果依賴性與指向性（本書使用的計算軟體為 TETRAD4.3）。如圖5-7所示，在10%的顯著性水準下，通貨膨脹與利率之間存在同期依賴性，但是兩者關係的指向性並不清晰。Spirtes 等（2000）指出當樣本量少於100時，顯著水準採用0.2，可以增強 PC 算法的效果。因此，當把顯著性水準提高至20%以後，變量間的同期因果關係得到了明確，如圖5-8所示。在20%的顯著性水準下，PC 算法得到了 DIR 到 DTZ 的單向因果關係、DHP 到 DGDP 的單向因果關係，以及 DGDP 與 DTZ 的雙向因果關係。

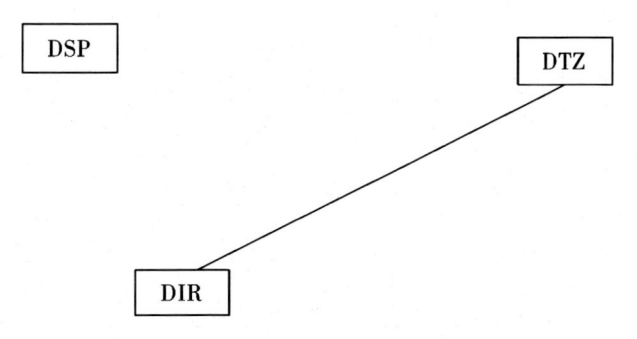

圖 5-7　10%顯著水準下的有向無環圖

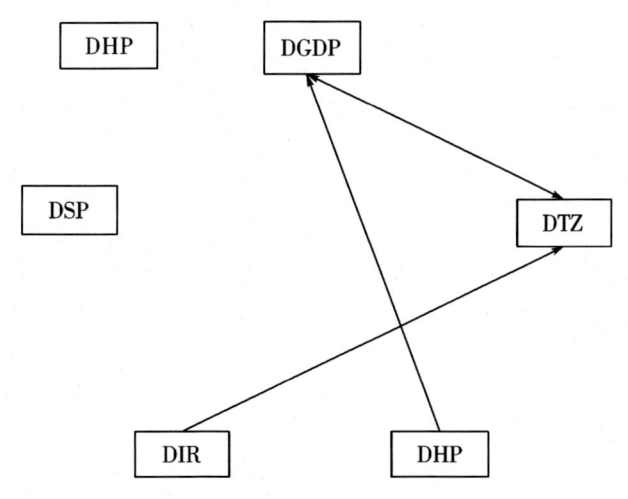

圖 5-8　20%顯著水準下的有向無環圖

利用 DAG 技術得到變量間的同期因果關係後，可對 SVAR 結構進行正確設定。根據式（5-27），本書對 B_0 施加的約束條件如下：

$$\begin{bmatrix} 1 & b_{12} & b_{13} & 0 & 0 \\ b_{21} & 1 & 0 & b_{24} & 0 \\ 0 & 0 & 1 & 0 & 0 \\ 0 & 0 & 0 & 1 & 0 \\ 0 & 0 & 0 & 0 & 1 \end{bmatrix} \begin{bmatrix} \varepsilon_{\text{DGDP}} \\ \varepsilon_{\text{DTZ}} \\ \varepsilon_{\text{DHP}} \\ \varepsilon_{\text{DIR}} \\ \varepsilon_{\text{DSP}} \end{bmatrix} = \begin{bmatrix} \varepsilon_{\text{DGDP}} \\ \varepsilon_{\text{DTZ}} \\ \varepsilon_{\text{DHP}} \\ \varepsilon_{\text{DIR}} \\ \varepsilon_{\text{DSP}} \end{bmatrix} \quad (5-28)$$

上述約束條件認為，產出不但受自身衝擊的同期影響，而且還受到通貨膨脹與房價的同期影響；通貨膨脹除了受自身同期影響外，還受到來自產出與利率的同期制約；房價、利率與股價只受到自身同期衝擊的影響。為了說明基於DAG的約束條件的合理性，筆者用Sims（1986）似然比統計量來進行過度識別檢驗①。結果顯示，似然比統計量的 P 值為 0.445，因此不能拒絕過度識別約束為真的原假設，說明基於 DAG 得出的變量間如圖 5-8 所示的同期因果關係較為合理。下文將基於 DAG 的同期因果分析結果，利用脈衝響應函數和方差分解來研究變量間的動態關係。

5.3.3.3 基於 DAG 的 SVAR 脈衝響應函數與方差分解

　通過估計結構因子矩陣式（5-28），便可得到利率對於資產價格衝擊的脈衝響應函數②。從圖 5-9 中可以發現，利率對股價結構衝擊的回應在前 6 期均為正，即當股價高漲或出現泡沫時，央行會提高利率。從回應強度來看，利率對股價衝擊在第 1 期並沒有做出回應，說明貨幣政策存在一定的反應滯後。在第 2 期回應值便達到最大值 0.1，即股價上漲 1% 將會導致利率提升 0.1%。在第 2 期之後，利率的回應力度逐漸減弱，並在第 6 期之後趨近於 0。從表 5-8 的累計回應強度來看，面對股價衝擊，利率的累計脈衝響應在第 1 年和第 2 年分別達到了 0.161 和 0.185。因此，從脈衝響應函數與累計脈衝響應函數中均可以看出，中國的貨幣政策對股價衝擊的回應方向符合常理且回應力度較為明顯，說明股價波動情況已經影響到央行的貨幣政策操作。

　　對於房價的結構性衝擊，利率在前 6 期的回應基本為負（除第 4 期外），回應強度在前 6 期分別達到 0、-0.038、-0.011、0.017、-0.013 和 -0.011，之後便基本穩定在 0 附近，相對於股價衝擊，貨幣政策的回應力度較弱。從表 5-8 的累計回應強度來看，在整個回應期內，利率對房價衝擊的累計脈衝回應基本穩定在 -0.04 左右，這意味著面對房價的上漲，央行非但沒有對貨幣政策進行收縮，甚至還通過降低利率來進一步刺激房價的上漲。

---

　①似然比統計量為 $T[\log(\det(\Omega))-\log(\det(\Sigma))]$，其中 Ω 是由式（5-27）矩陣 B_0 推導出來的方差-協方差矩陣，而 Σ 是由已觀察到的非正交衝擊推導出來的方差-協方差矩陣。似然比統計量服從自由度為 $[n(n-2)/2-m]$ 的卡方分布，其中 n 為 SVAR 的變量個數，而 m 則為過度約束的個數。似然比檢驗的原假設是過度識別為真。

　②由於本書的目的在於檢驗貨幣政策對資產價格衝擊的反應強弱，因此本書只給出利率對資產價格衝擊的脈衝響應函數。

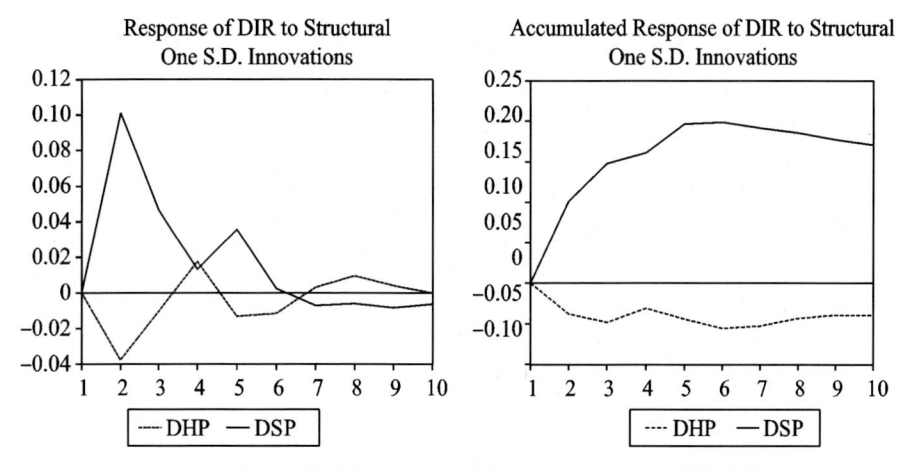

图 5-9 利率对资产价格结构冲击的脉冲响应（左）与累计脉冲响应（右）

表 5-8 利率对房价与股价冲击累计脉冲响应值

Period	DHP	DSP
1	0	0
2	-0.037,81	0.101,035
3	-0.048,41	0.147,696
4	-0.030,91	0.160,8
5	-0.044,19	0.196,419
6	-0.055,85	0.198,746
7	-0.052,81	0.191,539
8	-0.043,33	0.185,414
9	-0.039,31	0.176,977
10	-0.039,45	0.170,594

Factorization: Structural

下面将利用利率的方差分解来研究资产价格对货币政策的解释力度。从表 5-9 中可以发现，在第 1 期，货币政策变量只受自身冲击的影响；而在第 1 年（4 期），股价对利率一个方差变动的解释力度达到了 24%，成为除利率自身冲击外的第二大预测误差方差来源，房价对利率的贡献度为 3.6%；随着观察期的延长，股价对利率变动的贡献度基本维持在 24% 左右，产出和通货膨胀的解释力度逐渐加大，而房价的解释力度逐渐减小；在第 10 期，产出、通货膨胀、房价和股价对一个利率方差变动的贡献度分别为 4.3%、4.1%、4.0%、24.5%。

表 5-9 DIR 的方差分解

Period	S. E.	DGDP	DTZ	DHP	DIR	DSP
1	0.012,095	0	0	0	100	0
2	0.014,76	0.044,384	1.326,471	3.129,648	73.153,7	22.345,8
3	0.014,956	1.025,325	2.273,762	3.052,801	69.128,61	24.519,5
4	0.015,399	1.035,95	3.025,144	3.595,05	67.919,53	24.424,32
5	0.016,774	3.704,289	3.599,984	3.695,761	63.763,71	25.236,26
6	0.016,944	4.240,052	3.985,504	3.854,323	63.245,82	24.674,31
7	0.017,108	4.196,844	4.004,223	3.827,736	63.479,66	24.491,53
8	0.017,323	4.257,555	4.112,978	3.960,281	63.272,42	24.396,76
9	0.017,36	4.264,155	4.107,238	3.981,698	63.167,14	24.479,77
10	0.017,376	4.267,745	4.109,416	3.978,045	63.116,48	24.528,31

Factorization: Structural

　　從上述的脈衝響應與方差分解中均可以發現，面對資產價格的衝擊，貨幣政策變量利率對股價的回應強度要明顯大於房價。特別是從圖 5-9 的累計脈衝響應函數中可以發現，利率對房價衝擊的回應方向為負，表明當房價上漲時，貨幣當局反而採取了較為寬鬆的貨幣政策，這和利率對股價衝擊的強力正向反應形成了強烈對比。同時這也與近年來中國貨幣當局推出了眾多用於抑制房價過度上漲的相關貨幣政策的事實不相符合。

　　針對上述研究結論中關於貨幣政策對房價衝擊的回應方向與現實情況有所出入的問題，可能是由於整個研究樣本的時間區間長達 17 年，金融當局發布的相關貨幣政策對房地產市場的調控方向在此期間發生了轉變。經過對近 10 年來的相關貨幣政策進行回顧，筆者發現在 2003 年以前，與房地產相關的貨幣政策以擴大內需和支持房地產市場的發展為主要方向。具體而言，自從 1998 年全國取消福利分房制度後，為配合城鎮住房制度改革，促進個人住房消費，把房地產行業培育成中國新的經濟增長點，中國人民銀行於同年 4 月與 5 月分別頒布了《關於加大住房信貸投入支持住房建設與消費的通知》和《個人住房貸款管理辦法》，強調住房信貸投入的重要性，並規定貸款利率按法定貸款利率減檔執行。1999 年 2 月中國人民銀行印發的《關於開展個人消費信貸的指導意見》指示 1999 年國內商業銀行對住房消費貸款的投入比例要在 1998 年的基礎上加大。2002 年 2 月《中國人民銀行關於降低存、貸款利率的通知》規定，從 2002 年 2 月 21 日起，個人住房貸款利率在現行基礎上平均下調 0.5 個百分點。同年 3 月《中國人民銀行關於降低個人住房公積金貸款利率

的通知》規定，從 2002 年 2 月 21 日起，5 年以下（含 5 年）的個人住房公積金貸款利率由現行的 4.14% 下調至 3.6%，5 年以上的由現行的 4.59% 下調至 4.05%。

而在 2003 年以後，與房地產相關的貨幣政策文件則以抑制房地產泡沫為主要基調。2003 年 6 月《中國人民銀行關於進一步加強房地產信貸業務管理的通知》明確規定，商業銀行對於購買高檔商品房、別墅、商業用房或第二套房的住房需求貸款按央行同期同檔次貸款利率執行，不再享受優惠利率。此文件標誌著貨幣政策對房市調控方向的轉變，但只是作為政策風向指引，調控力度較小。2005 年 3 月《中國人民銀行關於調整商業銀行住房信貸政策和超額準備金存款利率的通知》取消了個人住房貸款利率優惠政策，對個人住房貸款利率實行下限管理（調整為相應期限同檔次貸款基準利率的 0.9 倍），這意味著抑制房價的貨幣政策開始正式發力。2006 年連續發布的《中國人民銀行關於調整金融機構人民幣貸款利率的通知》《中國人民銀行關於調整住房信貸政策有關事宜的通知》《中國人民銀行關於調整金融機構人民幣存貸款利率的通知》以及 2007 年 9 月中國人民銀行和銀監會發布的《關於加強商業性房地產信貸管理的通知》，表明貨幣政策對房價的調控力度持續加大。通過回顧歷年來關於房價的貨幣政策文件，可以發現中國的貨幣政策在 2003 年 6 月以前是以刺激房地產市場的發展為主要目的，而從 2003 年 6 月至 2007 年則是以抑制房地產泡沫為主要基調。

為檢驗房價對中國貨幣政策的影響是否在 2004 年前後出現結構性斷點，需要把整個樣本以 2004 年為臨界點劃分為前後兩個子樣本。由於季度數據樣本量過小，影響正常的數據建模與結果估計，因此需要改變相關變量的數據頻率，即改為使用月度數據。鑒於國內生產總值（GDP）缺乏月度統計資料，本書以工業增加值（IND）進行替代，工業增加值（IND）的數據來源於中經網統計數據庫，由於筆者只能搜集到 2007 年 12 月以前的工業增加值（IND）數據[①]，所以本書把整個樣本劃分為 2000 年 1 月至 2003 年 12 月和 2004 年 1 月至 2007 年 12 月兩個子樣本。月度通貨膨脹（TZ）為月度 CPI 增長率，月度 IND、HP、IR 和 SP 的數據預處理方法與前文相同。最後，為保證以上 5 個序列的平穩性，對變量取其增長率形式（在變量名前加前綴 D），數據的 ADF 檢驗結果見於附錄 4 表 1。

[①] 中經網統計數據庫只能搜集到 2006 年以前的工業增加值數據，而 2007 年的數據則是作者根據同比增長率推算出來的，由於缺乏 2008 年以後的同比增長率數據，故不能進一步推算出 2008 年以後的工業增加值。

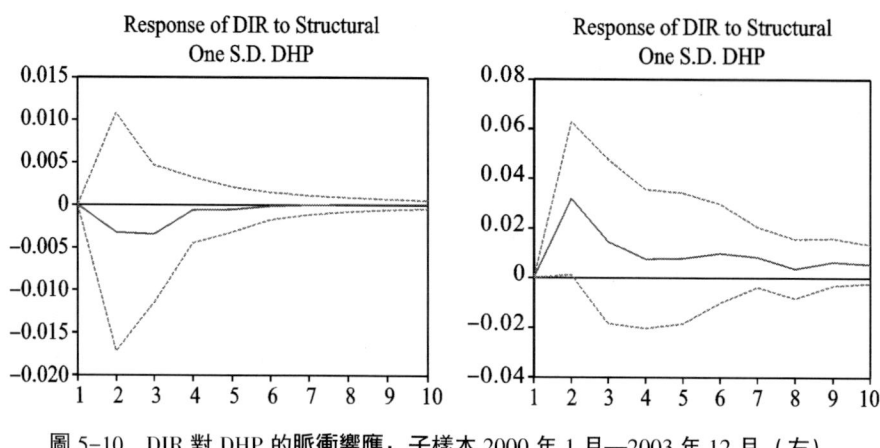

图 5-10 DIR 對 DHP 的脈衝響應：子樣本 2000 年 1 月—2003 年 12 月（左），
子樣本 2004 年 1 月—2007 年 12 月（右）

同樣利用 DAG 技術來解決 SVAR 的識別問題，子樣本在 20%顯著水準下的有向無環圖參見附錄 4 圖 1 和圖 2，兩個子樣本的脈衝反應函數如圖 5-10 所示。對於第一個子樣本（2000 年 1 月—2003 年 12 月）而言，利率對房價衝擊的回應為負，並於第 4 期趨近於 0。利率對房價的回應力度較小，當房價上漲 1%時，利率的累計脈衝響應在第 10 期只達到-0.008%（見表 5-10）。對於第二個子樣本（2004 年 1 月—2007 年 12 月），從脈衝響應函數中可以發現，對於一個單位的房價衝擊，利率在整個觀察期內的回應方向為正，反應出中國緊縮的貨幣政策對高房價的抑製作用。從表 5-10 的累計回應強度來看，當房價上漲 1%時，利率在第 10 期累計總共才上升 0.096%，回應力度仍然很小。以上分析證實了筆者的猜想，即房價波動對中國貨幣政策的影響在 2004 年出現了結構性斷點，這是因為在 2004 年以前，貨幣政策對房地產市場主要起支持性作用，而在此之後，貨幣政策對過快的房價上漲起抑制性作用。但從總體上來講，不管是針對全樣本還是子樣本，房價對貨幣政策的衝擊力度遠不及股價，表明中國貨幣政策只對股價波動做出強有力的反應。

表 5-10 利率對房價衝擊的累計脈衝響應（分樣本）

Period	2000—2003	2004—2007
1	0	0
2	-0.003,21	0.031,999
3	-0.006,63	0.046,625
4	-0.007,22	0.054,22

表5-10(續)

Period	2000—2003	2004—2007
5	-0.007,76	0.062,053
6	-0.007,88	0.071,874
7	-0.007,88	0.080,268
8	-0.007,83	0.083,927
9	-0.007,76	0.090,366
10	-0.007,7	0.095,925
Factorization: Structural			

5.3.4 研究結論

本節在SVAR的框架下探討了中國貨幣政策與資產價格之間的動態關係，並利用有向無環圖（DAG）技術來識別變量間的同期因果關係。基於中國2000—2016年的季度數據，利用脈衝響應函數和方差分解，本書發現利率對股價衝擊的回應方向為正，且反應力度較大，表明股價已經成為中國貨幣政策操作的重要影響因素。然而，利率對房價衝擊只做出微弱的負向反應，沒有發現貨幣政策對高房價起到有效的調控作用。本書進一步利用2000—2007年的月度數據，將整個樣本以2004年為臨界點劃分為前後兩個子樣本來進行深入研究，發現2000—2003年，房價對利率具有負向衝擊，而2004—2007年，利率對房價衝擊的反應方向為正，說明2004年以前中國的貨幣政策對房地產市場起支持性作用，而在第二個樣本期間，貨幣政策對高房價起抑制性作用，但累計脈衝響應函數顯示貨幣政策對高房價的回應力度十分有限。

5.4 本章小結

本章5.1節首先介紹了中國貨幣政策仲介目標（貨幣供應量和利率）對資產價格產生影響的理論機制。接著，回顧了貨幣政策對資產價格的反應理論，包括事前反應策略與事後反應策略，其中貨幣政策對資產價格的事前反應策略主要包括「無為論」與「有為論」兩種觀點，而央行對資產價格的事後反應策略則分為「積極反應型」貨幣政策與「防禦反應型」貨幣政策。5.2節通過估計一個考慮和忽視資產價格（股價與房價）的後顧型IS-Phillips模型，來求解央行的福利損失最小化問題，從而推導出考慮和忽視資產價格情況下的

最優貨幣政策反應函數，並基於此通過數據模擬，分析了考慮和忽視資產價格情況下的貨幣政策對產出缺口、通貨膨脹和央行福利損失的影響。通過對中國 2006 年第 1 季度至 2016 年第 4 季度的數據的模擬分析發現，若央行在制定貨幣政策時考慮了資產價格的相關情況，則會對產出缺口和通貨膨脹的波動起到穩定作用，同時也會減少央行的福利損失。5.3 節在 SVAR 的框架下探討了中國貨幣政策與資產價格之間的動態關係，並利用有向無環圖（DAG）技術來識別變量間的同期因果關係。基於中國 2000—2016 年的季度數據，利用脈衝響應函數和方差分解，本書發現利率對股價衝擊的回應方向為正，且反應力度較大，而利率對房價衝擊只能做出微弱的負向反應。本書進一步通過細分樣本來檢驗房價對貨幣政策的影響是否在 2004 年出現了結構性斷點，基於 2000—2007 年的月度數據，發現在 2000—2003 年，房價對利率具有負向衝擊，說明 2004 年以前中國的貨幣政策對房地產市場起支持性作用，而 2004—2007 年，利率對房價衝擊的反應方向為正，反應了在此期間貨幣政策對高房價起抑制性作用。

6　研究結論與研究啟示

6.1　研究結論

　　本書對資產價格影響因素以及資產價格對宏觀經濟的影響進行了理論與實證的研究，研究表明，隨著中國房地產市場與股票市場的不斷發展與完善，資產價格對實體經濟的影響力日益顯著，旨在維持物價平穩與促進經濟增長的央行的貨幣政策不僅需要關注資產價格的過度波動以及潛在的資產價格泡沫，還需要利用資產價格所包含的未來市場預期信息來優化其貨幣政策調控，以提升貨幣政策的運行效果。本書主要的研究結論如下：

　　第一，在對房價影響因素的探討方面，本書發現地方政府財政負擔因素對城市房價和地價具有助推作用。實證研究表明，地方政府會通過「土地財政」來減輕其財政壓力，而增加賣地面積與提高地價是增加賣地收益的主要途徑；地方政府在提高地價的過程中會差別化地對待不同類型用途的土地，財政壓力對住宅用地的影響最大，隨後依次是商服用地與工業用地；地價是影響房價的重要成本因素，財政壓力在推高地價的同時也會對城市房價產生助推作用，因為地價是地方政府財政壓力影響房價的中間渠道；最後，本書還發現財政壓力因素對房地產價格的影響力度在 2004 年之後有所減小，顯示了「招拍掛」土地出讓制度對政府行為的制約作用。

　　第二，在考察住房價格變動對經濟增長的影響力時，本書從房產的擔保效應與財富效應兩個角度展開分析。基於四象限模型與數理模型分析發現，房價變動對經濟增長的擔保效應為正，但財富效應對經濟增長的影響方向不確定。理論模型的結論在本書的實證檢驗中得到證實，實證研究表明，房產影響經濟增長的擔保效應為正，而財富效應的影響方向為負。通過對這兩種效應在樣本區間的結構性斷點檢驗後發現，房產擔保效應與財富效應在 2004 年之後顯著

增強。另外，本書發現在金融市場自由化程度越高、借貸市場越發達的地區，房產的擔保效應與財富效應越強。最後，房產擔保效應與財富效應的強弱還受到家庭借貸約束的影響，在對以住房擔保率作為家庭借貸約束代理變量的處理過程中，發現借貸約束對房產擔保效應具有正向影響，而對財富效應的影響方向為負。

第三，本書發現股價收益率與經濟增長率具有較強的正向交互影響。通過理論模型推導，發現股票價格與經濟增長在經濟處於均衡狀態時具有正相關關係。實證研究基於向量自迴歸模型（VAR）的分析框架檢驗了股價與經濟增長的動態關係，實證研究的發現與理論模型的結論相一致，即股市發展狀況是宏觀經濟運行態勢的「晴雨表」，而經濟增長又對股市的發展具有促進作用，但經濟增長率對股票收益率的影響強度明顯大於股票收益率對經濟增長率的影響強度。

第四，在研究資產價格與通貨膨脹的關係方面，本書分別基於總需求縮減模型和 VAR 模型構造了一個包括利率、匯率、房價與股價的綜合性指標即金融狀況指數（FCI），並通過考察金融狀況指數的通貨膨脹指示器功能來說明資產價格是否包含了未來通貨膨脹的相關資訊。通過採用一系列標準對金融狀況指數的特性進行檢驗後發現，本書所構造的動態金融狀況指數是通貨膨脹的先行信息指標，說明資產價格包含了未來通貨膨脹的預測性資訊，貨幣當局應該利用這些信息來優化其貨幣政策調控，以提升貨幣政策的運行效果。另外，筆者發現本書所構造的動態金融狀況指數同中國的貨幣政策與金融形勢保持較高的一致性，一方面說明金融市場是有效的貨幣政策傳導渠道，另一方面說明中國的貨幣政策得到了有效的實施。因此，央行在實施貨幣政策時應該關注資產價格的變動情況，以防止實施效果出現較大的偏差。

第五，鑒於房價和股價會通過各種渠道對實體經濟造成影響，本書將資產價格納入一個後顧型的 IS-Phillips 模型中，然後在這一模型的約束條件下求解央行福利損失最小化問題，從而推導出包含資產價格的最優貨幣政策反應函數。基於數據模擬分析發現，包含資產價格情況下的利率反應函數比忽視資產價格情況下的利率反應函數能更有效地減緩產出和通貨膨脹的波動性，並使央行的福利損失程度也更小，因此央行的貨幣政策應該對資產價格的波動做出回應。

第六，關於中國貨幣政策是否已經開始對資產價格做出回應的問題，本書在結構向量自迴歸模型（SVAR）的框架下研究了資產價格衝擊對貨幣政策變量的影響。特別地，本書創新性地使用了「有向無環圖（DAG）」技術來識

別SVAR模型中變量間的同期因果關係。基於對DAG方法下的脈衝響應函數和方差分解的分析發現，利率對股票價格的膨脹具有抑製作用，且作用力度較大，而利率對房價衝擊只能做出微弱的負向反應，表明貨幣政策容忍了房產價格的膨脹。另外，本書通過對研究樣本進行細分後發現，房價衝擊對利率調控的影響在2004年出現了結構性斷點。具體而言，2000—2003年，房價對利率具有負向衝擊，說明在2004年以前中國的貨幣政策對房地產市場起支持性作用，而2004—2007年，利率對房價衝擊的反應方向為正，反應了在此期間貨幣政策對高房價起抑制性作用。

6.2 研究啟示

以上的研究結論表明，以房價和股價為代表的資產價格對實體經濟的影響力日益顯現，同時資產價格也包含了通貨膨脹的預測性資訊，央行應該利用這些信息來提高貨幣政策操作的前瞻性。另外，若央行在制定貨幣政策時忽視資產價格，則會給實體經濟帶來更多的波動，也會增加央行的福利損失。基於本書的研究結論，為積極有效地應對資產價格的波動，也為實現穩定通貨膨脹和促進經濟增長的和諧目標，本書認為應該從以下幾個方面努力：

第一，適當調整中央和地方政府的事權和財權關係，解決地方政府缺少主體稅種的難題，改變僅依靠「土地財政」來增加財政收入的尷尬現狀。比如，可以調整中央對地方政府的稅收返還基數，或者將某些稅種劃歸給地方政府，以解決地方政府的財政收支問題。只有實現了地方政府事權和財權的匹配，才可以淡化地方政府對土地出讓價格的操控動機，才能通過地價的穩定來維持房價的穩定。

第二，中國房產影響宏觀經濟的渠道主要是通過擔保效應來實現的，所以應該積極推進對住房抵押權益變現貸款產品的創新，逐漸放寬金融創新管制，為房產擔保效應的發揮創造良好的政策環境。另外，當房價的急遽下跌引起經濟增長放慢時，政府部門可以通過放寬信貸來刺激經濟復甦；當住房價格急遽膨脹時，政府可以通過緊縮信貸來防止房價通過擔保效應造成的經濟過熱，以達到穩定宏觀經濟的目的。

第三，由於資產價格包含了未來經濟活動的重要信息，央行應該編製權威的金融狀況指數並定期對外發布。央行可利用金融狀況指數所包含的經濟資訊來對未來的產出和通貨膨脹做出事先預測，然後前瞻性地運用貨幣政策來影響

市場主體預期，使產出和通貨膨脹率處於目標範圍區間，從而降低產出和通貨膨脹率的波動性，促進社會福利的增加。

第四，考慮制定包含資產價格情況下的內生性利率反應函數。資產價格可通過各種渠道對實體經濟造成影響，應該利用資產價格所包含的未來通貨膨脹的相關信息來對利率操作目標進行相應的調整。當資產價格膨脹導致預期的通貨膨脹超過目標值時，央行應提高實際利率水準，促使預期通貨膨脹降低至目標區間內；當資產價格下跌導致預期的通貨膨脹低於目標值時，應對實際利率進行反向操作。鑒於金融狀況指數是未來經濟資訊的先行指標，應考慮將金融狀況指數納入利率反應函數中，當金融狀況指數上漲預示通貨膨脹和產出超出了目標值時，央行應該提高利率以促使通貨膨脹和產出返回目標範圍，從而維持產出與通貨膨脹率的穩定性。

第五，從最優利率反應函數的推導過程來看，利率需要根據資產價格的波動情況做出靈活調整，因此需要加快中國的利率市場化進程，疏通利率傳導渠道，逐步實現中國的貨幣政策仲介目標由貨幣供應量向利率轉換。長期以來，中國對利率進行了嚴格的管制，主要實行以貨幣供應量為主導的貨幣政策機制，而較少地考慮到資本市場發展的現實情況。隨著中國資本市場的發展逐漸趨於成熟，以貨幣供應量為主導的貨幣政策機制對資本市場的影響力度減小，因此應將利率作為中國貨幣政策操作的仲介目標。

第六，加大對資產價格的全面監管力度，降低利率政策的調整頻率。雖然可以通過調整實際利率來影響市場主體的通貨膨脹預期，但是若因此造成利率的過度波動，則會影響到央行貨幣政策的穩定性和權威性，因此政府部門應該加強對股票市場的監管，進一步完善和規範房地產市場，以此來降低股價與房價的異常波動，進而有助於實現宏觀經濟與金融系統的穩定。

參考文獻

［1］ABARBANELL J S, BUSHEE B J. Abnormal returns to a fundamental analysis strategy ［J］. Accounting Review, 1998, 73 (1): 19-45.

［2］AFONSO A, RICARDO S M. What are the effects of fiscal policy on asset markets? ［J］. Economic Modeling, 2011, 28 (4): 1871-1890.

［3］ALCHAIN A, KLEIN B. On a correct measure of inflation ［J］. Journal of Money, Credit and Banking, 1973, 5 (1): 173-191.

［4］ANG A, BEKAERT G. Stock return predictability: is it there? ［J］. Review of Financial Studies, 2007, 20 (3): 651-707.

［5］AOKI K, PROUDMAN J, VLIEGHE G. House prices, consumption, and monetary policy: a financial accelerator approach ［J］. Journal of Financial Intermediation, 2004, 13 (4): 414-435.

［6］ARELLANO M, BOVER O. Another look at the instrumental variable estimation of error-components models ［J］. Journal of Econometrics, 2004, 68 (1): 29-51.

［7］AYLWARD A, GLEN J. Some international evidence on stock prices as leading indicators of economic activity ［J］. Applied Financial Economics, 2000, 10 (1): 1-14.

［8］BAJARI P, BENKARD C L, KRAINER J. House prices and consumer welfare ［J］. Journal of Urban Economics, 2005, 58 (3): 474-487.

［9］BALL L. Policy rules for open economies ［J］. Reserve Bank of Australia Research Discussion Paper, 1999, 70 (209): 204-219.

［10］BANZ R W. The relationship between return and market value of common stocks ［J］. Journal of Financial Economics, 1981, 9 (1): 3-18.

［11］BASU S. The relationship between earnings' yield, market value and return for NYSE common stocks: further evidence [J]. Journal of Financial Economics, 1983, 12 (1): 129-156.

[12] BATINI N, TURNBALL K. A dynamic monetary conditions index for the UK [J]. Journal of Policy Modelling, 2002, 24 (3): 257-281.

[13] BENJAMIN J D, CHINLOY P, JUD G D. Real estate versus financial wealth in consumption [J]. Journal of Real Estate Finance & Economics, 2004, 29 (3): 341-354.

[14] BERNANKE B S, KUTTNER K N. What explains the stock market's reaction to federal reserve policy? [J]. Journal of Finance, 2005, 60 (3): 1221-1257.

[15] BERNANKE B S, GERTLER M. Should central banks respond to movements in asset prices? [J]. American Economic Review, 2001, 91 (2): 253-257.

[16] BERNANKE B S. Alternative explanations of the money-income correlation [J]. Nber Working Papers, 1986, 25 (1): 49-99.

[17] BHATIA K B. Real estate assets and consumer spending [J]. Quarterly Journal of Economics, 1987, 102 (2): 437-444.

[18] BINSWANGER M. Stock returns and real activity: is there still a connection? [J]. Applied Financial Economics, 2000, 10 (4): 379-387.

[19] BJORNLAND H C, JACOBSEN D H. The role of house prices in the monetary policy transmission mechanism in small open economics [J]. Journal of Financial Stability, 2010, 6(4): 218-229.

[20] BLUNDELL R, BOND S. Initial conditions and moment restrictions in dynamic panel data models [J]. Economics Papers, 1998, 87 (1): 115-143.

[21] BOHL M T, SIKLOS P L, SONDERMANN D. European stock markets and the ECB's monetary policy surprises [J]. International Finance, 2010, 11 (2): 117-130.

[22] BORDO M D, JEANNE O. Monetary policy and asset prices: does「benign neglect」make sense? [J]. International Finance, 2010, 5 (2): 139-164.

[23] BOSTIC R, GABRIEL S, PAINTER G. Housing wealth, financial wealth, and consumption: new evidence from micro data [J]. Regional Science & Urban Economics, 2009, 39 (1): 79-89.

[24] BUITER W H. Housing wealth isn't wealth [J]. Social Science electronic Publishing, 2008, 4 (22): 1-29.

[25] CAMPBELL J Y. Avariance decomposition for stock returns [J]. Economic Journal, 1991, 101 (405): 57-179.

[26] CAMPBELL J Y, COCCO J F. How do house prices affect consumption? evidence from micro data [J]. Journal of Monetary Economics, 2007, 54 (3): 591-621.

[27] CANOVA F, DE NICOLO' G. Stock returns and real activity: a structural approach [J]. European Economic Review, 1995, 39 (5): 981-1015.

[28] CAPORALE G M, SPAGNOLO N. Asset prices and output growth volatility: the effect of financial crises [J]. Economics Letters, 2003, 79 (1): 69-74.

[29] ROSA C. The validity of the event-study approach: evidence from the impact of the FED's monetary policy on us and foreign asset prices [J]. Economica, 2011, 78 (311): 429-439.

[30] CASTRO V. Are central banks following a linear or nonlinear (augmented) taylor rule? [J]. Warwick Economics Research Paper, 2008, 9: 1-44.

[31] CECCHETTI S G, GENBERG H, WADHWANI S. Asset prices in a flexible inflation targeting framework [J]. Social Science Electronic Publishing, 2006, 6: 1-22.

[32] CHAN K, CHAN L, JEGADEESH N. Earnings quality and stock returns [J]. Journal of Business, 2006, 79 (3): 1041-1082.

[33] CHEN N F, ROLL R, ROSS S A. Economic forces and the stock market [J]. Journal of Business, 1986, 59 (3): 383-403.

[34] DREGER C, ZHANG Y. Is there a bubble in the Chinese housing market? [J]. Discussion Papers, 2013, 31 (1): 27-39.

[35] DU H, MA Y, AN Y. The impact of land policy on the relation between housing and land prices: evidence from China [J]. Quarterly Review of Economics & Finance, 2011, 51 (1): 19-27.

[36] ENGELHARDT G V. House prices and the decision to save for down payments [J]. Journal of Urban Economics, 1994, 36 (2): 209-237.

[37] ENGELHARDT G V. House prices and home owner saving behavior [J]. Regional Science and Urban Economics, 1995, 26 (3-4): 313-336.

[38] FAMA E F. Efficient capital market: a review of theory and empirical work [J]. Journal of Finance, 1970, 25 (2): 383-417.

[39] FAMA E F. Stock returns, real activity, inflation and money [J]. Amer-

ican Economic Review, 1981, 71 (4): 545-565.

[40] FAMA E F, FRENCH K R. Dividend yields and expected stock returns [J]. Journall of Financial Economics, 1988, 22 (1): 3-25.

[41] FAMA E F. Stock returns, expected returns, and real activity [J]. Journal of Finance, 1990, 45 (4): 1,089-1,108.

[42] FAMA E F, FRENCH K R. The cross-section of expected stock returns [J]. Journal of Finance, 2012, 47 (2): 427-465.

[43] FILARDO A J. Monetary policy and asset prices [J]. Economic Review, 2000, 85: 11-37.

[44] FILARDO A J. Should monetary policy respond to asset price bubbles? some experimental results [J]. Research Working Paper, 2001, 13 (Supplement S7): 101-122.

[45] FILARDO A J. Monetary policy and asset price bubbles: calibrating the monetary policy trade-offs [J]. Social Science Electronic Publishing, 2004.

[46] GALLINGER G W. Causality tests of the real stock return-real activity hypothesis [J]. Journal of Finance Research, 1994, 17 (2): 271-288.

[47] ALOGOSKOUFIS G. The two faces of janus: institutions, policy regimes and macroeconomic performance in Greece [J]. Economic Policy, 1995, 10 (20): 147-192.

[48] GERTLER M, GOODFRIEND M, ISSING O, et al. Asset prices and monetary policy: four views [M]. London: Centre for Economic Policy Research and Bank for International Settlement, 1998.

[49] GIULIODORI M. The role of house prices in the monetary transmission mechanism across European countries [J]. Scottish Journal of Political Economy, 2010, 52 (4): 519-543.

[50] GOODHART C, HOFMANN B. Do asset prices help to predict consumer price inflation? [J]. Manchester School, 2010, 68 (S7): 122-140.

[51] GOODHART C, HOFMANN B. Asset prices and the conduct of monetary policy [J]. Paper Presented at the Royal Economic Society Annual Conference, University of Warwick, 2002, 3: 25-27.

[52] GOODHART C, HOFMANN B. House prices, money, credit, and the macroeconomy [J]. Oxford Review of Economic Policy, 2008, 24 (1): 180-250.

[53] GREIBER C. Money and housing: evidence for the Euro area and the US

[J]. Social Science Election Publishing, 2007, 40 (2): 175-196.

[54] LI H, KUNG K S. Fiscal incentives and policy choices of local governments: evidence from China [J]. Social Science Election Publishing, 2015, 116: 89-104.

[55] HARRIS R. Stock markets and development: a re-assessment [J]. European Economic Review, 1997, 41 (1): 139-146.

[56] HASSAPIS C, KALYVITIS S. Investigating the links between growth and real stock price changes with empirical evidence from the G-7 economies [J]. Quarterly Review of Economics & Finance, 2004, 42 (3): 543-575.

[57] BAKER N L. Commonality in the determinants of expected stock returns [J]. Journal of Financial Economics, 2004, 41: 401-439.

[58] JANINE A, JOHN M, ANTHONY M. Housing wealth, credit conditions and consumption: evidence from Sourth Africa [J]. Review of Income and Wealth, 2013, 59: 161-196.

[59] KONTONIKAS A, MONTAGNOLI A. Optimal monetary policy and asset price misalignments [J]. Scottish Journal of Political Economy, 2010, 53 (5): 636-654.

[60] LI W, YAO R. The life-cycle effects of house price changes [J]. Journal of Money Credit & Banking, 2007, 39 (6): 1375-1409.

[61] LUSTIG H, NIEUWERBURG S V. How much does household collateral constrain regional risk sharing? [J]. Review of Economic Dynamics, 2010, 13 (2): 265-294.

[62] MAYES D G, VIREN M. Financial conditions indexes [J]. Social Science Election Publishing, 2001, 17: 1-35.

[63] MILLER N, PENG , SKLARZ M. House prices and economic growth [J]. The Journal of Real Estate Finance and Economics, 2011, 42 (4): 522-541.

[64] MONTAGNOLI A, NAPOLITANO O. Financial condition index and interest rate settings: a comparative analysis [J]. Working Papers, 2005.

[65] MUELLBAUER J. Housing, credit and consumer expenditure [J]. CEPR Discussion Papers, 2008: 267-334.

[66] PEARL J. Causality [M]. Cambridge: Cambridge University Press, 2000.

[67] JOSEPH D. Value investing: the use of historical financial statement in-

formation to separate winners from losers [J]. Journal of Accounting Research, 2000, 38: 1-42.

[68] PHANG S Y. House prices and aggregate consumption: do they move together? evidence from Singapore [J]. Journal of Housing Economics, 2004, 13 (2): 101-119.

[69] POLITO V, WICKENS M. Optimal monetary policy using an unrestricted VAR [J]. Journal of Applied Econometrics, 2012, 27 (4): 525-553.

[70] PONTIFF J, SCHALL L D. Book-to-market ratios as predictors of market returns [J]. Journal of Financial Economics, 1998, 49 (2): 141-160.

[71] RAMIN C M, LEE C H. Relationship between macroeconomic variables and stock market indices: cointegration evidence from stock exchange of Singapore's all-S sector indices [J]. Journal Pengurusan, 2004, 24: 47-77.

[72] RAY P, CHATTERJEE S. The role of asset prices in Indian inflation in recent years: some conjectures [J]. Bis Papers Chapters, 2001, 8 (13): 475-487.

[73] RICARDO D. On the principles of political economy, and taxation: taxes on wages [J]. History of Economic Thought Books, 1996, 1: 62-74.

[74] RICHARDSON S A. External financing and future stock returns [J]. Social Science Electronic Publishing, 2003, 2: 1-58.

[75] RIGOBON R, SACK B. The impact of monetary policy on asset prices [J]. Journal of Monetary Economic, 2002, 51 (8): 1553-1575.

[76] ROSENBERG B, REID K, LANSTEIN R. Persuasive evidence of market inefficiency [J]. Journal of Portfolio Management, 2009, 11 (3): 9-17.

[77] SCHWERT G W. Stock returns and real activity: a century of evidence [J]. Journal of Finance, 1990, 45 (4): 1,237-1,257.

[78] SEMMLER W, ZHANG W. Asset price volatility and monetary policy rules: a dynamic model and empirical evidence [J]. Economic Modelling, 2007, 24 (3): 411-430.

[79] SHEINER L. Housing prices and the savings of renters [J]. Journal of Urban Economics, 1995, 38 (1): 94-125.

[80] SHIRATSUKA S. Measurement errors in the Japanese consumer price index [J]. Monetary and Economic Studies, 1999, 17: 69-102.

[81] SIM C A. Comparison of interwar and postwar business cycles: monetar-

ism reconsidered [J]. American Economic Review, 1980, 70 (2): 250-257.

[82] SIMS C A. Are forecasting models usable for policy analysis [J]. Federal Reserve Bank of Minneapolis Quarterly Review, 1986, 10: 2-16.

[83] SLACALEK J. What drives personal consumption? the role of housing and financial wealth [J]. The B.E.Journal of Macroeconomics, 2009, 9 (1): 145-174.

[84] SMETS F. Financial asset prices and monetary policy: theory and evidence [J]. Ssrn Electronic Journal, 2005.

[85] SPIRTES P, GLYMOUR C, SCHEINES R. Causation, prediction, and search [M]. Cambridge, Mass.: MIT Press, 2000.

[86] STOCK J H, WATSON M W. Forecasting output and inflation: the role of asset prices [J]. Journal of Economic Literature, 2003, 41 (3): 788-829.

[87] SWANSON N, GRANGER C J. Impulse response functions based on a causal approach to residual orthogonalization in vector autoregressions [J]. Publications of the American Statistical Association, 1997, 92 (437): 357-367.

[88] TURNOVSKY S J, HENDRICKSON M K. Workbook for methods of macroeconomics [J]. Journal of Family Practice, 2009, 26 (5): 583-584.

[89] WOODFORD M. Inflation stabilization and welfare [J]. Contributions in Macroeconomics, 2001, 2 (1): 1,009-1,009.

[90] WU J, GYOURKO J, DENG Y. Evaluating conditions in major Chinese housing markets [J]. Nber Working papers, 2012, 42 (3): 531-543.

[91] 卞志村. 轉型期貨幣政策規則研究 [M]. 北京: 人民出版社, 2006.

[92] 陳朝旭, 劉金全. 中國股市收益率與宏觀經濟非對稱性的關聯分析 [J]. 工業技術經濟, 2006, 11: 151-153.

[93] 陳詩一, 張軍. 中國地方政府財政支出效率研究: 1978—2005 [J]. 中國社會科學, 2008, 4: 65-78, 206.

[94] 陳偉忠, 黃炎龍. 貨幣政策、資產價格與金融穩定性 [J]. 當代經濟科學, 2011, 1: 1-12, 124.

[95] 陳信元, 張田餘, 陳冬華. 預期股票收益的橫截面多因素分析: 來自中國證券市場的經驗證據 [J]. 金融研究, 2001, 6: 22-36.

[96] 陳彥斌, 邱哲聖. 高房價如何影響居民儲蓄率和財產不平等 [J]. 經濟研究, 2011, 10: 25-38.

[97] 崔暢. 貨幣政策工具對資產價格動態衝擊的識別檢驗 [J]. 財經研究, 2007, 7: 31-39.

[98] 鄧長榮, 馬永開. 三因素模型在中國證券市場的實證研究 [J]. 管理學報, 2005, 5: 591-596.

[99] 戴國強, 張建華. 中國資產價格與通貨膨脹的關係研究: 基於 ARDL 的技術分析 [J]. 國際金融研究, 2009, 11: 19-28.

[100] 丁洪建. 基於面板數據的省會城市居住地價的差異及成因研究 [J]. 中國土地科學, 2009, 23 (6): 14-19.

[101] 丁攀, 胡宗義. 股價與房價波動對居民消費影響的動態研究 [J]. 統計與決策, 2008, 15: 106-108.

[102] 段忠東. 房地產價格與通貨膨脹、產出的關係: 理論分析與基於中國數據的實證檢驗 [J]. 數量經濟技術經濟研究, 2007, 24 (12): 127-139.

[103] 范志勇, 向弟海. 匯率和國際市場價格衝擊對國內價格波動的影響 [J]. 金融研究, 2006, 2: 36-43.

[104] 封北麟, 王貴民. 金融狀況指數 FCI 與貨幣政策反應函數經驗研究 [J]. 財經研究, 2006, 32 (12): 53-64.

[105] 馮用富. 貨幣政策能對股價的過度波動做出反應嗎？ [J]. 經濟研究, 2003, 1: 37-44.

[106] 高春亮, 周曉豔. 34 個城市的住宅財富效應: 基於 panel data 的實證研究 [J]. 南開經濟研究, 2007, 1: 36-44.

[107] 顧嵐, 劉長標. 中國股市與宏觀經濟基本面的關係 [J]. 數理統計與管理, 2001, 20 (3): 41-45.

[108] 郭鵬飛, 楊朝軍. 公司業績與股價收益: 基於行業特徵的實證分析 [J]. 證券市場導報, 2003, 7: 74-76.

[109] 高鐵梅. 計量經濟分析方法與建模 [M]. 北京: 清華大學出版社, 2009.

[110] 郭金龍, 李文軍. 中國股票市場發展與貨幣政策互動關係的實證分析 [J]. 數量經濟技術經濟研究, 2004, 21 (6): 18-27.

[111] 郭田勇. 資產價格、通貨膨脹與中國貨幣政策體系的完善 [J]. 金融研究, 2006, 10: 23-35.

[112] 苟文均. 資本市場的發展與貨幣政策的變革 [J]. 金融研究, 2000, 5: 64-71.

[113] 韓麗鵬, 謝秀娥, 郭曉杰. 中國房地產價格的財富效應研究: 基於 35 個大中城市面板數據的分析 [J]. 價格理論與實踐, 2010, 1: 62-63.

[114] 洪濤. 房地產價格波動與消費增長: 基於中國數據的實證分析及理

論解釋 [J]. 南京社會科學, 2006, 5: 54-58.

[115] 黃靜, 屠梅曾. 基於非平穩面板計量的中國城市房價與地價關係實證分析 [J]. 統計研究, 2009, 26 (7): 13-19.

[116] 孔善廣. 分稅制後地方政府財事權非對稱性及約束激勵機制變化研究 [J]. 經濟社會體制比較, 2007, 1: 36-42.

[117] 寇明婷, 盧新生. SVAR 模型框架下的貨幣政策操作與股票價格波動: 基於 1998—2010 年月度數據的實證分析 [J]. 山西財經大學學報, 2011, 8: 51-59.

[118] 況偉大. 中國住房市場存在泡沫嗎 [J]. 世界經濟, 2008, 31 (12): 3-13.

[119] 況偉大. 預期、投機與中國城市房價波動 [J]. 經濟研究, 2010, 9: 67-788.

[120] 李成武. 中國房地產財富效應地區差異分析 [J]. 財經問題研究, 2010, 26 (2): 124-128.

[121] 李強. 資產價格波動的政策涵義: 經驗檢驗與指數構建 [J]. 世界經濟, 2009, 10: 25-33.

[122] 李天祥, 苗建軍. 房價上漲對國民經濟影響的理論分析: 基於房地產財富效應傳導機制視角 [J]. 軟科學, 2011, 25 (2): 57-61.

[123] 劉勇. 中國股票市場和宏觀經濟變量關係的經營研究 [J]. 財貿經濟, 2004, 4: 21-27.

[124] 李亞明, 佟仁城. 中國房地產財富效應的協整分析和誤差修正模型 [J]. 系統工程理論與實踐, 2007, 27 (11): 1-6.

[125] 李勇, 鄧晶, 王有貴. 中國通膨、資產價格及貨幣政策間關係研究: 基於開放經濟視角的分析 [J]. 國際金融研究, 2011, 10: 23-29.

[126] 梁雲芳, 高鐵梅. 中國房地產價格波動區域差異的實證分析 [J]. 經濟研究, 2007, 8: 133-142.

[127] 劉斌. 最優貨幣政策規則的選擇及在中國的應用 [J]. 經濟研究, 2003, 9: 3-13.

[128] 劉洪鐸. 財政分權導致地方政府財政赤字規模的膨脹嗎?——來自分稅制改革後中國省級的觀察和經驗證據 [J]. 上海經濟研究, 2011, 9: 98-109.

[129] 劉建江, 楊玉娟, 袁冬梅. 從消費函數理論看房地產財富效應的作用機制 [J]. 消費經濟, 2005, 21 (2): 93-96.

[130] 劉琳, 劉洪玉. 地價與房價關係的經濟學分析 [J]. 數量經濟技術經濟研究, 2003, 7: 27-30.

[131] 劉民權, 孫波. 商業地價形成機制、房地產泡沫及其治理 [J]. 金融研究, 2009, 10: 22-37.

[132] 劉生龍, 王亞華, 胡鞍鋼. 西部大開發成效與中國區域經濟收斂 [J]. 經濟研究, 2009, 9: 94-105.

[133] 劉勇. 中國股票市場和宏觀經濟變量關係的經驗研究 [J]. 財貿經濟, 2004, 4: 21-27.

[134] 陸軍, 梁靜瑜. 中國金融狀況指數的構建 [J]. 世界經濟, 2007, 30 (4): 13-24.

[135] 陸蓉. 股票市場的貨幣政策效應的度量 [J]. 統計研究, 2003, 20 (8): 54-59.

[136] 呂江林. 中國的貨幣政策是否應對股價變動做出反應? [J]. 經濟研究, 2005, 30: 80-90.

[137] 呂江林. 中國城市住房市場泡沫水準的度量 [J]. 經濟研究, 2010, 6: 28-41.

[138] 馬進, 關偉. 中國股票市場與宏觀經濟關係的實證分析 [J]. 財經問題研究, 2006, 8: 71-75.

[139] 毛政才. 地價與房價關係的理論與實證研究 [D]. 廣州: 暨南大學, 2007.

[140] 彭潔, 劉衛江. 資產價格泡沫與貨幣政策回應: 基於 Taylor 規則的分析 [J]. 金融論壇, 2004, 12: 48-54.

[141] 潘莉, 徐建國. A 股市場的風險與特徵因子 [J]. 金融研究, 2011, 10: 140-154.

[142] 平新喬, 陳敏彥. 融資、地價與樓盤價格趨勢 [J]. 世界經濟, 2004, 7: 3-10.

[143] 齊寅峰. 公司財務學 [M]. 4 版. 北京: 經濟科學出版社, 2008.

[144] 錢小安. 資產價格變化對貨幣政策的影響 [J]. 經濟研究, 1998, 1: 70-76.

[145] 宋勃. 房地產市場財富效應的理論分析和中國經驗的實證檢驗: 1998—2006 [J]. 經濟科學, 2007, 29 (5): 41-53.

[146] 宋逢明, 梁洪昀. 發行本益比放開後的 A 股市場初始回報研究 [J]. 金融研究, 2001, 2: 94-100.

[147] 孫華妤, 馬躍. 中國貨幣政策與股票市場的關係 [J]. 經濟研究, 2003, 7: 44-53, 91.

[148] 史美景. 隨機效應方差分量模型及應用: 股票換手率及行業因素對收益率影響的定量分析 [J]. 山西財經大學學報, 2002, 24 (1): 99-101.

[149] 沈悅, 劉洪玉. 住宅價格與經濟基本面: 1995—2002 年中國 14 城市的實證研究 [J]. 經濟研究, 2004, 6: 78-86.

[150] 石予友, 仲偉, 周馬駿. 股票的權益比、帳面市值比及公司規模與股票投資風險: 以上海證券市場的 10 只上市公司股票投資風險為例 [J]. 金融研究, 2008, 6: 122-129.

[151] 唐齊鳴, 熊潔敏. 中國資產價格與貨幣政策反應函數模擬 [J]. 數量經濟技術經濟研究, 2009, 11: 104-115.

[152] 托賓, 戈盧布. 貨幣、信貸與資本 [M]. 張杰, 陳未, 譯. 大連: 東北財經大學出版社, 2000.

[153] 王彬. 金融形勢指數與貨幣政策: 基於中國數據的實證研究 [J]. 當代經濟科學, 2009, 31 (4): 20-21.

[154] 溫彬, 劉淳, 金洪飛. 宏觀經濟因素對中國行業股票收益率的影響 [J]. 財貿經濟, 2011, 6: 51-59.

[155] 王曾. 房地產正向財富效應形成的條件分析 [J]. 經濟與管理, 2011, 25 (1): 24-28.

[156] 王國軍, 劉水杏. 房地產業對相關產業的帶動效應研究 [J]. 經濟研究, 2004, 8: 38-47.

[157] 王擎, 韓鑫韜. 貨幣政策能盯住資產價格嗎? ——來自中國房地產市場的證據 [J]. 金融研究, 2009, 8: 114-123.

[158] 吳世農, 許年行. 資產的理性定價模型和非理性定價模型的比較研究: 基於中國股市的實證分析 [J]. 經濟研究, 2004, 6: 105-116.

[159] 汪煒, 周宇. 中國股市「規模效應」和「時間效應」的實證分析: 以上海股票市場為例 [J]. 經濟研究, 2002, 10: 16-21, 30-94.

[160] 王曉芳, 田軍偉. 宏觀經濟變量與股市關係的實證研究 [J]. 數量經濟技術經濟研究, 2002, 19 (9): 99-102.

[161] 王玉寶. 金融形勢指數 (FCI) 的中國實證 [J]. 上海金融, 2005, 8: 29-32.

[162] 王岳龍, 武鵬. 房價與地價關係的再檢驗: 來自中國 28 個省的面板數據 [J]. 南開經濟研究, 2009, 4: 131-143.

［163］王茵田，朱英姿. 中國股票市場風險溢價研究［J］. 金融研究，2011，7：152-166.

［164］王子龍，許簫迪，徐浩然. 房地產市場財富效應理論與實證研究［J］. 財貿經濟，2008，12：116-122.

［165］位志宇，楊忠直. 經濟增長與股價波動的相關性研究：基於中國香港的證據［J］. 金融研究，2007，3：112-124.

［166］鄔麗萍. 房地產價格上漲的財富效應分析［J］. 求索，2006，1：27-29.

［167］吳國清. 透支未來，「土地財政」還能維持多久［N］. 新華每日電訊，2010-04-02.

［168］吳江. 地方政府賣地衝動如何抑制［N］. 京華時報，2011-03-14.

［169］伍戈. 貨幣政策與資產價格：經典理論、美聯儲實踐及現實思考［J］. 南開經濟研究，2007，4：90-105.

［170］肖宏. 中國房地產市場的財富效應及其傳導機制［J］. 統計與決策，2008，1：89-90.

［171］嚴金海. 中國的房價與地價：理論、實證和政策分析［J］. 數量經濟技術經濟研究，2006，23（1）：17-26.

［172］嚴金海，豐雷. 中國住房價格變化對居民消費的影響研究［J］. 廈門大學學報（哲學社會科學版），2012，2：71-78.

［173］晏豔陽，李治，許均平. 中國股市波動與宏觀經濟因素波動間的協整關係研究［J］. 統計研究，2004，21（4）：45-48.

［174］楊繼紅，王流塵. 中國貨幣政策是否回應股市泡沫的實證分析［J］. 財貿經濟，2006，3：38-40.

［175］楊文武. 房價收入比指標研究［J］. 統計研究，2003，20(1)：47-49.

［176］楊小燕，王建穩. 股票收益率的行業效應分析［J］. 北方工業大學學報，2008，20（3）：75-78.

［177］楊子暉. 財政政策與貨幣政策對私人投資的影響研究：基於有向無環圖的應用分析［J］. 經濟研究，2008，5：81-93.

［178］易綱，王召. 貨幣政策與金融資產價格［J］. 經濟研究，2002，3：13-20.

［179］易憲容. 地方政府救房市是一種短視行為［J］. 現代領導，2008，11：11.

［180］于猛. 今年全國土地出讓金或破2萬億 地價推高房價［N］. 人民

日報，2010-12-27.

[181] 於長秋. 中國的股票價格波動及貨幣政策反應 [J]. 中央財經大學學報，2006，3：45-49.

[182] 徐華義，陳東. 中國地價、房價和房租關係的重新考察：理論假設與實證檢驗 [J]. 上海經濟研究，2009，4：11-21.

[183] 袁靖. 由泰勒規則貨幣政策對中國股票市場貨幣政策傳導效力的實證研究 [J]. 統計研究，2007，24（8）：60-63.

[184] 袁志剛，樊瀟彥. 房地產市場理性泡沫分析 [J]. 經濟研究，2003，3：34-43.

[185] 張存濤. 中國房地產價格的財富效應分析 [J]. 價格理論與實踐，2006，11：48-49.

[186] 張靜，張麗芳，濮勵杰，等. 基於GWR模型的城市住宅地價的時空演變研究：以江蘇省為例 [J]. 地理科學，2012，32（7）：828-834.

[187] 張莉，王賢彬，徐現祥. 財政激勵、晉升激勵與地方官員的土地出讓行為 [J]. 中國工業經濟，2011，4：35-43.

[188] 趙進文，高輝. 資產價格波動對中國貨幣政策的影響：基於1994—2006年季度數據的實證分析 [J]. 中國社會科學，2009，2：98-114.

[189] 趙振全，蔣瑛琨，陳守東. 股票市場對經濟增長作用的實證研究 [J]. 數量經濟技術經濟研究，2002，19（8）：83-85.

[190] 中國人民銀行研究局課題組. 中國股票市場發展與貨幣政策完善 [J]. 金融研究，2002，4：1-12.

[191] 周飛舟. 分稅制十年：制度及其影響 [J]. 中國社會科學，2006，6：100-115.

[192] 周飛舟. 大興土木：土地財政與地方政府行為 [J]. 經濟社會體制比較，2010，3：77-89.

[193] 周暉. 貨幣政策、股票資產價格與經濟增長 [J]. 金融研究，2010，2：91-101.

[194] 周黎安. 中國地方官員的晉升錦標賽模式研究 [J]. 經濟研究，2007，7：36-50.

[195] 朱寶憲，何治國. β 值和帳面/市值比與股票收益關係的實證研究 [J]. 金融研究，2002，4：71-79.

[196] 朱東辰，徐津津. 中國股市波動與經濟增長關係的實證分析 [J].

經濟科學,2003,25(2):32-39.

[197] 朱孟楠,劉林. 資產價格、匯率與最優貨幣政策[J]. 廈門大學學報(哲學社會科學版),2011,2:25-33.

附錄

附錄 1

Inverse Roots of AR Characteristic Polynomial

图 1　VAR 穩定性檢驗

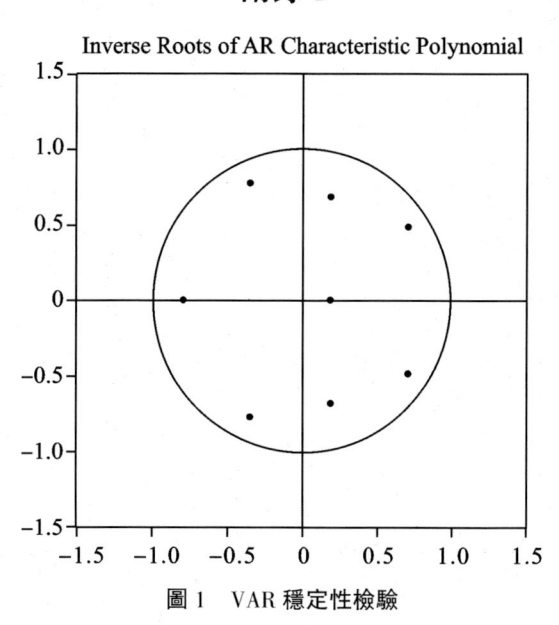

表 1　殘差正態分布檢驗

方程	J-B 統計量	P 值	偏度	P 值	峰度	P 值
rgdp	0.877	0.645	−0.262	0.505	2.484	0.511
rsp	0.772	0.680	−0.060	0.806	2.338	0.399
總體情況	1.649	0.800		0.777		0.564

表 2 Var 殘差序列相關檢驗

滯後期數	卡方統計量	自由度	P 值
1	4.917	4	0.296
2	3.176	4	0.512
3	4.301	4	0.367
4	4.146	4	0.404
5	3.623	4	0.460

附錄 2

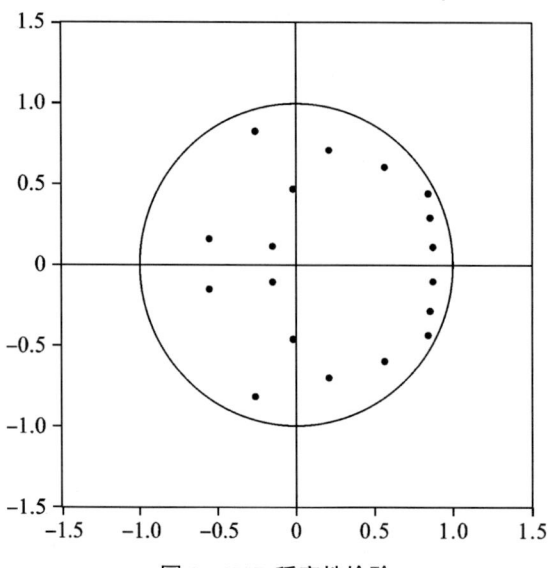

Inverse Roots of AR Characteristic Polynomial

圖 1 VAR 穩定性檢驗

表 1 殘差正態分布檢驗

方程	J-B 統計量	P 值	偏度	P 值	峰度	P 值
gdpgap	0.004	0.998	−0.156	0.968	2.966	0.964
tz	0.177	0.915	−0.024	0.95	2.681	0.677
hpidgap	0.475	0.789	0.261	0.495	2.93	0.927
exgap	0.900	0.638	−0.228	0.55	2.436	0.461
irgap	0.805	0.669	−0.145	0.704	2.378	0.416
spgap	0.552	0.759	0.165	0.666	2.538	0.546
all	2.912	0.996		0.979		0.941

表 2　Var 殘差序列相關檢驗

滯後期數	卡方統計量	自由度	P 值
1	30.058	36	0.746
2	29.474	36	0.771
3	36.232	36	0.458
4	29.101	36	0.786
5	26.668	36	0.871

附錄 3

為方便推導，把式（Ⅰ）與式（Ⅱ）中變量的迴歸係用字母進行表示，如下所示：

$$\pi_t = \alpha_1 \pi_{t-1} + \alpha_2 Y_{t-1}$$

$$Y_t = b_1 Y_{t-1} + b_2 Y_{t-4} + b_3 \text{IR}_{t-2} + b_4 \text{HP}_{t-3} + b_5 \text{SP}_{t-3} + b_6 \text{SP}_{t-4}$$

可以把央行福利損失最小化問題寫為如下形式：

$$V(\pi_t) = \min_{Y_t} \left\{ \frac{1}{2} [(\pi_t)^2 + \lambda Y_t^2] + \delta E_t V(\pi_{t+1}) \right\}$$

$$\text{s. t.} \quad \pi_{t+1} = \alpha_1 \pi_t + \alpha_2 Y_t$$

可以看出，$V(\pi_t)$ 是二次線性函數，因此可以將其改寫成：$V(\pi_t) = k_0 + \frac{1}{2} k_1 \pi_t^2$，其中 k_0 和 k_1 為未知參數。以上最小化問題的一階條件：

$$\lambda Y_t + \delta E_t V_{\pi_{t+1}}(\pi_{t+1}) \frac{\partial \pi_{t+1}}{\partial Y_t} = 0 \Rightarrow \lambda Y_t + \delta \alpha_2 k_1 \pi_{t+1|t} = 0 \Rightarrow \pi_{t+1|t} = -\frac{\lambda Y_t}{\delta \alpha_2 k_1}$$

又因為 $\pi_{t+1|t} = \alpha_1 \pi_t + \alpha_2 Y_t$，將其代入上述一階條件，可得：

$$\lambda Y_t + \delta \alpha_2 k_1 (\alpha_1 \pi_t + \alpha_2 Y_t) = 0 \Rightarrow Y_t = -\frac{\delta \alpha_1 \alpha_2 k_1 \pi_t}{\lambda + \delta \alpha_2^2 k_1}$$

利用包絡定理，$V_{\pi_t}(\pi_t) = k_1 \pi_t = \pi_t + \delta E_t V_{\pi_{t+1}}(\pi_{t+1}) \frac{\partial \pi_{t+1}}{\partial \pi_t} = \pi_t + \delta k_1 \alpha_1 \pi_{t+1} = \pi_t + \delta k_1 \alpha_1 \times (-\frac{\lambda Y_t}{\delta \alpha_2 k_1}) = \pi_t + \delta k_1 \alpha_1 \left(-\frac{\lambda}{\delta \alpha_2 k_1}\right)\left(-\frac{\delta \alpha_1 \alpha_2 k_1}{\lambda + \delta \alpha_2^2 k_1}\right) \pi_t = \left(1 + \frac{\lambda \delta \alpha_1^2 k_1}{\lambda + \delta \alpha_2^2 k_1}\right) \pi_t$，

由此可得關於 k_2 的表達式：$k_2 = 1 + \frac{\lambda \delta \alpha_1^2 k_1}{\lambda + \delta \alpha_2^2 k_1}$。

從式（Ⅰ）與式（Ⅱ）中可以發現，第 t 期的利率缺口影響第 $t + 2$ 期的產出缺口，進而影響到第 $t + 3$ 期的通貨膨脹率，因此可以從第 $t + 2$ 期開始來考慮

各期的損失,將央行損失函數最小化問題改寫為如下形式:

$$V(\pi_{t+2|t}) = \min_{y_{t+2|t}}\left\{\frac{1}{2}[(\pi_{t+2|t})^2 + \lambda Y_{t+2|t}^2] + \delta E_t V(\pi_{t+3|t+1})\right\}$$

$$\text{s. t.} \quad \pi_{t+3|t+1} = \alpha_1 \pi_{t+2|t+1} + \alpha_2 Y_{t+2|t+1}$$

上述最小化問題的一階條件:

$$\lambda Y_{t+2|t} + \delta \alpha_2 k_1 \pi_{t+3|t} = 0 \Rightarrow \pi_{t+3|t} = -\frac{\lambda Y_{t+2|t}}{\delta \alpha_2 k_1}$$

將 $\pi_{t+3|t}$ 和 $Y_{t+2|t}$ 的表達式代入上述一階條件,便可推導出 $\delta = 1$,權重 λ 取不同情況時的利率反應函數。

附錄 4

表 1 月度數據的 ADF 檢驗

變量	ADF (c, t, k)	P 值	結論
IND	(c, t, 2)	0.758,3	非平穩
DIND	(c, 0, 0)	0.000,1	平穩
TZ	(0, 0, 0)	0.000,0	平穩
DTZ	(0, 0, 0)	0.000,0	平穩
HP	(c, t, 1)	0.817,2	非平穩
DHP	(0, 0, 0)	0.000,0	平穩
IR	(c, 0, 1)	0.151,1	非平穩
DIR	(0, 0, 0)	0.000,0	平穩
SP	(c, 0, 1)	0.279,4	非平穩
DSP	(0, 0, 2)	0.004,5	平穩

註:表中 c 表示是否帶漂移項,t 表示是否帶趨勢項,k 表示滯後階數,根據 SIC 確定滯後階數。

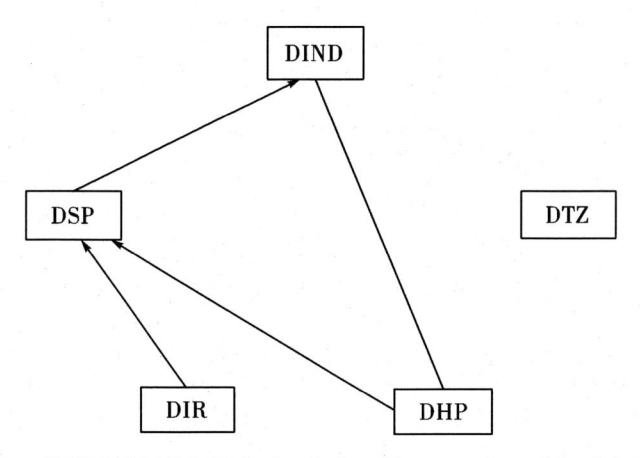

圖 1　20%顯著水準下的子樣本（2000 年 1 月—2003 年 12 月）有向無環圖

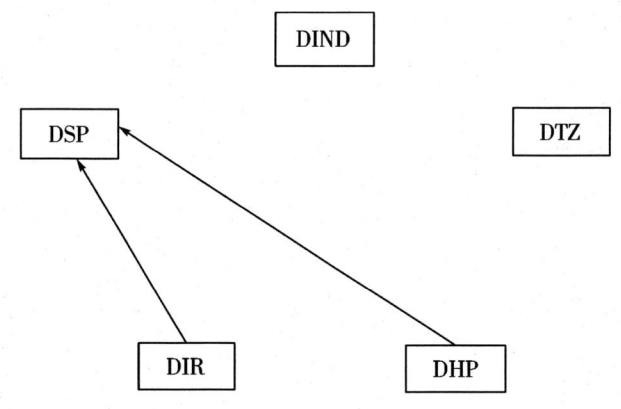

圖 2　20%顯著水準下的子樣本（2004 年 1 月—2007 年 12 月）有向無環圖

國家圖書館出版品預行編目（CIP）資料

資產價格與中國宏觀經濟的關係：基於房價和股價的研究 / 鄭駿川, 趙娜 著. -- 第一版. -- 臺北市：財經錢線文化, 2019.10
　　面；　公分
POD版

ISBN 978-957-680-377-2(平裝)

1.經濟發展 2.經濟政策 3.中國

552.2　　　　　　　　　　　　　　　　　　　　108016520

書　　名：資產價格與中國宏觀經濟的關係：基於房價和股價的研究

作　　者：鄭駿川、趙娜 著

發 行 人：黃振庭

出 版 者：財經錢線文化事業有限公司

發 行 者：財經錢線文化事業有限公司

E - m a i l：sonbookservice@gmail.com

粉 絲 頁：　　　　　網　址：

地　　址：台北市中正區重慶南路一段六十一號八樓 815 室
8F.-815, No.61, Sec. 1, Chongqing S. Rd., Zhongzheng Dist., Taipei City 100, Taiwan (R.O.C.)

電　　話：(02)2370-3310　傳　真：(02) 2370-3210

總 經 銷：紅螞蟻圖書有限公司

地　　址：台北市內湖區舊宗路二段 121 巷 19 號

電　　話：02-2795-3656　傳真：02-2795-4100　　網址：

印　　刷：京峯彩色印刷有限公司（京峰數位）

　　本書版權為西南財經出版社所有授權崧博出版事業股份有限公司獨家發行電子書及繁體書繁體字版。若有其他相關權利及授權需求請與本公司聯繫。

定　　價：350元

發行日期：2019 年 10 月第一版

◎ 本書以 POD 印製發行

◆ 崧博出版　◆ 崧燁文化　◆ 財經前線

最狂
電子書閱讀活動

活動頁面

即日起至 2020/6/8，掃碼電子書享優惠價　**99/199** 元